大 师 国 学 课

国学讲义

章太炎

著

北京理工大学出版社
BEIJING INSTITUTE OF TECHNOLOGY PRESS

图书在版编目（CIP）数据

国学讲义 / 章太炎著. —北京：北京理工大学出版社，2020.6
ISBN 978-7-5682-8169-0

Ⅰ.①国… Ⅱ.①章… Ⅲ.①国学—中国 Ⅳ.①Z126

中国版本图书馆CIP数据核字（2020）第030412号

出版发行 / 北京理工大学出版社有限责任公司
社　　址 / 北京市海淀区中关村南大街 5 号
邮　　编 / 100081
电　　话 /（010）68914775（总编室）
　　　　　（010）82562903（教材售后服务热线）
　　　　　（010）68948351（其他图书服务热线）
网　　址 / http://www.bitpress.com.cn
经　　销 / 全国各地新华书店
印　　刷 / 三河市金元印装有限公司
开　　本 / 880 毫米 × 1230 毫米　1/32
印　　张 / 13.25　　　　　　　　　　　　责任编辑 / 申玉琴
字　　数 / 282千字　　　　　　　　　　　文案编辑 / 申玉琴
版　　次 / 2020 年 6 月第 1 版　2020 年 6 月第 1 次印刷　责任校对 / 刘亚男
定　　价 / 61.00元　　　　　　　　　　　责任印制 / 施胜娟

出版前言

悠久璀璨的国学，是中华民族当之无愧的文化瑰宝，它的兴起无疑代表着中国国际地位的全面提升，也标志着中国传统文化在世界上赢得了广泛的认同。可以说，国学在新时代扮演着重要的角色，有着举足轻重的历史地位。

然而，在追逐短暂流行的当下，它不应只是"一时热"。国学思想深刻、门类繁多，是一套完整的文化和学术体系，涵盖了先秦两汉、魏晋、隋唐、宋元、明清时期的文化，浓缩了千年文明和圣贤智慧，所以一直长盛不衰、常读常新，可以在每个人不同人生阶段产生不同的感悟和启发，是可以读"一辈子"的好书。

所以，我们怀着对中国传统文化的热忱，以及向新一代年轻人传承国学精神的初心，诚挚策划出版了这套"大师国学课"系列丛书，精选了近代思想家梁启超、"清末怪杰"辜鸿铭、清末民国"国学教父"级大师章太炎等九位中国知名国学大师的经典之作，采用套系设计，将其国学代表作品首度集结，包括《儒学六讲》《辜鸿铭讲论语》《国学讲义》《国学盛宴》《国学基础知识》《国学杂谈》《国学常识》《经典常谈》《国学精神》。

本套丛书由"大师"讲解国学，深入浅出、系统全面地引导读者体悟国学精髓，使他们能从中汲取思想的力量，以科学的心态来弘扬中国传统文化，树立明晰远大的人生观，培养客观朴素的道德观。另外，它还为年轻人提供了一种学习国学的科学态度和逻辑方式，正如胡适先生所说，"时势生思潮，思潮又生时势，时势又生新思潮"，要想清醒客观地认识国学，不能忽略其本身的时代局限性，如此才能去其糟粕，取其精华，继承中国传统文化中超越时空的真正内涵。弘扬国学，其实就是弘扬国学所包含的顺应时代的正确价值观，这是为被误解的国学正名，是对当下年轻人的正确指引。

　　相较于以往版本的国学书籍，我们为了便于读者更全面、更系统化地了解国学的演变，在内容策划和表现形式上有所增补和完善。

　　例如，将中国哲学史学科的开山之作——胡适的《中国哲学史大纲》，更名为《国学盛宴》编入本套书之中。我们都知"文以载道"，国学的核心说到底是一种精神，与哲学紧密相连，密不可分，将此书编入，使国学系列更具完整性和系统性，是非常必要的。

　　为了更好地提升读者的阅读体验，在内容表现形式上，我们还在文中配有插图，图文辉映，融知识性与趣味性于一体，让读者在轻松愉快的氛围中学习，更直观地感受国学的色彩与魅力，加深对内容的理解。最后，如果我们倾力打造的这套"大师国学课"系列丛书，能够在浩渺书海中与您不期而遇，让您产生对深耕国学的兴趣，或者人生有所益进，那将是编者莫大的慰藉。

国学概论

我在东京曾讲演过一次国学，在北京也讲演过一次，今天是第三次了。国学很不容易讲，有的也实在不能讲，必须自己用心去读去看。即如历史，本是不能讲的；古人已说"一部十七史从何处说起"，现在更有二十四史，不止十七史了。即《通鉴》等书似乎稍简要一点，但还是不能讲；如果只像说大书那般铺排些事实，或讲些事实夹些论断，也没甚意义。所以这些书都需要靠自己用心去看。我讲国学，只能指示些门径和矫正些近人易犯的毛病。今天先把"国学概论"分做两部研究：

　　甲、国学的本体

　　一、经史非神话

　　二、经典诸子非宗教

　　三、历史非小说传奇

　　乙、治国学之方法

　　一、辨书籍的真伪

　　二、通小学

　　三、明地理

　　四、知古今人情的变迁

　　五、辨文学应用

国学的本体

一、经史非神话

在古代书籍中，原有些记载是神话，若《山海经》《淮南子》中所载，我们看了，觉得是怪诞极了。但此类神话，在王充《论衡》里已有不少被他看破，没有存在的余地了。而且正经正史中本没有那些话。如盘古开天辟地，天皇、地皇、人皇等，正史都不载。又如"女娲炼石补天""后羿射日"那种神话，正史里也都没有。经史所载，虽在极小部分中还含神秘的意味，但大体并没神奇怪离的论调。并且，这极小部分的神秘记载，我们可以理性解释：

《诗经》记后稷的诞生，颇似可怪。因据《尔雅》所释"履帝武敏"，说是他的母亲，足蹈了上帝的拇指得孕的。但经毛公注释，训帝为皇帝，就等于平常的事实了。

《史记·高帝本纪》说高祖之父太公，雷雨中至大泽，见神龙附其母之身，遂生高祖。这不知是太公捏造这话来骗人，还是高祖自造。即使太公真正看见如此，我想其中也可假托。记得湖北曾有一件奸杀案：一个奸夫和奸妇密议，得一巧法，在雷雨当中，奸夫装成雷公怪形，从屋脊而下，活活地把本夫打杀。高祖的事，也许是如此。他母亲和人私通，奸夫饰做龙怪的样儿，太公自然不敢进去了。

从前有人常疑古代圣帝贤王都属假托：即如《尧典》所说"钦明文思安安，克明俊德……"等等的话，有人很怀疑，以为那个时候的社会，哪得有像这样的完人。我想：古代史家叙太古的事，不能详叙事实，往往只用几句极混统的话做"考语"，这种考语原最容易言过其实。譬如今人作行述，遇着没有事迹可记的人，每只用几句极好的考语；《尧典》中所载，也不过是一种"考语"，事实虽不全如此，也未必全不如此。

《禹贡》记大禹治水，八年告成。日本有一博士，他说："后世凿小小的运河，尚须数十年或数百年才告成功，他治这么大的水，哪得如此快？"因此，也疑《禹贡》只是一种奇迹。我却以为大禹治水，他不过督其成，自有各部分工去做；如果要亲身去，就游历一周，也不能，何况凿成！在那时人民同受水患，都有切身的苦痛，免不得合力去做，所以"经之营之，不日成之"了。《禹贡》记各地土地腴瘠情形，也不过依报告录出，并不必由大禹亲自调查的。

太史公作《五帝本纪》，择其言尤雅驯者，可见他述的确实。我们再翻看经史中，却也没载盘古、三皇的事，所以经史并非神话。

其他经史以外的书，若《竹书纪年》《穆天子传》，确有可疑者在。但《竹书纪年》今存者为明代伪托本，可存而不论，《穆天子传》也不在正经正史之例，不能以此混彼。后世人往往以古书稍有疑点，遂全目以为伪，这是错了！

二、经典诸子非宗教

经典诸子中有说及道德的，有说及哲学的，却没曾说及宗教。近代人因为佛经及耶教的《圣经》都是宗教，就把国学里的"经"，也混为一解，实是大误。"佛经""圣经"的那个"经"字，是后人翻译时随意引用，并不和"经"字原意相符。"经"字原意只是一经一纬的经，即是一根线，所谓经书只是一种线装书罢了。明代有线装书的名目，即别于那种一页一页散着的八股文墨卷，因为墨卷没有保存的价值，别的就称做线装书了。古代记事书于简，不及百名者书于方，事多一简不能尽，遂连数简以记之。这连各简的线，就是"经"。可见"经"不过是当代记述较多而常要翻阅的几部书罢了。非但没含宗教的意味，就是汉时训"经"为"常道"，也非本意。后世疑经是经天纬地之经，其实只言经而不言天，便已不是经天的意义了。

中国自古即薄于宗教思想，此因中国人都重视政治。周时诸学者已好谈政治，差不多在任何书上都见他们政治的主张。这也是环境的关系：中国土地辽广，统治的方法亟待研究，比不得欧西地小国多，没感着困难。印度土地也大，但内部实分着许多小邦，所以他们的宗教易于发达。中国人多以全力着眼政治，所以对宗教很冷淡。

老子很反对宗教，他说："以道莅天下，其鬼不神。"孔子对于宗教，也反对；他虽于祭祀等事很注意，但我们味"祭神如神在"的"如"字的意思，他已明白告诉我们是没有神的。《礼记》一书很考究祭祀，这书却又出自汉代，未必是可靠。

祀天地社稷，古代人君确是遵行，然自天子以下，就没有与祭的身分。须知宗教是须普及于一般人的，耶稣教的上帝，是给一般人膜拜的；中国古时所谓天，所谓上帝，非人君不能拜，根本上已非宗教了。

九流十家中，墨家讲天、鬼，阴阳家说阴阳生克，确含宗教的臭味，但墨子所谓"天""鬼"，阴阳家所谓"龙""虎"，却也和宗教相去很远。就上讨论，我们可以断定经典诸子非宗教。

三、历史非小说传奇

后世的历史，因为辞采不丰美，描写不入神，大家以为是记实的；对于古史，若《史记》《汉书》，以其叙述和描写的关系，引起许多人的怀疑：

《刺客列传》记荆轲刺秦王事，《项羽本纪》记项羽垓下之败，真是活龙活现。大家看了，以为事实上未必如此，太史公并未眼见，也不过如《水浒传》里说武松、宋江，信手写去罢了。实则太史公作史择雅去疑，慎之又慎。像伯夷、叔齐的事，曾经孔子讲及，所以他替二人作传。那许由、务光之流，就缺而不录了。项羽、荆轲的事迹，昭昭在人耳目，太史公虽没亲见，但传说很多，他就可凭着那传说写出了。《史记》中详记武略，原不只项羽一人；但若夏侯婴、周勃、灌婴等传，对于他们的战功，只书得某城，斩首若干级，升什么官，竟像记一笔账似的，这也因没有特别的传说，只将报告记了一番就算了。如果太史公有意伪述，那么《刺客列传》除荆轲外，行刺的情形，只曹沫、专诸还有些叙述，豫让、聂政等竟完全略过，这是什么道理呢？《水浒传》有一百零八个好汉，所以施耐庵不能个个描摹，《刺客列传》只五个人，难道太史公不能逐人描写吗？这都因荆轲行刺的情形有传说可凭，别人没有，所以如此的。

"商山四皓"一事，有人以为四个老人哪里能够使高祖这样听从，《史记》所载未必是实。但须知一件事情的成功，往往为多数人所合力做成，而史家常在甲传中归功于甲，在乙传中又归功于乙。汉惠免废，"商山四皓"也是有功之一，所以在《留侯世家》中如此说，并无可疑。

史书原多可疑的地方，但并非像小说那样的虚构。如刘知几《史通》曾疑更始刮席事为不确，因为更始起自草泽时，已有英雄气概，何至为众所拥立时，竟羞惧不敢仰视而以指刮席呢？这大概是光武一方面诬蔑更始的话。又如史书写王莽竟写得同呆子一般，这样愚呆的人怎能篡汉？这也是汉室中兴对于王莽当然特别贬斥。这种以成败论人的习气，史家在所不免，但并非像小说的虚构。

考《汉书·艺文志》已列小说于各家之一，但那只是县志之类，如所谓《周考》《周纪》者。最早是见于《庄子》，有"饰小说以干县令"一语；这所谓小说，却又指那时的小政客不能游说六国侯王，只能在地方官前说几句本地方的话。这都和后世小说不同。刘宋时有《世说新语》一书，所记多为有风趣的魏晋人的言行，但和正史不同的地方，只时日多颠倒处，事实并非虚构，唐人始多笔记小说，且有因爱憎而特加揄扬或贬抑者，去事实稍远。《新唐书》因《旧唐书》所记事实不详备，多采取此等笔记。但司马温公作《通鉴》对于此等事实必由各方面搜罗证据，见有可疑者即删去，可见作史是极慎重将事的。最和现在小说相近的是宋代的《宣和遗事》，彼记宋徽宗游李师师家，写得非常生动，又有宋江等三十六人，大约《水浒传》即脱胎于此书。古书中全属虚构者也非没有，但多专记神仙鬼怪，如唐人所辑《太平广记》之类，这与《聊斋志异》相当，非《水浒传》可比，而且正史中也向不采取。所以正史中虽有些叙事很生动的地方，但决与小说传奇不同。

治国学之方法

一、辨书籍的真伪

对于古书没有明白哪一部是真，哪一部是伪，容易使我们走入迷途，所以研究国学第一步要辨书籍的真伪。

四部的中间，除了集部很少假的，其余经、史、子三部都包含着很多的伪书，而以子部为尤多。清代姚际恒《古今伪书考》，很指示我们一些途径。

先就经部讲：《尚书》现代通行本共有五十八篇，其中只有三十三篇是汉代时的"今文"所有，另二十五篇都是晋代梅颐所假造。这假造的《尚书》，宋代朱熹已经怀疑他，但没曾寻出确证，直到清代，才明白地考出，却已雾迷了一千多年。经中尚有为明代人所伪托，如《汉魏丛书》中的《子贡诗传》系出自明丰坊手。诠释经典之书，也有后人伪托，如孔安国《尚书传》《郑氏孝经注》《孟子孙奭疏》之类，都是晋代的产品。不过"伪古文尚书"和"伪孔传"，比较的有些价值，所以还引起一部分人一时间的信仰。

以史而论：正史没人敢假造，别史中就有伪书。《越绝书》汉代袁康所造，而托名子贡。宋人假造《飞燕外传》《汉武内传》，而列入《汉魏丛书》。《竹书纪年》本是晋人所得，原已难辨真伪，而近代通行本，更非晋人原本，乃是明人伪造的了。

子部中伪书很多，现在举其最著者六种，前三种尚有价值，后三种则全不足信。

（一）《吴子》。此书中所载器具，多非当时所有，想是六朝产品。但从前科举时代把他当作"武经"，可见受骗已久。

（二）《文子》。《淮南子》为西汉时作品，而文子里面大部分抄自《淮南子》，可见本书系属伪托，已有人证明他是两晋六朝人做的。

（三）《列子》。信列子的人很多，这也因本书做得不坏，很可动人的原故。须知列子这个人虽见于《史记·老庄列传》中，但书中所讲，多取材于佛经，"佛教"在东汉时始入中国，哪能在前说到？我们用时代证他，已可水落石出。并且列子这书，汉人从未有引用一句，这也是一个明证。造列子的也是晋人。

（四）《关尹子》。这书无足论。

（五）《孔丛子》。这部书是三国时王肃所造。《孔子家语》一书也是他所造。

（六）《黄石公三略》。唐人所造。又《太公阴符经》一书，出现在《黄石公三略》之后，系唐人李荃所造。

经、史、子三部中的伪书很多，以上不过举个大略。此外，更有原书是真而后人参加一部分进去的，这却不能疑他是假。《四子书》中有已被参入的。《史记》中也有，如《史记》中曾说及扬雄，扬在太史公以后，显系后人加入，但不能因此便疑《史记》是伪书。

总之，以假为真，我们就要陷入迷途，所以不可不辨别清楚。但反过来看，因为极少部分的假，就怀疑全部分，也是要使我们徬徨无所归宿的。如康有为以为汉以前的书都是伪的，都被王莽、刘歆改篡过，这话也只有他一个人这样说。我们如果相信他，便没有可读的古书了。

二、通小学

韩昌黎说："凡作文章宜略识字。"所谓"识字"，就是通小学的意思。作文章尚须略通小学，可见在现在研究古书，非通小学是无从下手的了。小学在古时，原不过是小学生识字的书，但到了现代，虽研究到六七十岁，还有不能尽通的。何以古易今难至于如此呢？这全是因古今语言变迁的缘故。现在的小学，是可以专门研究的，但我所说的"通小学"，却和专门研究不同，因为一方面要研究国学，所以只能略通大概了。《尚书》中《盘庚》《洛诰》，在当时不过一种告示，现在我们读了，觉得"佶屈聱牙"，这也是因我们没懂当时的白话，所以如此。《汉书·艺文志》说："《尚书》直言也。"直言就是白话。古书原都用当时的白话，但我们读《尚书》，觉得格外难懂，这或因《盘庚》《洛诰》等都是一方的土话，如殷朝建都在黄河以北，周朝建都在陕西，用的都是河北的土话，所以比较不能明白。《汉书·艺文志》又说，"读《尚书》

应用《尔雅》"，这因《尔雅》是诠释当时土话的书，所以《尚书》中有难解的地方，看了《尔雅》就可明白。

总之，读唐以前的书，都非研究些小学，不能完全明白。宋以后的文章和现在差不多，我们就能完全了解了。

研究小学有三法：

1. 通音韵。古人用字，常同音相通，这大概和现在的人写别字一样。凡写别字都是同音的，不过古人写惯了的别字，现在不叫写别字罢了。但古时同音的字，现在多不相同，所以更难明白。我们研究古书，要知道某字即某字之转讹，先要明白古时代的音韵。

2. 明训诂。古时训某字为某义，后人更引申某义转为他义。可见古义较狭而少，后义较广而繁。我们如不明白古时的训诂，误以后义附会古义，就要弄错了。

3. 辨形体。近体字中相像的，在篆文未必相像，所以我们要明古书某字的本形，以求古书某字的某义。

历来讲形体的是《说文》，讲训诂的是《尔雅》，讲音韵的是《音韵学》。如能对《说文》《尔雅》《音韵学》都有明确的观念，那么，研究国学就不至犯那"意误""音误""形误"等弊病了。

宋朱熹一生研究"五经""四子"诸书，连寝食都不离，可是纠缠一世，仍弄不明白。实在，他在小学没有工夫，所以如此。清代毛西河事事和朱子反对，但他也不从小学下手，所以反对的论调，也都错了。可见通小学对于研究国学是极重要的一件事了。清代小学一门，大放异彩，他们所发见的新境域，着实不少！

朱熹

三国以下的文章，十之八九我们能明了，其不能明了的部分，就须借助于小学。唐代文家如韩昌黎、柳子厚的文章，虽是明白晓畅，却也有不能了解的地方。所以我说：看唐以前的文章，都要先研究一些小学。

桐城派也懂得小学，但比较的少用工夫，所以他们对于古书中不能明白的字，便不引用，这是消极的免除笑柄的办法，事实上总行不去的。

哲学一科，似乎可以不通小学，但必专凭自我的观察，由观察而发表自我的意思，和古人完全绝缘，那才可以不必研究小学。倘仍要凭借古人，或引用古书，那么，不明白小学就要闹笑话了。

比如朱文公研究理学（宋之理学即哲学），释"格物"为"穷至事物之理"，便招非议。在朱文公原以"格"可训为"来"，"来"可训为"至"，"至"可训为"极"，"极"可训为"穷"，就把"格物"训为"穷物"。可是训"格"为"来"是有理，辗转训"格"为"穷"，就是笑话了。又释"敬"为"主一无适"之谓（这原是程子说的），他的意思是把"适"训作"至"，不知古时"适"与"敌"通，《淮南子》中的主"无适"，所谓"无适"实是"无敌"之谓，"无适"乃"无敌对"的意义，所以说是"主一"。所以研究国学，无论读古书或治文学哲学，通小学都是一件紧要的事。

三、明地理

近顷所谓地理，包含地质、地文、地志三项，原须专门研究的。中国本来的地理，算不得独立的科学，只不过做别几种（史、经）的助手，也没曾研究到地质、地文的。我们现在要研究国学，所需要的也只是地志，且把地志讲一讲。

地志可分两项：天然的和人为的。天然的就是山川脉络之类。山自古至今，没曾变更。大川若黄河，虽有多次变更，我们在历史上可以明白考出，所以，关于天然的，比较地容易研究。人为的就是郡县建置之类。古来封建制度至秦改为郡县制度，已是变迁极大，数千年来，一变再变，也不知经过多少更张。那秦汉时代所置的郡，现在还能大略考出，所置的县就有些模糊了；战国时各国的地界，也还可以大致考出，而各国战争的地点，却很不明白了。所以人为的比较的难以研究。

历来研究天然的，在乾隆时有《水道提纲》一书。书中讲山的地方甚少，关于水道，到现在也变更了许多，不过大致是对的。在《水道提纲》以前，原有《水经注》一书，这书是北魏人所著，事实上已用不着，只文采丰富，可当古董看罢了。研究人为的，有《读史方舆纪要》和《乾隆府厅州县志》。民国代兴，废府留县，新置的县也不少，因此更大有出入。在《方舆纪要》和《府厅州县志》以前，唐人有《元和郡县志》，也是研究人为的，只是欠分明。另外还有《大清一统志》《李申耆五种》，其中却有直接明了的记载，我们应该看的。

我们研究国学，所以要研究地理者，原是因为对于地理没有明白的观念，看古书就有许多不能懂。譬如看到春秋战国的战争和楚汉战争，史书上已载明谁胜谁败，但所以胜所以败的原因，关于形势的很多，就和地理有关了。

二十四史中，古史倒还可以明白，最难研究的，要推《南北史》和《元史》。东晋以后，五胡阆入内地，北方的人士多数南迁。他们数千人所住的地，就侨置一州，侨置的地方，大都在现在镇江左近，因此有南通州、南青州、南冀州的地名产生。我们研究《南史》，对于侨置的地名，实在容易混错。元人灭宋，统一中国，在二十四史就有《元史》的位置。元帝成吉思汗拓展地域很广，关于西伯利亚和欧洲东部的地志，《元史》也有阆入，因此使我们读者发生困难。关于《元史地志》有《元史译文证补》一书，因著者博证海外，故大致不错。

不明白地理而研究国学，普通要发生三种谬误。南北朝时南北很隔绝。北魏人著《水经注》，对于北方地势，还能正确，记述南方的地志，就错误很多。南宋时对于北方大都模糊，所以福建人郑樵所著《通志》，也错得很多——这是臆测的谬误。中国土地寥廓，地名相同的很多，有人就因此纠缠不清——这是纠缠的错误。古书中称某地和某地相近，往往考诸实际，相距却是甚远。例如：诸葛亮五月渡泸一事，是大家普通知道的，泸水就是现今金沙江，诸葛亮所渡的地，就是现在四川宁远。后人因为唐代曾在四川置泸州，大家就以为诸葛亮五月渡泸是在此地，其实相去千里，岂非大错吗？——这是意会的错误。至于河阴、河阳当在黄河南北，但水道已改，地名还是仍旧，也容易舛错的。

我在上节曾讲过"通小学"，现在又讲到"明地理"，本来还有"典章制度"也是应该提出的，所以不提者，是因各朝的典章制度，史书上多已载明，无以今证古的必要。我们看哪一朝史知道哪一朝的典章制度就够了。

四、知古今人情的变迁

社会更迭变换，物质方面不断进步，那人情风俗也随着变迁，不能拘泥在一种情形的。如若不明白这变迁的理，要产生两种谬误的观念。

1. 道学先生看做道德是永久不变，把古人的道德，比做日月经天，江河行地，墨守而不敢违背。

2. 近代矫枉过正的青年，以为古代的道德是野蛮道德。原来道德可分二部分：普通伦理和社会道德。前者是不变的，后者是随着环境变更的。当政治制度变迁的时候，风俗就因此改易，那社会道德是要适应了这制度这风俗才行。古今人情的变迁，有许多是我们应该注意的！

第一，封建时代的道德，是近于贵族的；郡县时代的道德，是近于平民的。这是比较而说的。《大学》有"欲治其国者，先齐其家"一语，《传》第九章里有"其家不可教而能教人者，无之"一语，这便是封建时代的道德。我们且看唐太宗的历史，他的治国，成绩不坏，世称"贞观之治"，但他的家庭，却糟极了，杀兄、纳弟媳。这岂不是把《大学》的话根本打破吗？要知古代的家和后世的家大不相同。古代的家，并不只包含父子夫妻兄弟这等人，差不多和小国一样，所以孟子说："千乘之家百乘之家。"在那种制度县之下，《大学》里的话自然不错，那不能治理一县的人，自然不能治理一省了。

第二，古代对于保家的人，不管他是否尸位素餐，都很恭维。史家论事，对于那人因为犯事而灭家，不问他所做的是否正当，都没有一句褒奖。《左传》里已是如此，后来《史》《汉》也是如此。晁错创议灭七国，对于汉确是尽忠，但因此夷三族，就使史家对他生怪了。大概古代爱家和现代爱国的概念一样，那亡家也和亡国一样，所以保家是大家同情的。这种观念，到汉末已稍稍衰落，六朝又复盛了。

第三，贵族制度和现在土司差不多。凡在王家的人，和王的本身一样看待。他的兄弟在王去位的时代都有承袭的权利。我们看

《尚书》到周公代成王摄政，觉得很可怪。他在摄政时代，也俨然称王。在《康诰》里有"王若曰孟侯朕其弟小子封"的话，这"王"明是指周公。后来成王年长亲政，他又可以把王号取消。《春秋》记隐公、桓公的事，也是如此。这种摄政可称王，退位可取消的情形，到后世便不行。后世原也有兄代弟位的，如明英宗被掳、景泰帝代行政事等。但代权几年，却不许称王；既称王、却不许取消的。宋人解释《尚书》，对于这些没有注意到，所以强为解释，反而愈释愈使人不能解了。

第四，古代大夫的家臣，和天子的诸侯一样，凡是家臣对于主人有绝对服从的义务。这种制度，西汉已是衰落一些，东汉又复兴盛起来。功曹、别驾都是州郡的属官。这种属官，既要奔丧，还要服丧三年，俨有君臣之分。三国时代的曹操、刘备、孙权，他们虽未称王，但他们属下的官对于他们都是皇帝一般看待的。

第五，"丁忧去官"一件事在汉末很通行，非但是父母三年之丧要丁忧，就是兄弟姊妹期功服之丧也要丁忧。陶渊明诗有说及奔妹丧的，潘安仁《悼亡诗》也有说及奔丧的，可见丁忧的风在那时很盛。唐时此风渐息，到明代把它定在律令，除了父母丧不必去官。

总之，道德本无所谓是非，在那种环境里产生适应的道德，在那时如此便够了。我们既不可以古论今，也不可以今论古。

五、辨文学应用

文学的派别很多，梁刘勰著《文心雕龙》一书，已明白罗列，关于这项，将来再仔细讨论，现在只把不能更改的文体讲一讲。

文学可分二项：有韵的谓之诗，无韵的谓之文。文有骈体、散体的区别，历来两派的争执很激烈：自从韩退之崛起，推翻骈体，后来散体的声势很大。宋人就把"古代经典都是散体，何必用骈体"做宣扬的旗帜。清代阮芸台起而推倒散体，抬出孔老夫子来，说孔子在《易经》里所著的文言系辞，都是骈体的。实在这种争执，都是无谓的。

依我看来，凡简单叙一事不能不用散文，如兼叙多人多事，就非骈体不能提纲。以《礼记》而论，同是周公所著，但《周礼》用骈体，《仪礼》却用散体，这因事实上非如此不可的。《仪礼》中说的是起居跪拜之节，要想用骈也无从下手。更如孔子著《易经》用骈，著《春秋》就用散，也是一理。实在，散、骈各有专用，可并存而不能偏废。凡列举纲目的以用骈为醒目，譬如我讲演"国学"列举各项子目，也便是骈体。秦汉以后，若司马相如、邹阳、枚乘等的骈文，了然可明白。他们用以序叙繁杂的事，的确是不错。后来诏诰都用四六，判案亦有用四六的（*唐宋之间，有《龙筋凤髓判》*），这真是太无谓了。

凡称之为诗，都要有韵，有韵方能传达情感。现在白话诗不用韵，即使也有美感，只应归入散文，不必算诗。日本和尚娶妻食肉，我曾说他们可称居士等等，何必称做和尚呢？诗何以要有韵呢？这是自然的趋势。诗歌本来脱口而出，自有天然的风韵，这种韵，可达那神妙的意思。你看，动物中不能言语，他们专以幽美的声调传达彼等的感情，可见诗是必要有韵的。"诗言志，歌永言，声依咏，律和声"这几句话是大家知道的。我们仔细讲起来，也证明诗是必要韵的。我们更看现今戏子所唱的二黄西皮，文理上很不通，但彼等也因有韵的原故。

白话记述，古时素来有的，《尚书》的诏诰全是当时的白话，汉代的手诏，差不多亦是当时的白话，经史所载更多照实写出的。《尚书·顾命篇》有"茣丽陈教则肄肄不违"一语，从前都没能解这两个"肄"字的用意，到清代江艮庭始说明多一肄字，乃直写当时病人垂危舌本强大的口吻。《汉书》记周昌"臣期期不奉诏""臣期期知其不可"等语，两"期期"字也是直写周昌口吃。但现在的白话文只是使人易解，能曲传真相却也未必。"语录"皆白话体，原始自佛家，宋代名儒如二程、朱、陆亦皆有语录，但二程为河南人，朱子福建人，陆象山江西人，如果各传真相，应所纪各异，何以语录皆同一体例呢？我尝说，假如李石曾、蔡孑民、吴稚晖三先生会谈，而令人笔录，则李讲官话，蔡讲绍兴话，吴讲无锡话，便应大不相同，但记成白话文却又一样。所以说白话文能尽传口语的真相，亦未必是确实的。

第二章

国学的派别（一）——经学的派别

讲"国学"而不明派别，将有望洋兴叹、无所适从之感。但"国学"中也有无须讲派别的，如历史学之类；也有不够讲派别的，则为零碎的学问。现在只把古今学者呶呶争辩不已的，分三类讨论：1. 经学之派别；2. 哲学之派别；3. 文学之派别；依顺序先研究经学之派别。

　　"'六经'皆史也"，这句话详细考察起来，实在很不错。在"六经"里面，《尚书》《春秋》都是记事的典籍，我们当然可以说它是史。《诗经》大半部是为国事而作（《国风》是歌咏各国的事，《雅》《颂》是讽咏王室的），像歌谣一般的，夹入很少，也可以说是史。《礼经》是记载古代典章制度的（《周礼》载官制，《仪礼》载仪注），在后世本是史的一部分。《乐经》虽是失去，想是记载乐谱和制度的典籍，也含史的性状。只有《易经》一书，看起来像是和史没关，但实际上却也是史。太史公说："《易》本隐以之显，《春秋》推见以至隐。"引申他的意思，可以说《春秋》是罗列事实，中寓褒贬之意；《易经》却和近代"社会学"一般，一方面考察古来的事迹，得着些原则，拿这些原则，可以推测现在和将来。简单说起来，《春秋》是显明的史，《易经》是蕴着史的精华的。因此可见"六经"无一非史，后人于史以外，别立为经，推尊过甚，更有些近于宗教。实在周末还不如此，此风乃起于汉时。

今古文之分

　　秦始皇焚书坑儒，"六经"也遭一炬，其后治经者遂有今文家、古文家之分。今文家乃据汉初传经之士所记述的。现在要讲今文家，先把今文家的派别，立一简单的表：

汉初，田何传《易经》，伏生口授《尚书》，齐、鲁、韩三家治《诗经》，高堂生传《礼经》，胡毋生治《公羊》，瑕丘江公治《穀梁》，那时除了《乐经》以外，"五经"都已完备。后来《易》分四家，《诗》《书》各分三家，《礼》分二家，《公羊》分二家。汉室设官，立十四博士（《穀梁》不在内），即以上十四家。十四博士在汉初还没十分确定，在西汉末年才确定下来。

今文家所讲的，虽非完全类乎宗教，但大部分是倾向在这一面的。《易》四家中，施和梁丘二家，我们已不能见，且莫论他。京氏治《易》，专重卜筮，传至汉末虞翻，则更多阴阳卜筮之说。《尚书》三家中欧阳也不可考，大、小夏侯则欢喜讲《洪范》五行之说，近于宗教。汉人治《尚书》，似乎最欢喜《洪范篇》。《诗经》三家中，申公所说，没甚可怪。《韩诗外传》（《内传》已失）也没甚可怪的地方，惟翼奉治诗，却拿天干十二支比附《诗经》了。高堂生的《仪礼》，已不可知，大、小戴（现在所谓二戴，非汉时的大、小戴）中，也不少离奇的话。《公羊》的记载，虽和事实相差很远，还没甚么可怪，但治《公羊》的今文家，却奇怪极了。胡毋生的学说，我们已不能见，即颜、严二家的主张也无从考出，但董仲舒的《春秋繁露》，却多怪话。汉末何休注《公羊》，不从颜、严二家之说，自以为是胡毋生嫡派，他的怪话最多，照他说来，直是孔子预知汉室将兴而作《春秋》，简直是为汉预制宪法，所以那时有"春秋为汉制法"的话。孔子无论是否为预言家，孔子何至和汉家有这么深厚的感情呢？

汉代学者以为古代既有"经"必有"纬"，于是托古作制，造出许多"纬"来，同时更造"谶"。当时"纬书"种类繁多，现在可查考的只有《易纬》八种。明孙瑴《古微书》中辑有纬书很多。《易纬》所讲的是时令节气，仅如月令之类；《春秋纬》载孔子著《春秋》《孝经》告成，跪告天，天生彩云，下赐一玉等话，便和耶稣《创世纪》相类了。"谶"是"河图"一类的书，专讲神怪，说能先知未来，更近于宗教了。纬书西汉末年才出现，大概今文学家弟子迎合当时嗜好推衍出来的。

经有兼今古文的，也有无今文而有古文的，也有无古文而有今文的。汉代古文学家，可以列如下表：

古文家
├─ 《易》——费氏
├─ 《书》——孔氏
├─ 《诗》——毛氏
├─ 《礼》——桓公（据刘歆语）
└─ 《春秋》——左氏

《仪礼》（当时称为《士礼》），在古文今文，只为文字上的差别。《周礼》在汉初不以为经典，东汉始有杜子春和二郑替彼注释。此外今古文便各自为别了。今古文的区别，本来只在文字版本上。因为"六经"遭秦火，秦代遗老就所能记忆的，用当代语言记出，称为今文；后来从山崖屋壁发见古时原本，称为古文，也不过像近代今板古板的分别罢了。但今文所记忆，和古文所发现的篇幅的多少，已有不同；今文家所主张和古文家所说，根本上又有不同；因此分道扬镳。古文家异于今文家之点，在下文细说：

第一，《易》以费氏为古文家，是刘向定的。因为刘向校书时，就各家《易经》文字上看，只有费氏相同，所以推为古文家。以《易》而论，今古文也还只文字上的不同。

第二，鲁恭王发孔壁得《尚书》，《尚书》的篇数就发生问题。据《书传》（太史公曰："《书传》《礼记》自孔氏。"可见孔安国家藏《书传》，确自孔壁得来）称《书序》有百篇，而据伏生所传只有二十九篇（可分为三十四篇），壁中所得却有四十六篇（可分为五十八篇），相差已十七篇。并且《书传》所载和今文更有许多不同的地方。孟子是当时善治《诗》《书》的学者，他所引的"葛伯求饷""象日以杀舜为事"等等，在今文确是没有的，可见事实上又不同了。

第三，《诗》因叶韵易于记忆，当时并未失传，本无今古文之分。毛氏所传诗三百十一篇，比三家所传多笙诗六篇，而所谓笙诗也只有名没有内容的。《毛诗》所以列于古文，是立说不同。他的立说，关于事实和《左传》相同，关于典章制度和《周礼》相同，关于训诂又和《尔雅》同的。

第四，郑康成注《仪礼》，并存古今文。大概高堂生传十七篇和古文无大出入。孔壁得《礼》五十六篇，比高堂生多三十九篇。这三十九篇和今文中有大不同之点：今文治《礼》，是"推士礼致于天子"，全属臆测的；此三十九篇却载士以上的礼很多。二戴的主张，原不可考，但晋人贺循引《礼》，是我们可据以为张本的。

第五，"左氏多古文古言"，《汉书·艺文志》说：《左氏传》是张苍所献。贾谊事张苍，习《左氏传》，所以《贾谊新书》引《左氏传》的地方很多。《左氏传》的事实，和《公羊》多不相同。《穀梁》中事实较《公羊》确实一些，也和《左氏》有出入。至经文本无不同，但《公羊》《穀梁》是十一篇，《左氏》有十二篇，因《公》《穀》是附闵于庄的。闵公只有三年，附于庄公，原无大异，但何休解《公羊》，却说出一番理由来，以为"孝子三年无改于父道"，故此附闵于庄了。

第六，《周礼》，汉时河间献王向民间抄来，马融说是"出自山崖屋壁"的。这书在战国时已和诸侯王的政策不对，差不多被毁弃掉，所以孟子说："其详不可得闻也；诸侯恶其害己也，而皆去其籍。"《荀子》中和《周礼》相合的地方很多，或者他曾见过。孟子实未见过《周礼》，西汉人亦未见过。《礼记·王制篇》也和《周礼》不同。孟子答北宫锜说："公侯皆方百里，伯七十里，子男五十里。"《周礼》却说是"公五百里，侯四百里，伯三百里，子二百里，男一百里"。《王制》讲官制是"三公，九卿，二十七大夫，八十一元士"。但古代王畿千里，几和现在江苏一般大小，这一百二十个官员，恐怕不够吧！《周礼》称有三百六十官，此三百六十官亦为官名而非官缺，一官实不止一人，如就府吏胥徒合计，当时固有五万余员。

又有在汉时称为传记的，就是《论语》和《孝经》二书。《论语》有《古论》《齐论》《鲁论》之分，《古论》是出自孔氏壁中的。何晏治《论语》参取三家，不能分为古今文。不过王充《论衡》称《论语古论》有百多篇，文字也难解，删繁节要也有三十篇，而何晏说："《鲁论语》二十篇；《齐论语》别有《问王》《知道》等，凡二十二篇；《古论》出孔氏壁中，分《尧曰》下章《子张问》以为一篇，凡二十一篇。"篇数上又有出入。《汉书·艺文志·论语家》，有《孔子家语》及《孔子徒人图法》二书，太史公述仲尼弟子，曾提及《弟子籍》一书，三十篇中或者有以上三书在内。《孝经》，在《汉书·艺文志》也说出自孔壁，汉代治《孝经》的已无可考，我们所见的是唐玄宗的注释。又有《论语谶》《孝经谶》二书，怪语很多，可存而不论。

宋代所称"十三经"，是合《易》《尚书》《周礼》《仪礼》《礼记》《诗》《左传》《公羊》《榖梁》《论语》《孝经》《孟子》《尔雅》而说的。这只是将诸书汇刻，本无甚么深义，后人遂称为"十三经"了。《汉书·艺文志》扩充六艺为九种，除《易》《诗》《书》《礼》《乐》《春秋》为六艺外，是并《论语》《孝经》《小学》在内的。

汉代治经学，崇尚今文家的风气，到了汉末三国之间，渐趋销熄。汉末郑康成治经，已兼重古文和今文。王肃出，极端的相信古文。在汉代没曾立学官的，三国也都列入学官，因此今文家衰，古文家代兴。

三国时古文家的色彩很鲜明，和汉代有不可混的鸿沟：

《诗》，汉用三家，三国时尚毛。

《春秋》，汉用《公羊》，三国时尚《左氏》。

《易》，汉有施、孟、梁丘、京四家，三国只崇尚郑康成和王弼的学说。

《仪礼》，没有大变更。

《周礼》，汉不列学官，三国列入学官。

学者习尚既变，在三国魏晋之间，所有古文家学说，都有人研究；就是从前用今文家的，到此时也改用古文家了。

南北之分

古文家盛行以后，自己又分派别：以《易》而论，王弼主费氏，郑康成也主费氏。各以己意注释，主张大有不同，因为费氏只是文字古体，并无他的学说的。治《毛诗》的，有郑康成、王肃，意见有许多相反。治《左传》的，汉末有服虔（只解传不解经的），晋有杜预，两家虽非大不同，其中却也有抵触之处。原来汉人治《左氏》，多引《公羊》，并由《公羊》以释经，自己违背的地方很多。杜预《春秋释例》将汉人学说一一驳倒，在立论当中，又有和服虔的主张相反的。《尚书》郑康成有注，郑本称为古文的，但孔安国古本已失，郑本也未必是可靠。我们就和马融、郑康成师生间的立说不同，文字不同，也可明白了。东晋时梅颐的《伪古文尚书》出。托名孔安国，将《汉书·艺文志》所称正十八篇推衍出来，凡今文有的，文字稍有变更，今文所无的，就自己臆造，这书当时很有人信他。

南北朝时南北学者的倾向颇有不同：

《易》，北尊王弼，南尊郑康成。

《毛诗》，南北无十分异同。

《左传》，北尊服虔，南尊杜预。

《尚书》，北尊郑康成，南用《伪古文尚书》。

唐初，孔颖达、贾公彦出而作注疏，产生"五经""七经"的名称。"五经"是孔颖达所主张的，贾公彦益以《周礼》《仪礼》就称"七经"，后更附以《公羊》《穀梁》（《公羊》用何休，《穀梁》用范宁），就是唐人通称的"九经"。孔颖达曲阜人，当时北方人多以为北不如南，所以他作注疏多采用南方，因此《易》不用王而用郑，《左》不用服而用杜了。唐人本有"南学""北学"之分，后来北并于南，所有王弼、服虔的学说，因此散失无遗。

唐代轻学校而重科举，取士用"明经""进士"二科（明经科讨论经典，进士科策论应试），学者对于孔氏的学说不许违背，因此拘束的弊病，和汉代立十四博士不相上下，并且思想不能自由，成就很少，孔贾而外，竟没有卓异的经学家了。

《仪礼》《丧服》是当时所实用的，从汉末至唐，研究的人很多并且很精，立说也非贾《疏》所能包。这是特例。

宋学与汉学

宋代典章制度，多仍唐时之旧。宋人拘守唐人的注疏，更甚于唐人，就是诗赋以经命名的，也不许抵触孔、贾的主张。当时有人作"当仁不让于师赋"，将"师"训作"众"，就落第了。邢昺作《论语》《孝经》疏，拘守孔、贾所已引用的，已是简陋，那些追随他们的后尘的，更是陋极。宋代改"明经科"为"学究科"，这"学究"两字是他们无上的诨号。

在思想不能自由发展的环境之下，时势所趋，不能不有大变动，因此宋代学者的主张就和以前趋于相反的方向了。揭反向旗帜的人，首推孙复。他山居读书，治《春秋》以为三传都不可靠。这种主张，在唐人已有赵匡、啖助创议于先，孙不过推衍成之。继孙复而起，是欧阳修，他改窜《诗经》的地方很多，并疑《易》的《系辞》非出自孔氏，立说之中很多荒谬，因为他本是文人，非能说经的。同时有刘敞（字原甫）说经颇多，著有《七经小记》，原本今虽不存，但从别书考见他的主张，虽和注疏背驰，却不是妄想臆测。神宗时王安石治经，著有《三经新义》，当时以为狂妄。原书已难考见，但从集中所引用的看来，也不见得比欧阳修更荒谬，想是宋人对于王安石行为上生怨恶，因此嫌弃他的学说。王的学说，传至弟子吕惠卿辈，真是荒谬绝伦，后来黄氏有《缃素杂记》，把《诗经》看作男女引诱的谈论，和《诗经》的本旨就相去千里了。

宋儒治经以意推测的很多。南宋朱文公凭他的臆测酿成很多谬误。朱氏治经，有些地方原有功于经，但是功不能掩过。现且分别指明：

第一，《易经》本为十二篇，郑、王合象辞于经，已非本来面目，朱氏分而出之，是他的功。他取陈抟的《河图》《洛书》并入《易经》——《河图》《洛书》由陈抟传至邵康节，再传至朱文公，他就列入《易经》。有清王懋竑为朱文公强辩，谓《河图》《洛书》非朱文公所列，那就太无谓了。因为朱文公对于道士炼丹之术，很有些相信。他曾替《参同契》（汉时道家书）作注释，在书上署名"空同道士邹䜣"。"邹""朱"双声，"䜣""熹"通训，他的本名已隐在里面了。这是他的过。分《易》是还原，为功很小；增《河图》《洛书》是益迷信，过很大。可以说是功不掩过。

第二，朱文公从文章上，怀疑《伪古文尚书》开后人考据的端续，是他的工夫；他怀疑《书序》（今文所无古文所有）也是伪托，他的弟子蔡沈作集传，就不信《书序》，是他的过。这可说是功过相当。

第三，古人作诗托男女以寓君臣，《离骚》以美人香草比拟，也同此意。朱文公对于《诗序》（唐时《本事诗》相类）解诗指为国事而作，很不满意，他遂以为是男女酬答之诗，这是不可掩的过。当时陈傅良反对朱文公，有"城阙为偷期之所，彤管为行淫之具"等语（不见于今《诗传》，想已删去）。清人亦有指斥朱文公释《丘中有麻》诗为女人含妒意为不通者。

与朱文公同时有吕东莱，治毛诗很精当，却不为时人所重。元代，朱子学说大行，明代更甚。在这二代中，经学无足观，士子受拘束也达极点，就激成清代的大反动。

清初，毛奇龄（号西河）首出反对朱子的主张。毛为文人，于经没彻底的研究，学说颇近王阳明。他驳斥朱子的地方固精当，他自己的主张，却和朱子一般荒谬。朱子注《四子书》，也有援引原注的，毛也一并指斥无余了。继起为胡渭（朏明），他精研地理，讲《禹贡》甚精当，对于《河图》《洛书》有重大的抨击。在那时双方各无所根据，凭主观立论，都不能立在不败之地，汉学便应运而起。

阎若璩力攻古代书籍已和汉学接近，不过对于朱子，不十分叛离，有许多地方仍援用朱说的。后江慎修出，对于音韵有研究，也倾向到汉学，但未揭明汉学的旗帜。

揭汉学旗帜的首推惠栋（定宇）（苏州学派），他的父亲惠士奇著《礼说》《春秋说》已开其端，定宇更推扬之，汉学以定。他所谓汉学，是摈斥汉以下诸说而言。惠偏取北学，著有《九经古义》《周易述》《明堂大道录》等书，以《周易述》得名。后惠而起有戴震（东原），他本是江永的弟子，和惠氏的学说不十分相同，他著有《诗经小传》等书，不甚卓异。

就惠、戴本身学问论，戴不如惠，但惠氏不再传而奄息，戴的弟子在清代放极大异彩，这也有二种原因：

甲，惠氏墨守汉人学说，不能让学者自由探求，留发展余地。戴氏从音韵上辟出新途径，发明"以声音合文字，以文字考训诂"

的法则。手段已有高下。

乙，惠氏揭汉学的旗帜，所探求的只是汉学。戴氏并非自命为汉学，叫人从汉学上去求新的发见，态度上也大有不同。戴氏的四弟子，成就都很多，戴氏不过形似汉学，实际尚含朱子的臭味，他的弟子已是摈除净尽了。今将其四弟子分别说明如下：

（一）孔广森讲音韵极精，著有《诗声类》一书。

（二）任大椿著有《弁服释例》一书，很确实的。

（三）段玉裁以《六书音韵表》《说文解字注》闻名。

（四）王念孙本非戴的传经学生，戴在王家教授时，只不过教授些时文八股。王后来自有研究，所发明的比上列三家较多，《广雅疏证》一书，很为学者所重。

上列四家，孔、任尚近汉学，段已和汉学不同，王才高学精，用汉学以推翻汉学，诚如孟子所谓"逢蒙学射于羿，尽羿之道，于是杀羿"了。

王念孙及其子引之著《经义述闻》，引用汉代训诂，善于调换，于诸说中采其可通者，于是佶屈聱牙的古书，一变而为普通人所能懂得了。历来研究经学的，对于名词动词有人研究；关于助词，都不知讨论。王氏父子著《经传释词》，于古书助词之用法列举无遗，实于我们研究上有莫大的便利，如《孟子》中"然而无有乎尔，则亦无有乎尔"二句，本不易解，王氏训"乎尔"为"于此""于彼"，便豁然可悟了。我以我们不看《经传释词》，也算是虚词不通。

上列二派，在清代称为"汉学"，和"宋学"对立，厥后崛起的为常州派，是今文学家。

今古文的复归与衰亡

"常州派"自庄存与崛起，他的外甥刘逢禄、宋翔凤承继他的学说。庄氏治《公羊》，却信东晋《古文尚书》，并习《周礼》。刘氏亦讲《公羊》，却有意弄奇，康有为的离奇主张，是从他的主张演绎出来的，但他一方面又信《书序》。这两人不能说纯粹的今文学家。朱氏以《公羊》治《论语》，极为离奇，"孔教"的促成，是由他们这一班人的。今文学家的后起，王闿运、廖平、康有为辈一无足取，今文学家因此大衰了。

今文学家既衰，古文学家又起。孙诒让是一代大宗，《周礼正义》一书，颇为学者所重。在他以外，考典章制度原有江永、惠士奇（作《礼说》）、金榜（著《礼笺》）、金鹗（作《求古录》）、黄以周（著《礼书通古》）等人，但和他终有上下床之别。自孙诒让以后，经典大衰。像他这样大有成就的古文学家，因为没有卓异的今文学家和他对抗，竟因此经典一落千丈，这是可叹的。我们更可知学术的进步，是靠着争辩，双方反对愈激烈，收效方愈增大。我在日本主《民报》笔政，梁启超主《新民丛报》笔政，双方为国体问题辩论得很激烈，很有色彩，后来《新民丛报》停版，我们也就搁笔，这是事同一例的。

自汉分古今文，一变而为南北学之分，再变而为汉宋学之分，最后复为今古文，差不多已是反原，经典的派别，也不过如此罢。

第三章

国学的派别（二）——哲学的派别

"哲学"一名词，已为一般人所通用，其实不甚精当。"哲"训作"知"，"哲学"是求知的学问，未免太浅狭了。不过习惯相承，也难一时改换，并且也很难得一比此更精当的。南北朝号"哲学"为"玄学"，但当时"玄""儒""史""文"四者并称，"玄学"别"儒"而独立，也未可用以代"哲学"。至宋人所谓"道学"和"理学"是当时专门名辞，也不十分适用。今姑且用"哲学"二字罢。

先秦诸子

　　讨论哲学的，在国学以子部为最多，经部中虽有极少部分与哲学有关，但大部分是为别种目的而作的。以《易》而论，看起来像是讨论哲学的书，其实是古代社会学，只《系辞》中谈些哲理罢了。《论语》，后人称之为"经"，在当时也只算是子书。此书半是"伦理道德学"，半是论哲理的。"九流"的成立，也不过适应当时需求，其中若"纵横家"是政客的技术，"阴阳家"是荒谬的迷信，"农家"是种植的技艺，"杂家"是杂乱的主张，都和哲学无关。至和哲学最有关系的，要算儒、道二家，其他要算法家、墨家、名家了。"道家"出于史官，和《易》相同。老、庄二子的主张，都和哲学有牵涉。管子也是道家，也有小部分是和哲学有关。儒家除《论语》一书外，还有《孟子》《荀子》都曾谈哲理。名家是治"正名定分之学"，就是现代的"论理学"，可算是哲学的一部分。尹文子、公孙龙子和庄子所称述的惠子，都是治这种学问的。惠子和公孙龙子主用奇怪的论调，务使人为我所驳倒，就是希腊所谓"诡辩学派"。《荀子·正名篇》研究"名学"也很精当。墨子本为宗教家，但《经上》《经下》二篇，是极好的名学。法家本为应用的，而韩非子治法家之学，自谓出于老子，他有《解老》《喻老》二篇，太史公也把他和老、庄合传，其中有一部分也有关哲理的。儒家、道家和法家的不同，就在出发点上。儒道二家是以哲理为基本而推衍到政治和道德的，法家是旁及哲理罢了。他如宋轻（宋荣子），《汉书·艺文志》把他归在小说家，其实却有哲理的见解。庄子推宋轻为一家，《荀子·解蔽篇》驳宋轻的话很多，想宋轻的主张在当时很流行，他是主张非兵的。宋轻所以算做小说家，因为他和别家不同；别家是用高深的学理，和门人研究，他是逢人便说，陈义很浅的。

老 子

孟　子

　　周秦诸子，道、儒两家所见独到。这两家本是同源，后来才分离的。《史记》载孔子受业于征藏史，已可见孔子学说的渊源。老子道德的根本主张，是"上德不德"，就是无道德可见，才可谓之为真道德。孔子的道德主张，也和这种差不多。就是孟子所谓"由仁义行，非行仁义也"，也和老子主张一样的。道儒两家的政治主张，略有异同：道家范围大，对于一切破除净尽；儒家范围狭小，对于现行制度尚是虚与委蛇：也可以说是"其殊在量，非在质也"。老子为久远计，并且他没有一些名利观念，所以敢放胆说出；孔子急急要想做官，竟是"三月无君，则皇皇如也"，如何敢放胆说话呢！

儒家之学，在《韩非子·显学篇》说是"儒分为八"，有所谓颜氏之儒。颜回是孔子极得意门生，曾承孔子许多赞美，当然有特别造就。但孟子和荀子是儒家，记载颜子的话很少，并且很浅薄。庄子载孔子和颜回的谈论却很多。可见颜氏的学问，儒家没曾传，反传于道家了。庄子有极赞孔子处，也有极诽谤孔子处，对于颜回，只有赞无议，可见庄子对于颜回是极佩服的。庄子所以连孔子要加抨击，也因战国时学者托于孔子的很多，不如把孔子也驳斥，免得他们借孔子作护符。照这样看来，道家传于孔子为儒家；孔子传颜回，再传至庄子，又入道家了。至韩退之以庄子为子夏门人，因此说庄子也是儒家。这是"率尔之论，未尝订入实录"。他因为庄子曾称田子方，遂谓子方是庄子的先生。那么，《让王篇》也曾举曾原、则阳、无鬼、庚桑诸子，也都列名在篇目，都可算做庄子的先生吗？

孟子，《史记》说他是"受业子思之门"。宋人说子思是出于曾子之门，这是臆测之词，古无此说。《中庸》中虽曾引曾子的话，也不能断定子思是出于曾子的。至谓《大学》是曾子所作，也是宋人杜撰，不可信的。子思在《中庸》所主张，确含神道设教的意味，颇近宗教；孟子却一些也没有。《荀子·非十二子篇》对于子思、孟子均有诽议，说他们是信仰五行的。孟子信五行之说，今已无证据可考，或者外篇已失，内篇原是没有这种论调的。子思在《礼记》中确已讲过五行的话。

荀子的学问，究源出何人，古无定论。他尝称仲尼、子弓。子弓是谁，我们无从考出。有人说：子弓就是子张。子张在孔子门人中不算卓异的人才，如何会是他呢？今人考出子弓就是仲弓，这也有理。仲弓的学问，也为孔子所赞许，造就当有可观。郑康成《六艺论》，说仲弓是编辑《论语》的。而《荀子》一书，体裁也是仿效《论语》的，《论语》以《学而》始，以《尧曰》终；《荀子》也以《劝学》始，以《尧问》终；其中岂非有蛛丝马迹可寻吗？荀子和孟子虽是都称儒家，而两人学问的来源大不同。荀子是精于制度典章之学，所以"隆礼仪而杀《诗》《书》"，他书中的《王制》《礼论》《乐论》等篇，可推独步。

孟子通古今，长于《诗》《书》，而于礼甚疏；他讲王政，讲来讲去，只有"五亩之宅，树之以桑；鸡豚狗彘之畜，无失其时；百亩之田，勿夺其时"等话，简陋不堪，哪能及荀子的博大！但孟子讲《诗》《书》，的确极好，他的小学也很精，他所说"庠者养也，泽水者洪水也，畜君者好君也"等等，真可冠绝当代！由他们两人根本学问的不同，所以产生"性善""性恶"两大对立的主张。在荀子主礼仪，礼仪多由人为的，因此说人性本恶，经了人为，乃走上善的路。在孟子是主《诗》《书》，《诗》是陶淑性情的，《书》是养成才气的，感情和才气都自天然，所以认定人性本善。两家的高下，原难以判定。韩退之以大醇小疵定之，可谓鄙陋之见。实在汉代治儒家之学，没有能及荀、孟两家了。

告子，庄子说他是兼学儒、墨，孟子和他有辩驳，墨子也排斥他的"仁内义外"的主张。墨孟去近百年，告子如何能并见？或者当时学问是世代相传的。告子的"生之为性，无善无不善"的主张，看起来比荀、孟都高一着。荀、孟是以所学定其主张，告子是超乎所学而出主张的。告子口才不及孟子，因此被孟子立刻驳倒。其实，孟子把"犬之性犹牛之性，牛之性犹人之性与"一语难告子，告子也何妨说"生之为性，犬之生犹牛之生，牛之生犹人之生"呢？考"性"亦可训作"生"，古人所谓"毁不灭性"的"性"字，就是"生"的意义。并且我们也常说"性命"一语呢！道家的庄子以时代论，比荀子早些，和孟子同时，终没曾见过一面。庄子是宋人，宋和梁接近，庄子和惠子往来。惠子又为梁相，孟子在梁颇久，本有会面的机会，但孟子本性不欢喜和人家往来，彼此学问又不同，就不会见了。

庄子自以为和老子不同，《天下篇》是偏于孔子的。但庄子的根本学说，和老子相去不远。不过老子的主张，使人不容易捉摸，庄子的主张比较的容易明白些。

庄子的根本主张，就是"自由""平等"，"自由平等"的愿望，是人类所共同的，无论哪一种宗教，也都标出这四个字。自由平等见于佛经，"自由"，在佛经称为"自在"。庄子发明自由平等之义，在《逍遥游》《齐物论》二篇。"逍遥游"者自由也，"齐物论"者平等也。但庄子的自由平等，和近人所称的，又有些不同。近人所谓"自由"，是在人和人的当中发生的，我不应侵犯人的自由，人亦不应侵犯我的自由。《逍遥游》所谓"自由"，是归根结底到"无待"两字。他以为人与人之间的自由，不能算数；在饥来想吃、寒来想衣的时候，就不自由了。就是列子御风而行，大鹏自北冥徙南冥，皆有待于风，也不能算"自由"。真自由惟有"无待"才可以做到。近人所谓平等，是指人和人的平等，那人和禽兽草木之间，还是不平等的。佛法中所谓平等，已把人和禽兽平等。庄子却更进一步，与物都平等了。仅是平等，他还以为未足。他以为"是非之心存焉"，尚是不平等，必要去是非之心，才是平等。庄子临死有"以不平平，其平也不平"一语，是他平等的注脚。

庄子要求平等自由，既如上述。如何而能达到平等自由，他的话很多，差不多和佛法相近。《庄子·庚桑楚篇》，朱文公说他全是禅（宋人凡关于佛法，皆称为"禅"），实在《庚桑楚篇》和"禅"尚有别，和"佛法"真很近了。庄子说"灵台者有持"，就是佛法的"阿陀那识"，"阿陀那"意即"持"。我们申而言之，可以说，眼目口鼻所以能运动自由，都有"持之者"，即谓"持生之本也"。

庄子又有《德充符篇》，其中有王骀者，并由仲尼称述他的主张。是否有此人，原不可知，或是庄子所假托的。我们就常季所称述"彼为己，以其知得其心；以其心得其常心"等语，是和佛法又相同的。"知"就是"意识"，"心"就是"阿陀那识"，或称"阿赖耶识"，简单说起来就是"我"；"常心"就是"庵摩罗识"，或称"真如心"，就是"不生不灭之心"。佛家主张打破"阿赖耶识"，以求"庵摩那识"。因为"阿赖耶识"存在，人总有妄想苦恼，惟能打破生命之现象，那"不生不灭之心"才出现。庄子求常心，也是此理。他也以为常心是非寻常所能知道的。庄子"无我"的主张，也和佛法相同。庄子的"无我"和孔子的"毋我"、颜子的"克己复礼"也相同，即一己与万物同化，今人所谓融"小我"于"大我"之中。这种高深主张，孟、荀见不到此，原来孔子也只推许颜回是悟此道的。所以庄子面目上是道家，也可说是儒家。

自孔子至战国，其间学说纷起，都有精辟的见解，真是可以使我们景仰的。

汉至唐的演变

战国处士横议，秦始皇所最愤恨，就下焚书坑儒等凶辣手段。汉初虽有人治经学，对于"九流"，依旧怀恨，差不多和现在一般人切齿政客一般。汉武帝时，学校只许读经学，排斥诸子百家了。

汉初经学，一无可取，像董仲舒、公孙弘辈，在当时要算通博之儒，其他更何足论！西汉一代，对于哲理有精深研究的，只有扬雄一人。韩退之把荀、扬并称，推尊他已达极点。实在扬雄的学说，和荀、孟相差已多；秦汉以后的儒家，原没有及荀、孟的。不过扬雄在当时自有相当的地位和价值。西汉学者迷信极重，扬雄能够不染积习，已是高人一着。他的《法言》，全仿《论语》，连句调都有些模拟，但终究不及荀子。宋人说"荀子才高，扬子才短"，可称定评。

东汉学者迷信渐除，而哲理方面的发见仍是很少，儒家在此时渐出，王符《潜夫论》、王充《论衡》，可称为卓异的著述。王符专讲政治，和哲理无关。王充（也有归入杂家的）在《论衡》中几于无迷不破，《龙虚》《雷虚》《福虚》等篇，真是独具只眼。他的思想锐敏已极，但未免过分，《问孔》《刺孟》等篇有些过当之处。他又因才高不遇，命运一端总看不破，也是遗恨。王充破迷信高出扬雄之上，扬雄新见解也出王充之上，这两人在两汉是前后辉映的。

汉人通经致用，最为曹操所不欢喜；他用移风易俗的方法，把学者都赶到吟咏一途，因此三国的诗歌，很有声色。这是曹操手段高出秦始皇处。

魏晋两朝，变乱很多，大家都感着痛苦，厌世主义因此产生。当时儒家迂腐为人所厌，魏文帝辈又欢喜援引尧、舜，竟要说"舜、禹之事，吾知之矣"。所以，"竹林七贤"便"非尧、舜，薄汤、武"了。七贤中嵇康、阮籍辈的主张和哲学没有关系，只何晏、王弼的主张含些哲学。何晏说"圣人无情"，王弼说"圣人茂于人者神明，同于人者五情"，这是两个重要的见解。郭象承何晏之说以解庄子，他说："子哭之恸，在孔子也不过人哭亦哭，并非有情的。"据他的见解，圣人竟是木头一般了。佛法中有"大乘""小乘"，习"小乘"成功，人也就麻木，习"大乘"未达到成佛的地位，依旧有七情的。

自魏晋至六朝，其间佛法入中国，当时治经者极少，远公是治经的大师。他非但有功佛法，并且讲《毛诗》《仪礼》极精，后来治经者差不多都是他的弟子。佛法入中国，所以为一般人所信仰，是有极大原因：学者对于儒家觉得太浅薄，因此弃儒习老、庄，而老、庄之学又太无礼法规则，彼此都感受不安。佛法合乎老、庄，又不猖狂，适合脾胃，大家认为非此无可求了。当时《弘明集》治佛法，多取佛法和老、庄相引证。才高的人，都归入此道，猖狂之风渐熄。

历观中国古代，在太平安宁之时，治哲学的极少，等到乱世，才有人研究。隋唐统一天下，讲哲理的只有和尚，并且门户之见很深，和儒家更不相容。唐代读书人极不愿意研究，才高的都出家做和尚去。我们在这一代中，只能在文人中指出三人，1. 韩昌黎，2. 柳子厚，3. 李翱。韩昌黎见道不明，《原道》一篇，对于释、老只有武断的驳斥。柳子厚较韩稍高，他以为天是无知的。李翱（韩昌黎的侄亲）是最有学识的文人，他著《复性篇》说，"斋戒其心，未离乎情；知本无所思，则动静皆离"，和禅宗很近了。李后来事药山，韩后来事大颠，李和药山是意气相投，韩贬潮州以后，意气颓唐，不得已而习佛法的。韩习佛法，外面还不肯直认，和朋友通信，还说佛法外形骸是他所同意的。儒家为自己的体面计，往往讳言韩事大颠，岂不可笑！实在韩自贬潮州以后，人格就堕落，上表请封禅，就是献媚之举，和扬雄献《符命》有甚么区别呢？大颠对于韩请封禅一事，曾说："疮痍未起，安请封禅！"韩的内幕又被揭穿，所以韩对于大颠从而不敢违。韩对于死生利禄之念，刻刻不忘：登华山大哭，作《送穷文》，是真正的证据。韩、柳、李而外，王维、白居易也信佛，但主张难以考见，因为他们不说出的。

宋明理学

　　七国、六朝之乱，是上流社会的争夺。五代之乱，是下流社会崛起，所以五代学术衰微极了。宋初，赵普、李沆辈也称知理之人，赵普并且自夸"半部《论语》治天下"，那时说不到哲理。后来周敦颐出，才辟出哲理的新境域。在周以前有僧契嵩，著有《镖津文集》，劝人读《中庸》《文中子》《扬子法言》等书，是宋学的渊源。周从僧寿崖，寿崖劝周只要改头换面，所以周所著《太极图说》《周子通书》，只皮相是儒家罢了。周的学说很圆滑，不易捉摸，和《老子》一般，他对二程只说"寻孔、颜乐处"。他终身寡言，自己不曾标榜，也可以说是道学以外的人。

　　二程都是周的弟子，对于寻孔、颜乐处一话，恐怕只有程明道能做到。明道对人和颜悦色，无事如泥木人，他所著《定性篇》《识仁篇》，和李翱相近。他说"不要方检穷索"，又说："与其是外而非内，不如内外两忘"，见解是很精辟的。伊川陈义虽高，但他自尊自大，很多自以为是之处，恐怕不见得能得孔、颜乐处。邵康节以"生姜树头生"一语讥伊川，就是说他自信过甚。

　　邵康节本为阴阳家，不能说是儒家，他的学问自陈抟传来，有几分近墨子。张横渠外守礼仪颇近儒，学问却同于回教：佛家有"见病"一义，就是说一切所见都是眼病。张对此极力推翻，他是主张一切都是实有的。考回纥自唐代入中国，奉摩尼教，教义和回教相近。景教在唐也已入中国，如清虚一大为天，也和回教相同。张子或许是从回教求得的。

北宋诸学者，周子浑然元气，邵子迷于五行，张子偏于执拗，二程以明道为精深，伊川殊欠涵养，这是我的判断。

南宋，永嘉派承二程之学，专讲政治，金华派吕东莱辈，专讲掌故，均和哲理无关。朱文公师事延平，承"默坐证心，体认天理"八字的师训。我们在此先把"天理"下一定义。"天"就是"自然"，"天理"就是"自然之理"，朱文公终身对于天理，总没曾体认出来，生平的主张，晚年又悔悟了。陆象山和朱相反，朱是揭"道学问"一义，陆是揭"尊德性"一义。比较起来，陆高于朱，陆"先立乎其大者"，谓"'六经'注我，我不注'六经'"，是主张一切皆出自心的。朱主张"无极太极"，陆则以为只有"太极"，并无"无极"的。两人通信辩论很多，虽未至诋毁的地步，但悻悻之气，已现于词句间。可见两人的修养，都没有工夫。陆象山评二程，谓"明道尚疏通，伊川锢蔽生"，实在朱、陆的锢蔽，比伊川更深。朱时守时变，陆是一生不变。王荆公为宋人所最嫉恶，惟陆以与王同为江西人，所以极力称颂，也可见他的意气了。明王阳明之学，本高出陆象山之上，因为不敢自我作古，要攻讦朱文公，不得不攀附于陆象山了。

陆象山的学生杨慈湖（简），见解也比陆高，他所著的《绝四记》《己易》二书，原无甚精彩，《己易》中仍是陆氏的主张。但杨氏驳孟子"求放心"和《大学》"正心"的主张说："心本不邪安用正，心不放安用求。"确是朱、陆所见不到的。黄佐（广东人）指杨氏的学说，是剽窃六祖惠能的主张，六祖的"菩提本非树，明镜亦非台，本来无一物，何处染尘埃"一偈，确是和杨氏的主张一样的。

宋代的哲学，总括说起来：北宋不露锋芒，南宋锋芒太露了。这或者和南北地方的性格有关。

南宋，朱、陆两派可称是旗鼓相当。陆后传至杨慈湖，学说是更高一步。在江西，陆的学说很流行，浙西也有信仰他的，朱的学说，在福建很流行，后来金华学派归附于他，浙东士子对朱很有信仰。

元朝，陆派的名儒要推吴澄（草庐），但其见解不甚高。朱派仅有金华派传他的学说，金履祥（仁山）、王柏（会之）、许谦（白云）是这一派的巨擘。金履祥偶亦说经，立论却也平庸。许谦也不过如此。王柏和朱很接近，荒谬之处也很多，他竟自删《诗》了。

金华派传至明初，宋濂承其学，也只能说他是博览，于"经"于"理"都没有什么表见。宋之弟子方孝孺（正学）对于理学很少说，灭族以后，金华派也就式微。明初，陆派很不流行，已散漫不能成派，这也因明太祖尊朱太过之故。明自永乐后，学者自有研究，和朱、陆都不相同，学说也各有建树。且列表以明之。

永乐时，薛、吴二人，颇有研究，立明代哲学之基。薛瑄（敬轩），陕西人，立论很平正，和朱文公颇相近。明人因为于谦被杀时，他居宰辅地位，不能匡救，很有微词，并且因此轻视他。吴与弼（康斋），家居躬耕，读书虽少，能主苦学力行，很为人所推重，后来他由石亨推荐出仕，对石亨称门下士，士流又引以为耻。

薛的学问很少流传，吴的学问流传较广，胡居仁、娄谅和陈献章三人，是他的学生。胡自己没有什么新的发明，明人对他也没有反对。娄的著作后来烧毁净尽，已无可考，不过王阳明是他的学生。陈在胡死后才著名，时人称为"白沙先生"。

明代学者和宋儒厘然独立，自成系统，自陈白沙始。宋人欢喜著书，并且有"语录"之类。陈白沙认著书为无谓，生平只有诗和序跋之类。他的性质，也和别人不同；初时在阳春坛静坐三年，后来只是游山赋诗，弟子从学也只有跟他游山。陈生平所最佩服的，只是"浴乎沂，风乎舞雩，咏而归……吾与点也"这些话。对于宋儒都不看重，就是明道也不甚推重；他自以为濂溪嫡派，终日无一时不乐。白沙弟子湛若水，广东人，本"体认天理"一语，他以为无论何事，皆自然之规则。王阳明成进士时，和他交游，那时他学问高出王之上。后来，王别有研究，和他意见不甚相合；他自己讲学，流传颇广，知名的却很少。

王守仁（阳明）本是欢喜研究道教的，曾延道士至家，再四拜求。后来从娄谅游，成进士后又和湛往来，见解遂有变更。贬龙场驿丞以后，阳明的学问大进。他看得世间别无可怕，只有死是可怕的，所以造石棺以尝死的况味，所主张的"致良知"，就在卧石棺时悟出。在贵州时有些苗民很崇拜他，从他讲求学问，阳明把知行合一和他们说。阳明的"知行合一"，和明道有些相同。明道以为曾经试行过，才算得"知"，没全试行过，不能称为"知"。譬如不知道虎之凶猛的人，见虎不怕；受了虎的损害的，就要谈虎色变了。这类主张，渐变而为阳明的主张。阳明以为知即是行，也可说"知的恳切处即行，行的精粹处即知"。不过阳明的"知行合一"主张，是在贵州时讲的。后来到南京，专讲静坐，归江西后又讲"致良知"了。《传习录》是他在贵州时的作品，和后来有些不合。

阳明自悟得"致良知"以后，和朱文公不能不处于反对地位了，但并非专和朱反对，才有这些主张的。有人谓"致良知"的主张，宋胡宏在"胡子知言"已有讲起。阳明是否本之于胡，抑自己悟出，这是不能臆断的。阳明讲"良知"，曾攀附到孟子。实在孟子的"良知"，和他的殊不相同。

孟子说："人之所不学而能者其良能也，所不虑而知者其良知也。孩提之童，无不知爱其亲者，及其长也，无不知敬其兄也。"可见他专就感情立论。阳明以为一念之生，是善是恶，自己便能知道，是溢出感情以外，范围较广了。孟子和阳明的不同，可用佛法来证明。《惟识论》里说：一念的发生，便夹着"相分""见分""自证分""证自证分"四项。且把这四个名词下一解释：

（一）相分。"相分"就是"物色"，就是我们所念的。

（二）见分。"见分"就是"物色此物色"，也就是我们所能念的。

（三）自证分。一念时有别一念同时起来，便是"自证分"。譬如我讲了后一句话，自己决不至忘了前一句话。便是"自证分"在那里主之。

（四）证自证分。"自证分"的结果，便是"证自证分"。

再用例来说明：譬如，想到几年前的友朋，想到他姓张或姓李，后来忽然断定他是姓张，当时并不曾证诸记录或书籍的，这便是"相分、见分、自证分、证自证分"的连合了。依此来判良知，孟子所说是指"见分"，阳明是指"自证分、证自证分"的。可见阳明和孟子是不相关连的，阳明所以要攀附孟子，是儒家的积习：宋人最喜欢的是"喜怒哀乐之未发谓之中"，苏氏兄弟也常说这话。实在《中庸》所说是专指感情的，宋人以为一切未发都算是中，相去很远了。还有"鸢飞鱼跃，活泼泼地"一语，也为宋人所最爱用，陈白沙更用得多。在《诗经》原意，不过是写景，《中庸》中"鸢飞戾天，鱼跃于渊，言其上下察也"一节也不过引用诗文来表明"明"的意思。"察，明也"，鸢在上见鱼，很明白地想要攫取；鱼在下见鸢也很明白，立刻潜避了。就是照郑康成的注解，训"察"为"至"，也只说道之流行，虽愚夫愚妇都能明白，用鸢鱼来表示上下罢了，其中并没含快活的意思。宋人在"鸢飞鱼跃"下面，一定要加"活泼泼地"四字，和原意也不同了。这些和阳明攀附孟子是一样的。

阳明"致良知"的主张，以为人心中于是非善恶自能明白，不必靠什么典籍，也不必靠旁的话来证明，但是第二念不应念，有了第二念自己便不明了。人以为阳明的学说，很宜于用兵，如此便不至有什么疑虑和悔恨。

晚年阳明讲"天泉证道"，王畿（龙溪）和钱德洪（绪山）是从游的。钱以为"无善无恶心之体，有善有恶心之动，知善知恶为致知，存善去恶为格物"。王和他不同，以为一切都是无善无恶的。阳明对于这两种主张，也不加轩轾于其间。

阳明的弟子，徐爱早死，钱德洪的学问，人很少佩服他。继承阳明的学问，要推王艮和王畿。王艮，泰州人，本是烧盐的灶丁，名"银"，"艮"是阳明替他改的。他见阳明时，学问已博，初见时阳明和他所讲论，他尚不满意，以为阳明不足为之师，后来阳明再讲一段，他才佩服。他的学问，和程明道、陈白沙颇相近，有《学乐歌》："学是乐之学，乐是学之乐。"从他游的颇多寻常人，间有上流人，自己真足自命不凡。王畿是狂放的举人，很诽议阳明的，后来忽又师事阳明了。黄梨洲《明儒学案》对于二王都有微词。他佩服的是阳明的江西弟子。

　　阳明的江西弟子，以邹守益、欧阳德、聂德、罗洪先为最有造就。罗自有师承，非阳明弟子，心里很想从阳明游，不能如愿，后来阳明也死了。阳明弟子强罗附王，他也就承认。罗的学问比他弟子高深得多，自己静坐有得，也曾访了许多僧道。他说："极静之时，但觉此心本体如长空云气，大海鱼龙，天地古今，打成一片。"黄佐对于罗的论调，最不赞同，以为是参野狐禅，否则既谓无物，哪有鱼龙。实在，心虽无物而心常动。以佛经讲，"阿赖耶识"是恒转如瀑流，就是此意。罗所说"云气"和"鱼龙"是表示动的意思。罗洪先自己确是证到这个地步，前人没有及他的了。

　　王时槐的学问自邹守益传来，见解颇精深。他说："纯无念时，是为一念，非无念也，时之至微者也。"譬如吾人入睡，一无所梦，这时真可算无念，但和死却有分别的。就佛法讲"意根恒审思量"。意根念念所想的什么？就是"我"，"我"就是"阿赖耶识"。我所以不忘这"我"，便因有了"意根"之故。"我"，寻常人多不疑，譬如自己说了一句话，决不会疑"这是谁说的"，至于其余对象，我们总要生一种疑虑的。念念想着，和无念竟是差不多，我们从早晨起来感到热，继续热下去，也就感不到了：所以纯无念时，仍有一念。

王艮弟子王栋说主张意与心有分，以为"意非心之所发，意为心之主者"这种主张，和佛法说有些相同。佛法以"阿赖耶识"自己无作用，有了意根，才能起作用，也就是禅宗所谓"识得主人翁"的意思。刘宗周对于王栋的主张很多采取，栋自己看书不多，这种见解，的确是证出的。

阳明、若水两派以外，有许多士子信仰吕经野的主张。吕，陕西人，笃守礼教，和朱文公最相近，立言很平正，无过人处。当时所以能和湛、王并驾，这也因王的弟子太不守礼法，猖狂使人生厌，那些自检的子弟就倾向吕经野了。原来何心隐习泰州之学差不多和政客一般，张居正恨而杀之。李卓吾师事何心隐，荒谬益甚，当时人所疾首痛心的。这守礼教和不守礼教，便是宋、明学者的大别。宋儒若陆象山见解之超妙，也仍对于礼教，拘守不敢离，既禁止故人子的挟妓，又责备吕东莱的丧中见客。明儒若陈白沙已看轻礼教，只对于名节还重视，他曾说"名节乃士人之藩篱"。王阳明弟子猖狂已甚，二王为更甚，顾亭林痛骂"王学"（即王阳明所创学派）也是为此。

湛、王学问，晚年已不相同，但湛弟子许孚远，却合湛、王为一。再传至刘宗周（蕺山），自己又别开生面，和湛、王都有些不同。刘主张"意非心之所发"，颇似王栋，"常惺惺"，也是他的主张，这主张虽是宋人已经讲过，但他的工夫是很深的。阳明附会朱文公《晚年定论》，很引起一般人的攻讦。同时有罗钦顺（整庵）和他是对抗的。罗的学问，有人说他是朱派，实在明代已无所谓纯粹朱派。罗的见解，又在朱之上，就说是朱派，也是朱派之杰出者。罗本参禅，后来归入理学，纠正宋儒之处很多。朱文公所谓"气质之性，义理之性"罗表示反对，他说："义理乃在气质之中。"宋人于天理人欲，纠缠不清。罗说："欲当即理。"这种见解，和王不同，较朱又高一着，所以能与阳明相抗衡。清戴东原的主张，是师承罗的学说的。明末，东林派高攀龙、顾宪成等也讲宋人学问，较阳明弟子能守规矩。他们有移风易俗的本意，所以借重礼法。不过党派的臭味太重，致召魏忠贤杀害的惨劫。清初，东林派还有流传，高愈、应谦辈也只步武前人罢！

此外尚有李颙（二曲）也是名儒。李，陕西人，出身微贱，原是一个差役。他自己承认是吕派，实际是近王派的，所发见很不少。他每天坐三炷香，"初则以心观心，久之心亦无所观"，这是他的工夫。他尝说"一念万念"一句话。这话很像佛法，但是究竟的意思，他没有说出。我们也不知道他还是说"一念可以抵万念呢"，抑或是"万念就是一念呢"？在佛法中谓：念念相接则生时间；转念速，时间长，转念慢，时间短；一刹那可以经历劫。李的本意，或许是如此。李取佛法很多，但要保持礼教面目，终不肯说出。"体用"二字，本出于佛法，顾亭林以此问他，他也只可说"宝物出于异国，亦可采取"了。清代，理学可以不论，治朱之学远不如朱。陆陇其（稼书）、汤斌等隶事两朝，也为士林所不齿，和吴澄事元有什么分别呢？江藩作《宋学渊源记》，凡能躬自力行的都采入，那在清廷做官的，都在摈弃之列。

颜元（习斋）、戴震（东原），是清代大儒。颜力主"不骛虚声"，劝学子事礼、乐、射、御、书、数，和小学很相宜。戴别开学派，打倒宋学。他是主张"功利主义"，以为欲人之利于己，必先有利于人，并且反对宋人的遏情欲。

罗有高（台山）、彭绍升（尺木）研究王学的。罗有江湖游侠之气，很佩服李卓吾；彭信佛法，但好扶乩；两人都无足取。

哲学总括

哲学的派别，既如上述，我们在此且总括地比较一下：以哲学论，我们可分宋以来之哲学、古代的九流、印度的佛法和欧西的哲学四种。欧西的哲学，都是纸片上的文章，全是思想，并未实验。他们讲惟心论，看着的确很精，却只有比量，没是现量，不能如各科学用实地证明出来。这种只能说是精美的文章，并不是学问。禅宗说"猢狲离树，全无伎俩"，是欧西哲学绝佳比喻，他们离了名相，心便无可用了。宋、明诸儒，口头讲的原有，但能实地体认出来，却也很多，比欧西哲学专讲空论是不同了。

再就宋以来的理学和九流比较看来，却又相去一间了。黄梨洲说："自阳明出，儒释疆界，邈若山河。"实在儒、释之界，宋已分明，不过儒、释有疆界，便是宋以后未达一间之遗憾。宋以后的理学，有所执着，专讲"生生不灭之机"，只能达到"阿赖耶恒动如瀑流"，和孔子"逝者如斯夫，不舍昼夜"地步，那"真如心"便非理学家所能见。孔子本身并非未尝执着，理学强以为道体如此，真太粗心了！

至于佛法所有奥妙之处，在九流却都有说及，可以并驾齐驱。佛法说"前后际断"，庄子的"无终无始，无几无时；见独而后，能无古今"，可说是同具一义的。佛法讲"无我"，和孔子的"毋我""克己复礼"，庄子的"无己恶乎得有有"又相同了。佛家的"惟识惟心说"："心之外无一物，心有境无，山河大地，皆心所造"，九流中也曾说过。战国儒家公孙尼子说"物皆本乎心"，孟子说"万物皆备于我"，便是佛家的立意，佛家大乘断"所知障"，断"理障"；小乘断"烦恼障"，断"事障"。孔子说"我有知乎哉？无知也"，老子说"玄之又玄，众妙之门"，又说"涤除玄览"，便是断"所知"和"理"障的了。佛法说"不生不灭"，庄子说"无古今而后入于不死不生"，"不死不生"就是"不生不灭"。佛法说"无修无证，心不见心，无相可得"，孟子说"望道而未之见"（道原是不可见，见道即非道），庄子说"斯身非吾有也，胡得有乎道"，又相同了。照这么看来，"九流"实远出宋、明诸儒之上，和佛法不相出入的。

我们研究哲学，从宋人入手，却也很好，因为晋人空谈之病，宋人所无，不过不要拘守宋学，才有高深的希望。至于直接研究佛法，容易流入猖狂。古来专讲佛而不讲儒学的，多不足取，如王维降安禄山，张商英和蔡京辈往来，都是可耻的。因为研究佛法的居士，只有五戒，在印度社会情形简单，或可维持，中国社会情形复杂，便不能维持了。历来研究儒家兼讲佛法的，如李习之、赵大州口不讳佛，言行都有可观。可见研究佛法，非有儒学为之助不可。

第四章

国学的派别（三）——文学的派别

什么是文学？据我看来，有文字著于竹帛叫做"文"，论彼的法式叫做"文学"。文学可分有韵无韵二种：有韵的今人称为"诗"，无韵的称为"文"。古人却和这种不同。《文心雕龙》说："今之常言，有文有笔，有韵者文也，无韵者笔也。"范晔自述《后汉书》说："文患其事尽于形，情急于藻，义牵其旨，韵移其意，政可类工巧图绩，竟无得也；手笔差易，文不拘韵故也。"可见有韵在古谓之"文"，无韵在古谓之"笔"了。不过做无韵的固是用笔，做有韵的也何尝不用笔，这种分别，觉得很勉强，还不如后人分为"诗""文"二项的好。

　　古时所谓文章，并非专指文学。孔子称"尧、舜焕乎其有文章"，是把"君臣朝廷尊卑贵贱之序，车舆衣服宫室饮食嫁娶丧祭之分"叫做"文"，"八风从律，百度得数"叫做"章"。换句话说：文章就是"礼""乐"。后来范围缩小，文章专指文学而言。

无韵文

文学中有韵无韵二项，后者比前者多。我们现在先讨论无韵的文。在讨论文的派别之先，把文的分类讲一讲，并列表以清眉目：

我们普通讲文，大概指集部而言，那经、史、子，文非不佳，

而不以文称。但上表所列文的分类中，以"传"而论，"四史"中列传已在集部以外，"本纪""世家"和"传"是同性质的，也非集部所有，集部只有"家传"。以"论"而论，除了文人单篇的论文，也有在集部以外的。譬如：庄子《齐物论》，荀子《礼论》《乐论》，贾谊《过秦论》都是子部所有的。以"序"而论，也只单篇的，集中所已备；那连合的序，若《四库提要》，就非集部所有。至如"编年史"中《左传》《资治通鉴》之类和"名人年谱"，都是记事文，也非集部所能包了。

"传"是记述某人的一生或一事，我们所普通见到的。明人以为没曾做过史官，不应替人做"传"，我以为太拘了。史官所做，是卿相名人的"传"。那普通人的"传"，文人当然可以做的。

"行述""状"和"传"各不相同。"状"在古时只有几句考语，用以呈诸考功之官，凭之以定谥法。自唐李翱以为"状"仅凭考语不能定谥法，乃定"状"亦须叙事，就与"传"相同。"行述"须叙事，形式与"传"虽相同而用处不同。

"碑"原非为个人而作，若秦"峄山碑"是纪始皇的功绩，汉裴岑"纪功碑"是记破西域的事迹，差不多都是关于国家大事的。就以"庙碑"而论，虽为纪事，也不是纯为纪事的。只有墓上之碑，才是为个人而作。"碑""碣"实质是一样的，只大小长短不同。唐五品以上可用"碑"，六品以下都用"碣"的。"表"和"碑""碣"都不同，没有大小长短的区别，说到彼等的内质，"传"是纪事的，"状"是考语兼纪事的，"碑"是考语多，后附有韵的铭，间有纪事，也略而不详。宋以后"碑"和"传"只有首尾的不同了。"表"，宋后就没有"铭"，在汉时有"表记""表颂"的不同，"表颂"是有"铭"的。

汉以前没有"墓志"，西晋也很少，东晋以后才多起来。这也因汉人立碑过多，东晋下令禁碑，"墓志"藏在墓内，比较便当一些。北朝和唐并不禁碑，而墓志很流行：1. 官品不及的，2. 官品虽大曾经犯罪的，3. 节省经费的，都以此为便。"墓志"的文章，大都敷衍交情，没有什么精彩。至很小的事，记述大都用"书事"或"记"等。

单篇论文，在西汉很少，就是《过秦论》也见《贾子新书》中的。东汉渐有短论，延笃《仁孝先后论》可算是首创。晋人好谈名理，"论说"乃出。这种论文，须含陆士衡文赋所说"精微流畅"那四字的精神。

"奏"，秦时所无，有之自汉始。汉时奏外尚有"封事"，是奏密事用的。奏，有的为国家大事，有的为个人的事，没有定规的。"议"，若西汉《石渠议》《盐铁论》《白虎通》，都是合集许多人而成的。后来，凡议典礼，大都用"议"的。

"书"，在古时已有，差不多用在私人的往还，但古人有"上书"，则和"奏记"差不多，也就是现今的"说帖"和"票"。至如刘歆《移让太常博士书》，却又和"移文"一样了。

"序"，也是古所已有，如《序卦》《书序》《诗序》都是的，刘向《别录》和《四库提要》也是这一类。后人大概自著自作，或注释古书附加一序的。古人的"题词"和"序"相同，赵岐注《孟子》，一"序"一"题词"，都用在前面。"跋"，大都在书后，体裁和序无不同之处。

纪事论议而外，尚有集部所无的，如：

（一）数典之文

甲、官制。如《周礼》《唐六典》《明清会典》之类。

乙、仪注。《仪礼》《唐开元礼》等皆是。

丙、刑法。如《汉律》《唐律》《明律》《清律》之类。

丁、乐律。如宋《律吕正义》，清《燕乐考原》等。

戊、书目。如刘向《别录》，刘歆《七略》，王俭、阮孝绪《七录》《七志》，宋《崇文书目》，清《四库提要》之类。

（二）习艺之文

甲、算术。如《九章算法》《圜法》之类。

乙、工程。如《周礼·考工记》，徐光启的《龙骨车》《玉衡车》之类。

丙、农事。如北魏《齐民要术》，元王祯《农书》，明徐光启《农政全书》之类。

丁、医书。如《素问》《灵枢》《伤寒论》《千金要方》之类。

戊、地志。如《禹贡》《周礼·职方志》《水经》《水道提纲》《乾隆府厅州县志》《方舆志略》之类。

以上各种，文都佳绝，也非集部所具的，所以我们目光不可专注在集部。

文学的分类既如上述，我们再进一步讨论文学的派别：

经典之作，原非为文，诸子皆不以文称。《汉书·贾谊传》称贾谊"善属文"，文乃出。西汉一代，贾谊、董仲舒、太史公、枚乘、邹阳、司马相如、扬雄、刘向，称为"文人"，但考《汉书》所载赵充国的奏疏，都草绝千古，却又不以"文人"称，这是什么原故呢？想是西汉所称为"文人"，并非专指行文而言，必其人学问渊博，为人所推重，才可算文人的。东汉班彪著《王命论》，班固著《两都赋》，以及蔡邕、傅毅之流，是当时著称的文人。但东汉讲政治若崔实《政论》，仲长统《昌言》，说经若郑康成之流，行文高出诸文人上，又不以文名了。在西汉推尊文人，大概注目在淹博有学问一点，东汉推尊的文人，则有些不能明白了。东西汉文人在当时并无派别，后人也没曾有人替他们分成派别的。

三国时曹家父子三人（操、丕、植）文名甚高。操以《诏令》名，丕以《典论》名，植以《求自试表》等称。人们所以推尊他们，还不以其文，大都是以诗推及其文的。徐干诗不十分好，《中论》一书也不如仲长统所著而为当时所称。吴中以张昭文名为最高，我们读他所著，也无可取，或者以道德而推及其文的。

陆家父子（逊、抗、凯、云、机）都以文名，而以陆机为尤，他是开晋代文学之先的。晋代潘、陆虽并称，但人之尊潘终不如陆，《抱朴子》中有赞陆语，《文中子》也极力推尊他，唐太宗御笔赞也只有陆机、王羲之二人，可见人们对他的景仰了。自陆出，文体大变：两汉壮美的风气，到了他变成优美了；他的文，平易有风致，使人生快感的。晋代文学和汉代文学，有大不同之点。汉代厚重典雅，晋代华妙清妍，差不多可以说一是刚的，一是柔的。东晋好谈论而无以文名者，骈文也自此产生了。

南北朝时傅季友（宋人）骈体殊佳，但不能如陆机一般舒卷自如，后此任昉、沈约辈每况斯下了。到了徐、庾之流，去前人更远，对仗也日求精工，典故也堆叠起来，气象更是不雅淡了。至当时不以文名而文极佳的，如著《崇有论》的裴颜，著《神灭论》的范缜等，更如孔琳（宋）、萧子良（齐）、袁翻（北魏）的奏疏，干宝、袁宏、孙盛、习凿齿、范晔的史论，我们实在景仰得很。在南北朝文家亦无派别，只北朝人好摹仿南朝，因此有推尊任昉的有推尊沈约的等不同。北朝至周，文化大衰，到了隋代，更是文不成文了。

唐初文也没有可取，但轻清之气尚存，若杨炯辈是以骈兼散的。中唐以后，文体大变，变化推张燕公、苏许公为最先，他们行文不同于庾也不同于陆，大有仿司马相如的气象。在他们以前，周时有苏绰，曾拟《大诰》，也可说是他们的滥觞。

韩、柳的文，虽是别开生面，却也从燕、许出来，这是桐城派不肯说的。中唐萧颖士、李华的文，已渐趋于奇。德宗以后，独孤及的行文，和韩文公更相近了。后此韩文公、柳宗元、刘禹锡、吕温，都以文名。四人中以韩、柳二人最喜造词，他们是主张词必己出的。刘、吕也爱造词，不过不如韩、柳之甚。韩才气大，我们没见他的雕琢气；柳才小，就不能掩饰。韩之学生皇甫湜、张籍，也很欢喜造词。晚唐李翱别具气度，孙樵佶屈聱牙，和韩也有不同。骈体文，唐代推李义山，渐变为后代的"四六体"，我们把他和陆机一比，真有天壤之分。唐人常称孟子、荀卿，也推尊贾谊、太史公，把晋人柔曼气度扫除净尽，返于汉代的"刚"了。

柳宗元

宋苏轼称韩文公"文起八代之衰"，人们很不佩服。他所说八代，也费端详。有的自隋上推合南朝四代及晋、汉为八代，这当然不合的；有的自隋上推合北朝三代及晋、汉、秦为八代，那是更不合了。因为司马迁、贾谊是唐人所极尊的，东坡何至如此糊涂？有的自隋上推合南朝四代、北朝三代为八代，这恰是情理上所有的。

宋初承五代之乱，已无文可称；当时大都推重李义山，四六体渐盛，我们正可以说李义山是承前启后的人，以前是骈体，以后变成四六了。北宋初年，柳开得《韩昌黎集》读之，行文自以为学韩，考之实际，和韩全无关系，但宋代文学，他实开其源。以后穆修、尹洙辈也和四六离异，习当时的平文（古文一名，当时所无），尹洙比较前人高一着。北宋文人以欧阳修、三苏、曾、王为最著。欧阳本习四六，后来才走入此途，同时和他敌对，首推宋祁。祁习韩文，著有《新唐书》，但才气不如韩。他和欧阳交情最深，而论文极不合。他的长兄宋郊，习燕、许之文，和他也不同。

明人称"唐宋八大家"，因此使一般人以为唐宋文体相同。实在唐文主刚，宋文主柔，极不相同。欧阳和韩，更格格不相入。韩喜造词，所以对于李观、樊宗师的文很同情。欧阳极反对造词，所以"天地轨，万物茁，圣人发"等句，要受他的"红勒帛"。并且"鼃黾塞耳，前旒蔽明"二语，见于《大戴礼》，欧阳未曾读过，就不以为然，它无论矣。三苏以东坡为最博，洵、辙不过尔尔。王介甫才高，读书多，造就也较多。曾子固读书亦多，但所作《乐记》，只以大话笼罩，比《原道》还要空泛。有人把他比刘原甫，一浮一实，拟于无伦了。宋人更称曾有经术气，更堪一笑！

南宋文调甚俗，开科举文之端。这项文东坡已有雏形，只未十分显露，后来相沿而下，为明初宋濂辈的台阁体。中间在元代虽有姚燧、虞集辈尚有可观，但较诸北宋已是一落千丈。

宋代不以文名而文佳者，如刘敞、司马光辈谨严厚重，比欧阳高一等，但时人终未加以青目，这也是可惜的。

明有"前七子""后七子"之分。"前七子"（李梦阳等）恨台阁体；"后七子"（王世贞等）自谓学秦、汉，也很庸俗。他们学问都差于韩、苏，摹拟不像，后人因此讥他们为伪体。归有光出，和"后七子"中王世贞相抗敌，王到底不能不拜他的下风。归所学的是欧、曾二家，确能入其门庭，因此居伪体之上。正如孟子所说，"五谷不熟，不如荑稗"的了！

桐城派，是以归有光为鼻祖，归本为昆山人，后来因为方、姚兴自桐城，乃自为一派，称文章正宗。归讲格律、气度甚精工，传到顾亭林有《救文》一篇，讲公式禁忌甚确，规模已定。清初汪琬学归氏甚精，可算是归氏的嫡传，但桐城派不引而入之，是纯为地域上的关系了。

方苞出，步趋归有光，声势甚大，桐城之名以出。方行文甚谨严，姚姬传承他的后，才气甚高，也可与方并驾。但桐城派所称刘大櫆，殊无足取，他们竟以他是姚的先生，并且是桐城人，就凭意气收容了，因此引起"阳湖"和他对抗。阳湖派以恽敬、张惠言为巨子。惠言本师事王灼，也是桐城派的弟子。他们嫉恶桐城派独建旗帜，所以分裂的，可惜这派传流不能如桐城派的远而多。姚姬传弟子甚多，以管同、梅曾亮为最。梅精工过于方、姚，体态也好，惜不甚大方，只可当作词曲看。曾国藩本非桐城人，因为声名煊赫，桐城派强引而入之。他的著作，比前人都高一著。归、汪、方、姚都只能学欧、曾。曾才有些和韩相仿佛，所以他自己也不肯说是桐城的。桐城派后裔吴汝纶的文，并非自桐城习来，乃自曾国藩处授得的。清代除桐城而外，汪中的文也卓异出众，他的叙事文与姚相同，骈体文又直追陆机了。

我们平心论之，文实在不可分派。言其形式，原有不同，以言性情才力，各各都不相同，派别从何分起呢？我们所以推重桐城派，也因为学习他们的气度格律，明白他们的公式禁忌，或者免除那台阁派和七子派的习气罢了。

他们所告诉我们的方式和禁忌，就是：

（一）官名地名应用现制。

（二）亲属名称应仍《仪礼·丧服》《尔雅·释亲》之旧。

（三）不俗——忌用科举滥调。

（四）不古。

（五）不枝。

有韵文

　　我们在此可以讨论有韵文了。有韵文是什么？就是"诗"。有韵文虽不全是诗，却可以归在这一类。在古代文学中，诗而外，若"箴"，全是有韵的；若"铭"，虽杂些无韵，大部分是有韵的；若"诔"，若"像赞"，若"史述赞"，若"祭文"，也有有韵的，也有无韵的。那无韵的，我们可归之于文；那有韵的可归之于诗了。至于《急就章》《千字文》《百家姓》"医方歌诀"之类，也是有韵的，我们也不能不称之为诗。前次曾有人把《百家姓》可否算诗来问我，我可以这么答道："诗只可论体裁，不可论工拙。《百家姓》既是有韵，当然是诗。"总之，我们要先确定有韵为诗、无韵为文的界限，才可以判断什么是诗。像《百家姓》之流，以工拙论，原不成诗，以形式论，我们不能不承认它是诗。

　　诗以广义论，凡有韵是诗；以狭义论，则惟有诗可称诗。什么可称诗？《周礼·春官》称六诗，就是风、赋、比、兴、雅、颂。但是后来赋与诗离，所谓比，兴也不见于《诗经》。究竟当日的赋、比、兴是怎样的，已不可考。后世有人以为赋、比、兴就在《风》《雅》《颂》之中，《郑志》张逸问："何诗近于比、赋、兴？"答曰："比、赋、兴，吴札观诗时，已不歌也。孔子录诗，已合《风》《雅》《颂》中，难复摘别，篇中义多兴，此谓比、赋、兴，各有篇什。自孔子淆杂第次而毛公独旌表兴，其比、赋俄空焉。圣者颠倒而乱形名，大师偏驽而失邻类。"郑康成《六艺论》也说：《风》《雅》《颂》中有赋、比、兴。《毛传》在《诗》的第一节偶有"兴也"二字，朱文公也就自我作古，把"比也""赋也"均添起来了。我以为《诗》中只有《风》《雅》《颂》，没有赋、比、兴。左氏说："《彤弓》《角弓》，其实《小雅》也；吉甫作诵，其风肆好，其实《大雅》也。"考毛公所附"兴也"的本义，也和赋、比、兴中的"兴"不同，只不过像乐府中的"引""艳"一样。

"六诗"本义何在？我们除比、兴不可考而外，其余都可溯源而得之：

（一）风。《诗小序》："风者上以风化下，下以风刺上。"我以为风的本义，还不是如此。风是空气的激荡，气出自口就是风，当时所谓风，只是口中所讴唱罢了。

（二）颂。"颂"在《说文》就是"容"字，《说文》中"容"只有纳受的意义，这"颂"字才有形容的意义。《诗小序》谓"颂者美盛德之形容"，我们于此可想见古人的颂是要"式歌式舞"的。

（三）赋。古代的赋，原不可见，但就战国以后诸赋看来都是排列铺张的。古代凡兵事所需，由民间供给的谓之"赋"，在收纳民赋时候，必须按件点过。赋体也和按件点过一样，因此得名了。

（四）雅。这项的本义，比较难以明白：《诗小序》说："雅者正也"，雅何以训作正？历来学者都没有明白说出，不免引起我们的疑惑。据我看来，"雅"在《说文》就是"鸦"，"鸦"和"乌"音本相近，古人读这两字也相同的，所以我们也可以说"雅"即"乌"。《史记·李斯传·谏逐客书》《汉书·杨恽传·报孙会宗书》均有"击缶而歌乌乌"之句，人们又都说"乌乌"秦音也。秦本周地，乌乌为秦声，也可以说乌乌为周声。又商有颂无雅，可见雅始于周。

从这两方面看来，"雅"就是"乌乌"的秦声，后人因为他所歌咏的都是庙堂大事，因此说"雅"者正也。《说文》又训"雅"为"疋"，这两字音也相近。"疋"的本义，也无可解，《说文》训"疋"为"足"，又说："疋，记也。"大概"疋"就是后人的"疏"，后世的"奏疏"，也就是记。《大雅》所以可说是"疋"，也就因为《大雅》是纪事之诗。

我们明白这些本义，再去推求《诗经》，可以明白了许多。太史公在《孔子世家》说："古者诗三千余篇，及至孔子，去其重，取可施于礼义，上采契、后稷，中述殷、周之盛，至幽、厉之缺，始于衽席。故曰《关雎》之乱以为《风》始，《鹿鸣》为《小雅》始，《文王》为《大雅》始，《清庙》为《颂》始，三百五篇，孔子皆弦歌之以求合韶、武、雅、颂之音。"可见古诗有三千余篇。有人对于三千余篇，有些怀疑，以为这是虚言。据我看来，这并非是虚言。《风》《雅》《颂》已有三百余篇，考他书所见逸诗，可得六百余篇；若赋、比、兴也有此数，就可得千二百篇了。《周礼》称九德六诗之歌，可见六诗以外，还有所谓九德之歌。在古代盛时，"官箴"、占繇皆为诗，所以序《庭燎》称"箴"，《沔水》称"规"，《鹤鸣》称"诲"，《祈父》称"刺"，诗外更无所谓官箴，辛甲诸篇，也在三千之数。我们以六诗为例，则九德也可得千八百篇，合之已有三千篇之数，更无庸怀疑。至于这三千篇删而为三百篇，是孔子所删，还是孔子以前已有人删过呢？我们无从查考。不过孔子开口就说诵诗三百，恐怕在他以前，已有人把诗删过了！大概三千篇诗太复杂，其中也有诵世系以劝戒人君，若《急就章》之流，使学者厌于讽诵。至若比、赋、兴虽依情志，又复广博多华，不宜声乐，因此十五流中删取其三，到了孔子不过整齐彼的篇第不使凌乱罢了。

《诗经》只有《风》《雅》《颂》，赋不为当时所称，但是到了战国，赋就出来了。屈原、孙卿都以赋名：孙卿以《赋》《成相》分二篇题号已别。屈原《离骚》诸篇，更可称为卓立千古的赋。《七略》次赋为四家：一曰屈原赋，二曰陆贾赋，三曰孙卿赋，四曰杂赋。屈原的赋是道情的，孙卿的赋是咏物的，陆贾赋不可见，大概是"纵横"之变。后世言赋者，大都本诸屈原。

汉代自从贾生《惜誓》上接《楚辞》，《鹏鸟》仿佛《卜居》，司马相如自《远游》流变而为《大人赋》，枚乘自《大招》《招魂》散而为《七发》，其后汉武帝《悼李夫人》、班婕妤《自悼》，以及淮南、东方朔、刘向辈大都自屈、宋脱胎来的。至摹拟孙卿的，也有之，如《鹦鹉》《焦鹩》诸赋都能时见一端的。

三百篇以后直至秦代，无诗可见。一到汉初，诗便出来了。

汉高祖《大风歌》，项羽《虞兮歌》，可说是独创的诗。此后五言诗的始祖，当然要推《古诗十九首》。这十九首中据《玉台新咏》指定九首是枚乘作的，可见这诗是西汉的产品。至苏武、李陵赠答之诗，有人疑是东汉时托拟的。这种五言诗多言情，是继四言诗而起的，因为四言诗至三百篇而而矣尽矣，以后继作，都不能比美，汉时虽有四言诗，若韦孟之流，才气都不及，我们总觉得很淡泊。至碑铭之类（峄山碑等）又是和颂一般，非言情之作，其势非变不可，而五言代出。

汉代雅已不可见，《郊祀歌》之流，和颂实相类似，四言而外，也有三言的，也有七言的。此后颂为用甚滥，碑铭称"颂"，也是很多的。

汉代文人能为赋未必能以诗名，枚乘以诗长，他的赋却也不甚著称。东汉一代，也没有卓异的诗家，若班固等，我们只能说是平凡的诗家。

继十九首而振诗风，当然要推曹孟德父子。孟德的四言，上不摹拟《诗经》，独具气魄，其他五言七言诸诗，虽不能如十九首的冲淡，但色味深厚，读之令人生快。魏文帝和陈思王的诗，也各有所长，同时刘桢、王粲辈毕竟不能和他们并驾。钟嵘《诗品》评古诗十九首说是"一字千金"，我们对于曹氏父子的诗，也可以这样说他，真所谓："其气可以抗浮云，其诚可以比金石。"

语曰："在心为志，发言为诗。"可见诗是发于性情。三国以前的诗，都从真性情流出，我们不能指出某句某字是佳，他们的好处，是无句不佳无字不佳的。曹氏父子而后，就不能如此了。

曹氏父子而后，阮籍以《咏怀诗》闻于世。他本好清谈，但所作的诗，一点也没有这种气味。《诗品》称阮诗出于《离骚》，真是探源之论，不过陈思王的诗，也出自《离骚》，阮的诗还不能如他一般痛快。

晋初左思《咏史诗》《招隐诗》风格特高，与曹不同，可说是独开一派。在当时他的诗名不著，反而陆机、潘岳辈以诗称。我们平心考察：陆诗散漫，潘诗较整饬，毕竟不能及左思，他们也只可以说是作赋的能手罢了。当时所以不看重左思，也因他出身微贱，不能像潘、陆辈身居贵胄的原故。

《诗品》评诗，也不免于徇俗，把左思置在陆、潘之下，可为浩叹！其他若张华的诗，《诗品》中称他是"儿女情多，风云气少"。我们读他的诗意，只觉得是薄弱无力量，所谓儿女情多，也不知其何所见而云然，或者我们没曾看见他所著的全豹，那就未可臆断了！

东晋清谈过甚，他们的"清谈诗"，和宋时"理学诗"一般可厌。他们所做的诗，有时讲讲庄、老，有时谈谈佛理，像孙绰、许询辈都是如此。孙绰《天台山赋》有"大虚辽廓而无阂，运自然之妙有"等句，是前人所不肯用的。《诗品》说他们的诗，已是"风骚体尽"，的确是不错。在东晋一代中无诗家可称，但刘琨《扶风歌》等篇，又是诗中佳品，以武人而能此，却也可喜！

陶渊明出，诗风一振，但他的诗终不能及古人，《诗品》评为"隐逸之诗"。他讲"田舍风味"，极自然有风致，也是独树一帜。在他以前，描写风景的诗很少，至他专以描写风景见长，如

"采菊东篱下，悠然见南山"之句，真古人所不能道。渊明以后，谢灵运和颜延之二家继他而起。谢描摹风景的诗很多，句调精炼，《诗品》说他是"初出芙蓉"。颜诗不仅描风景，作品中也有雕刻气，所以推为诗家，或以颜学问淹博之故。《诗品》评颜谓为"镂金错彩"。陶诗脱口自然而出，并非揉作而成，虽有率尔之词，我们总觉得可爱。如谢诗就有十分聱牙之处，我们总可以觉得他是矫作的。小谢（谢朓）写风景很自然，和渊明不相上下，而当时学者终以小谢不及大谢，或者描写风景之诗，大家都爱工巧，所以这般评论。

梁代诗家推沈约（永明体自他出），律诗已有雏形了。古诗所以变为律诗，也因谢、颜诗不可讽诵，他因此故而定句调。沈约的律诗，和唐后律诗又不相同。《隋书·经籍志》载他的《四声谱》有一卷，可见谱中所载调是很多的，并不像唐后律诗这么简单。他的四声谱，我们虽不能见，但读他的诗，比谢、颜是调和些，和陶、小谢却没有什么分别。

宋鲍照、齐江淹，也以诗名。鲍有汉人气味，以出身微贱，在当时不甚著称。江善于拟古，自己的创作却不十分高明。

南北朝中，我们只能知道南朝的作品。北朝究竟有无诗家，久已无从考得，但《木兰辞》传自北朝，何等高超，恐怕有些被淹没了呢！

梁末诗又大变，如何逊、阴铿的作品，只有一二句佳绝了。在此时，古今诗辟下一大界限，全篇好是古诗的特色，一二句好是此后的定评。隋杨素诗绝佳，和刘琨可仿佛。此时文人习于南北朝的诗风，爱用典故，并喜雕琢。杨素武人不爱雕琢，亦不能雕琢，所以诗独能过人。当时文人专着眼在一二句好处，对于杨素不甚看重。所以隋炀帝为了忌嫉"空梁落燕泥""庭草无人随意绿"二佳句，就杀两诗人了。

唐初，律诗未出，唐太宗和魏徵的诗，和南北朝相去不远。自四杰（骆宾王、王勃、杨炯、卢照邻）出，作品渐含律诗的气味，不过当时只有五言律，并未有七言律。四杰之文很卑微，他们的诗，却有气魄。成就五言的是沈佺期、宋之问，他们的诗，气魄也大，虽有对仗，但不甚拘束。五言古诗到此时也已穷极，五律七古不能不产生了。唐以前七古虽有，但不完备，至唐始备全。七古初出，若李太白、崔颢的诗，都苍苍茫茫，信笔写去，无所拘忌。李诗更含复古的气味，和同时陈子昂同一步骤。

盛唐诗家以王维、孟浩然、张九龄为最。张多古诗，和李、陈同有复古的倾向。王、孟诗与陶相近，作品中有古诗有律诗，以描写风景为最多，都平淡有意趣。

李、陈、张，三家都是复古诗家，三人中自然推李为才最高。他生平目空古人、自以为在古人之上，在我们看来，他的气自然盛于前人，说他是高于前人恐怕未必。王、孟两家是在古今之间，到了杜甫，才开今派的诗。

杜甫的诗，元稹说他高于李，因为杜立排律之体为李所不及的。据我看来，李诗是成线的，杜诗是成面的，杜诗可说是和"赋"有些相像，必要说杜胜于李，却仍不敢赞同。并且自杜诗开今，流于典故的堆叠，自然的气度也渐渐遗失，为功为罪，未可定论！至于杜的古诗，和古人也相去不远，只排律一体，是由他首创，"子美别开新世界"，就是这么一个世界罢！在杜以前诸诗家，除颜延之而外，没有一个以多用书为贵的，自杜以后，才非用典故，不能夸示于人。或者后人才不如古，以典故文饰，可掩了自己的短处！正如天然体态很美的女子，不要借力于脂粉，那些体态不甚美的，非藉此不可了。昌黎的诗，习杜之遗风，更爱用典故，并爱用难识的字，每况愈下了，但自然之风尚存，所以得列于诗林。

韦应物、柳宗元两家，和昌黎虽同时，而作品大不相同。他们有王、孟气味，很自然平淡的。我们竟可以说柳的文和诗截不相同。同时有元微之、白居易二家，又和别家不同。他们随便下笔，说几句民情，有《小雅》的风趣，他们所以见称也以此。

晚唐温庭筠、李义山两家爱讲对仗，和杜甫爱典故是一样的结合，便成宋代的诗风。"西昆体"染此风甚深，所以宋代诗话，专在这些地方留意。

宋初欧阳修、梅圣俞对于西昆体很反对，但欧阳修爱奇异的诗句，如"水泥行郭索（这句是咏蟹，'郭索'两字见扬子《太玄经》），云木叫钩辀（这句是咏鸠，'钩辀'两字见陆玑《毛诗草木鸟兽虫鱼疏》）"二句，已不可解，他却大加赞赏，和他的论文，大相抵触的。梅圣俞的诗，开考古之源，和古人咏古的诗，又大不相同了。总之，宋人的诗，是合"好对仗，引奇字，考据"三点而成，以此病入膏肓。

苏轼的诗，更打破唐诗的规模，有时用些佛典之法理，太随便了。王荆公爱讲诗律，但他的诗律，忽其大者而注重小者，竟说："上句用汉书，下句也要用汉书的。"（按原话为："用汉人语，止可以汉人语对。"见《石林诗话》）自此大方气象全失；我们读宋祁"何言汉朴学（见《汉书》），反似楚技官（见《史记·吴起传》）"之句，再看王维"正法调狂象（见佛法），玄言问老龙（见《庄子》）"之句，真有天壤之判呢！有宋一代，诗话很多，无一不深中此病。惟《沧浪诗话》和众不同，他说"诗有别才，不关学也；诗有别趣，不关理也"。此种卓见，可扫宋人的习气了。

南宋陆放翁含北宋习气也很深，惟有范石湖、刘后村自有气度，与众不同。黄山谷出，开江西诗派之源。黄上学老杜，开场两句必对仗，是他们的规律，这一派诗无足取。

元、明、清三代诗甚衰，一无足取。高青邱的诗失之靡靡，七子的诗失之空门面，王渔洋、朱彝尊的诗失之典泽过浓，到了翁方纲以考据入诗，洪亮吉爱对仗，更不成诗。其间稍可人意的，要推查初白的，但也不能望古人之项背。洪亮吉最赏识"足以乌孙涂上茧，头几黄祖座中枭"二句，我们读了只作三日呕！

诗至清末，穷极矣。穷则变，变则通；我们在此若不向上努力，便要向下堕落。所谓向上努力就是直追汉、晋，所谓向下堕落就是近代的白话诗，诸君将何取何从？提倡白话诗人自以为从西洋传来，我以为中国古代也曾有过，他们如要访祖，我可请出来。

唐代史思明（夷狄）的儿子史朝义，称怀王，有一天他高兴起来，也咏一首樱桃的诗："樱桃一篮子，一半青，一半黄；一半与怀王，一半与周贽。"那时有人劝他，把末两句上下对掉，作为

"一半与周贽，一半与怀王"，便与"一半青，一半黄"押韵。他怫然道："周贽是我的臣，怎能在怀王之上呢？"如在今日，照白话诗的主张，他也何妨说："何必用韵呢？"这也可算白话诗的始祖罢。一笑！

第五章

国学如何进步

中国学术，除文学不能有绝对的完成外，其余的到了清代，已渐渐告成，告一结束。清末诸儒，若曾国藩、张之洞辈都以为一切学问，已被前人说尽，到了清代，可说是登峰造极，后人只好追随其后，决不再能超过了。

我以为后人仅欲得国学中的普通学识，则能够研究前人所已发明的，可算已足，假使要求真正学问，怕还不足罢！即以"考据"而论，清代成就虽多，我们依着他们的成规，引而伸之，也还可以求得许多的知识。在他们的成规以外，未始没有别的途径可寻，那蕴蓄着未开辟的精金正多呢！

总之，我们若不故步自封，欲自成一家言，非但守着古人所发明的于我未足，即依律引申，也非我愿，必须别创新律，高出古人才满足心愿。这便是进步之机。

我对于国学求进步之点有三：

（一）经学，以比类知原求进步。

（二）哲学，以直观自得求进步。

（三）文学，以发情止义求进步。——毕竟讲来，文学要求进步，恐怕难能呢？

清代治经学较历代为尤精，我在讲经学之派别时已经讲过。我们就旧有成规再加讲讨，原也是个方法。不过"温故知新"仅"足以为师"，不足语于进步。我们治经必须比类知原，才有进步。因前人治经，若宋、明的讲大体，未免流于臆测妄断；若清代的订训话，又仅求一字的妥当，一句的讲明，一制的考明，"擘绩补苴"，不甚得大体。我们生在清后，那经典上的疑难，已由前人剖析明白，可让我们融会贯通再讲大体了。

从根本上讲，经史是绝不可以分的。经是古代的历史，也可以说是断代史。我们治史，当然要先看通史，再治断代的史，才有效果，若专治断代史，效果是很微细的。治经，不先治通史，治经不和通史融通，其弊与专治断代史等，如何能得利益？前人正犯此病。所以我主张比类求原，以求经史的融会，以谋经学的进步。如何是比类求原？待我说来！经典中的《尚书》《春秋》，是后代"编年""纪传"两体之先源。刘知几曾说"纪传"是源于《尚书》，"编年"是源于《春秋》。章学诚也曾说后代诸史皆本于《春秋》。这二人主张虽不同，我们考诸事实，诸史也不尽同于《尚书》《春秋》，而诸史滥觞于彼，是毫无疑义的。所以治经：对于"制度"，下则求诸《六典》《会典》诸书，上以归之于《周礼》《仪礼》。对于地理，下则考诸史及地舆志，上以归之于《禹贡》及《周礼·职方志》。即风俗道德，亦从后代记载上求源于经典。

总之，把经看作古代的历史，用以参考后世种种的变迁，于其中看明古今变迁的中心。那么，经学家最忌的武断、琐屑二病，都可免除了。未来所新见的，也非今日所可限量呢！

中国哲学在晋代为清谈，只有口说，讲来讲去，总无证据。在宋、明为理学，有道学问、尊德性之分，自己却渐有所证。在清代专在文字上求，以此无专长者，若戴东原著《孟子字义疏证》，阮芸台讲性命。陈兰甫著《汉儒通义》，也仅在文字上求、训诂上求，有何可取！要知哲理非但求之训诂为无用，即一理为人人所共明而未证之于心，也还没有用处的，必须直观自得，才是真正的工夫。王阳明辈内证于心，工夫深浅各有不同，所得见解，也彼此歧异，这也是事实上必有的。理，仿佛是目的地，各人所由的路，既不能尽同，所见的理，也必不能尽同；不尽同和根源上并无不合呢！佛家内证工夫最精深，那些堕落的就专在语言文字上讲了。

西洋哲学，文字虽精，仍是想象如此，未能证之于心，一无根据，还不能到宋学的地步，所以彼此立论，竟可各走极端的。这有理论无事实的学问，讲习而外，一无可用了！近代法国哲学家柏格森渐注重直觉，和直观自得有些相近了。

总之，讲哲理决不可像天文家讲日与地球的距离一样，测成某距离为已精确了。因为日的距离，是事实上决不能量，只能用理论推测的，那心像是在吾人的精神界，自己应该觉得的。所以，不能直观自得，并非真正的哲理，治哲学不能直观自得便不能进步。

文学如何能求进步？我以为要"发情止义"。何为发情止义？如下述："发情止义"一语，出于《诗序》。彼所谓"情"是喜怒哀乐的"情"，所谓"义"是礼义的"义"。我引这语是把彼的意义再推广之："情"是"心所欲言，不得不言"的意思，"义"就是"作文的法度"。

桐城派的文章，并非没有法度，但我们细读一过，总觉得无味，这便因他们的文，虽止乎义，却非发乎情。他们所作游记论文，也不过试试自己的笔墨罢了。王渔洋的诗，法度非不合，但不能引人兴趣，也因他偶到一处，即作一诗，仿佛日记一般，并非有所为而作的。清初侯方域、魏叔子以明代遗民，心有不平，发于文章，非无感情，但又绝无法度。明末大儒黄梨洲、王船山，学问虽博，虽有兴亡感慨，但黄文既不类白话，又不类语录，又不类讲章，只可说是像批语，王船山非常生硬，又非故意如此，都可说是不上轨道的。

所以文学非但要"止乎义"，还要"发乎情"。那初作文，仅有法度，并无情，用以练习则可，用以传世则不可，仿佛习字用九宫格临帖，是不可以留后的。

韩昌黎自以为因文生道，顾亭林对于这话有所批评。实在昌黎之文，并非无情无义，若《书张中丞传后》，自是千古必传的，可惜他所作碑志太多，就多止于义不发于情的了。

苏东坡的史论，有故意翻案的，有不必作的，和场屋（应试）文一般，也非发于情之作。古文中非无此流，比较的少一些，诗关于情更深，因为诗专以写性情为主的。若过一处风景，即写一诗，诗如何能佳？宋代苏、黄的诗，就犯此病。苏境遇不佳，诗中写抑郁不平的还多，而随便应酬的诗也很多，就损失他的价值了。

唐代杜工部身遇乱世，又很穷困，诗中有情之作，可居半数，其他也不免到一处写一首的。杜以前诸诗家，很少无情之作，即王、孟也首首有情的。至古代诗若《大风歌》《扶风歌》全是真性情流出，一首便可传了！

诗文二项中：文有有法无情的，也有无法有情的；诗却有情无法少，有法无情多；近代诗虽浅鄙，但非出乎轨外。我们学文学诗，初步当然要从法上走，然后从情创出。那初步即欲文学太史公，诗学李太白的，可称狂妄之人呢！我们还要知文学作品忌多，太多必有无情之作，不足贵了。

二三十年前，讲文学，只怕无情，不怕无义。梁任公说我是正统派，这正统派便能不背规则的。在现在有情既少，益以无义，文学衰堕极了。我们若要求进步，在今日非从"发情止义"下手不可。能发情止义，虽不必有超过古人之望，但诗或可超过宋以下诸诗家，文或可超过清以下诸文家！努力！

小学

小学定义

小学二字，说解歧异。汉儒指文字之学为小学。《汉书·艺文志》："古者八岁入小学。"《周官·保氏》："掌养国子，教之六书、九数。""六书"者，象形、象事、象意、象声、转注、假借也。而宋人往往以"洒扫应对进退"为小学。段玉裁深通音训，幼时读朱子《小学》，其文集中尝言：小学宜兴全体，文字仅其一端。洒扫应对进退，未尝不可谓之小学。

案《大戴礼·保傅篇》："古者八岁出就外舍，学小艺焉，履小节焉。束发而就大学，学大艺焉，履大节焉。""小艺"指文字而言，"小节"指洒扫应对进退而言。大艺即《诗》《书》《礼》《乐》，大节乃大学之道也。由是言之，小学固宜该小艺、小节而称之。

保氏所教"六书"，即文字之学。"九数"则《汉书·律历志》所云："数者，一十百千万"是也。学习书数，宜于龆龀；至于射御，非体力稍强不能习。故《内则》言："十岁学书计，成童学射御。"《汉书·食货志》言："八岁入小学，学六甲、五方、书计之事。"

《内则》亦言"六岁教之数与方名",郑注以"东西"释"方名",盖即地理学与文字学矣。而苏林之注《汉书》,谓"方名"者四方之名,此殊不足为训。童蒙稚呆,岂有不教本国文字,而反先学外国文字哉?故师古以臣瓒之说为是也。

汉人所谓六艺,与《周礼·保氏》不同。汉儒以"六经"为六艺,《保氏》以礼、乐、射、御、书、数为六艺。"六经"者,大艺也;礼、乐、射、御、书、数者,小艺也。语似分歧,实无二致。古人先识文字,后究大学之道。后代则垂髫而讽"六经";篆籀古文,反以当时罕习,致白首而不能通。盖字体递变,后人于真楷中认点画,自不暇再修旧文也。

是正文字之小学,括形声义三者而其义始全。古代撰次文字之书,于周为《史籀篇》,秦汉为《仓颉篇》,后复有《急就章》出。童蒙所课,弗外乎此。周兴嗣之《千字文》,《隋书·经籍志》入小学类。古人对于文字,形声义三者,同一重视。宋人读音尚正,义亦不敢妄谈。明以后则不然。清初讲小学者,只知形而不知声义,偏而不全,不过为篆刻用耳。

迨乾嘉诸儒,始究心音读训诂,但又误以《说文》《尔雅》为一类。段氏玉裁诋《汉志》入《尔雅》于《孝经》类,入《仓颉篇》于小学类,谓分类不当。殊不知字书有字必录,周秦之《史》《仓》,后来之《说文》,无一不然。至《尔雅》乃运用文字之学。《尔雅》功用在解释经典,经典所无之字,《尔雅》自亦不具。

是故字书为体,《尔雅》为用。譬之算术,凡可计数,无一不包。测天步历，特运用之一途耳。清人混称天算，其误与混《尔雅》字书为一者相同。

《尔雅》之后，有《方言》，有《广雅》，皆为训诂之书，文字亦多不具。故求文字之义，乃当参《尔雅》《方言》；论音读，更须参韵书，如此，文字之学乃备。

文字学

　　乾嘉以后，人人知习小学，识字胜于明人。或谓讲《说文》即讲篆文，此实谬误。王壬秋主讲四川尊经书院，学生持《说文》指字叩音，王谓尔曹喻义已足，何必读音？王氏不明反语，故为是言。依是言之，《说文》一书，止可以教聋哑学生耳。

　　今人喜据钟鼎驳《说文》。此风起于同、光间，至今约六七十年。夫《说文》所录，古文三百余。古文原不止此，今洛阳出土之三体石经，古文多出《说文》之外。于是诡谲者流，以为求古文于《说文》，不如求之钟鼎。然钟鼎刻文，究为何体，始终不能确知。《积古斋钟鼎款识》释文，探究来历，不知所出，于是诿之曰昔人。自清递推而上，至宋之欧阳修《集古录》。欧得铜器，不识其文，询之杨南仲、章友直（杨工篆书，嘉祐石经为杨之手笔；章则当时书学博士也）。杨、章只识《说文》之古文，其他固不识也，欧强之使识，乃不得不妄称以应之。

　　《集古录》成，宋人踵起者多，要皆以意测度，难追妄断之讥。须知文字之学，口耳相受，不可间断。设数百年来，字无人识，后人断无能识之理。譬如"天地玄黄"，非经先生口授，如此数千年，口耳相受，故能认识。或有难识之字，字书具在，但明反切，即知其音。若未注反切，如何能识之哉？今之学外国文者，必先认识字母，再求拼音，断无不教而识之理。宋人妄指某形为某字者，不几如不识字母而诵外国文乎？

宋人、清人，讲释钟鼎，病根相同，病态不同。宋人之病，在望气而知，如观油画，但求形似，不问笔画。清人知其不然，乃皮附六书，曲为分剖，此则倒果为因，可谓巨谬。夫古人先识字形，继求字义，后乃据六书以分析之，非先以六书分析，再识字形也。未识字形，先以六书分析，则一字为甲为乙，何所施而不可？不但形声、会意之字，可以随意妄然，即象形之字，亦不妨指鹿为马。

盖象形之字，并不纤悉工似，不过粗具轮廓，或兴其一端而已。如尺字略象人形之侧，其他固不及也。若本不认识，强指为象别形，何不可哉？倒果为因，则甲以为乙，乙以为丙，聚讼纷纷，所得皆妄。如只摹其笔意，赏其姿态，而阙其所不知，一如欧人观华剧然，但赏音调，不问字句，此中亦自有乐地，何必为扣盘、扪烛之举哉！

宋人持望气而知之态度以讲钟鼎，清人则强以六书分析之。然则以钟鼎而驳《说文》，其失不止编闰夺正而已。尝谓钟鼎款识，不得阑入小学；若与法贴图象，并列艺苑，斯为得耳。"四库书"列入艺术一类，其见精卓。其可勉强归入小学类者，惟有研究汉碑之书，如洪氏《隶释》《隶续》之类而已。文字之学，宜该形声义三者。专讲《说文》，尚嫌取形遗声；又何况邈不可知之钟鼎款识哉！盖文字之赖以传者，全在于形。

论其根本，实先有义，后有声，然后有形，缘吾人先有意想，后有语言，最后乃有笔画也（**文字为语言代表，语言为意想之代表**）。故不求声义而专讲字形，以资篆刻则可，谓通小学则不可。三者兼明，庶得谓之通小学耳。《说文》以形为主，《尔雅》《方言》以义为主，《广韵》之类以声为主。

今人与唐宋人读音不同，又不得不分别古今。治小学者，既知今音，又宜明了古音。大徐《说文》，常言某字非声，此不明五代音与古音不同故也。欲治小学，不可不知声音通转之理。段注《说文》，每字下有古音在第几部字样，此即示人以古今音读之不同。音理通，而义之转变乃明。大徐《说文》，每字下注明孙愐（著《唐韵》）反切，此唐宋音，而非汉人声读。但由此以窥古音，亦初学之阶梯也。要之，形为字之官体，声义为字之精神，必三者具而文字之学始具。

许君之言曰："惟初太极，道立于一。""一"之为字，属指事。盖人类思想，由简单以至繁复，苦结绳之不足致治，乃有点画以作识记，则六书次第，以指事居首为最合，指事之次为象形。《说文》之界说曰："指事者，视而可识，察而见意，上下是也。象形者，画成其物，随体诘诎，日月是也。"此皆独体之文，继后有形声、会意，则孳乳而为合体之字。故形声之界说曰："以事为名，取譬相成，江河是也。"会意之界说曰："比类合谊，以见指拗，茊（武）、信是也。"指事、象形在前，形声、会意在后，四者具而犹恐不足，则益之以转注，广之以假借，如是，则书契之道毕，宪象之理彰。

指事之异于象形者，形象一物，事赅众物。以二、二（上、下）为例，二、二所赅者多，而日月则仅表一物。二、二字，视之察之，可知其在上在下。此指事之最易明白者，故许君举以为例。

指事之字，除二、二外，计数之字，自一至十，古人皆以为指事。但卉（六）字从入从八，已属会意。四字象形，尚非指事，惟籀文作三，确系指事。按莽布六七八九作丅、丌、亣、亖，或为最初之古文，极合于"察而见意"之例。若十、九（七、九）两篆，殊不能"察而见意"也。

六书中之指事，后人多不了然。段氏《说文注》言指事者极少。王箓友《释例》《句读》，凡属指事之字，悉以为会意。要知两意相合，方得谓之会意。若一字而增损点画，于增损中见意义者，胥指事也。指事有独体、合体之别，二、二、一、二，独体指事也。合体指事，例如下列诸字：

朱（本），以木下一表根。末（末），以木上一表颠，不（不），象形兼指事，一以表天，下为鸟形，鸟飞上翔，不下来也，至（至），一以表地，上为鸟形，鸟飞从高，下至地也。此皆无形可象，故以一表之。又有屈曲其形以见意者，如大（大）象人形，侧其左曰夨（矢），侧其右曰夭（夭），交其两足则为交（交），曲其右足则为尢（尢）。夨、夭、交、尢从"大"而略变者也，均指事也。更如屈木之颠曰禾（禾），木之曲头，止不能上也。木中加一曰朱（朱），赤心木也。赤心不可象，以一识之也。牟（牟），牛鸣也，从牛，厶（厶），象其声气从口出。羋（羋），羊鸣也，从羊，象气上出。系豕足曰豕（豕），绊马足曰馬（马）。凡此皆不别造字，即于木、牛、羊、豕、马本字之上，加以标帜者也。

指事有减省笔画以见意者。如♈（夕），暮也，从月半见。ㄅ（歺），伐骨之残也，从半冎。冎，义为剐肉置骨。冎而得半，其残可知。朩（朩，古藁字），木之余，断木之首以见意。仈（北），有相背之象。飛（飛，飞），上象鸟首，下为双翅，张其翅、以表飞翔之状，而迅疾之卂（卂），从飞而羽不见，疾飞则羽毛不能详审，故略去羽毛。今山水家画远鸟多作"十"字形，意亦同也。

以上皆损笔见意之指事。又有以相反为指事者。如反正为乏（乏），正乏即算术之正负，乏即负耳。反人为匕（匕），相与比叙也。倒人为ㄥ（七、化），变也，人死则化矣。反永（永）为辰（辰），永为水长，辰为分支，分支则水流长矣。屮（之），象草出于地；倒屮为币（帀），周也，川楚间有阴沉木者，山崩木倒，枝叶入地而仍生，岭南榕树亦反倒入地而生，此皆可见蒙密周匝之意。推予谓之予（予）；倒予谓之幻（幻），以骗术诈惑人而取其财，斯为幻矣。止（止），象人足，反止为屮，蹈也。此皆以相反见意也。故指事有三例：一增一省一相反。今粤人减"有"字二画为"冇"，音如毛，意为无有，此俗字之属于指事者也。

指事有兼会意，而会意有兼指事。盖虽为会意，仍有指事之意在。仈从二人相背，亚从二臣相连，相背相连，亦有指事之意。两或颠倒而成爽，悖也；两止相背而成癶（癶），足剌癶也。亦兼指事之意、指事之例甚广，而段氏乃以为指事甚少，此亦未之思耳。但段氏犹知指事、会意，不容厕杂；而王篆友则直以指事为会意矣。要知会意之会，乃会合之会，非领会之会也。

造字之朔，象形居先，而指事更在象形之前。盖指事亦象形之类，惟象空阔之形，不若象形之表示个体耳。许君举日月二文为象形例，⊙象日中有黑子，☽象日形之半，此乃独体象形，⺬、易、⺬、⺬、⺬、屮之类均是。至合体象形：果、田象果实，下从木；枼、⺕象跗萼，下从木；⺒象阡陌之状，而小篆作畴（疇）；裒（裘），古文作⺱，小篆加衣为裘，中象毛皮之形，皆合体象形也。母（母）从女加两点为两乳形；兒（兒，儿）从儿，⺒象小儿头囟未合，亦合体象形也。自独体象形衍而为合体象形，亦有不得不然之势。否则无女之两点，无儿之囟，孰从而识其为母为儿乎？

象形之字，《说文》所录甚多，然犹不止此数，如钟鼎之⺒，即为《说文》所未录者（钟鼎文字，原不可妄说，但连环之⺒，可由上下文义而知其决然为环，经昔人谨慎考定，当可置信）。

造字之初，不过指事、象形两例。指事尚有状词、动词之别，而象形多为名词。综《说文》所录，象形、指事，不过二三百字。虽先民言语简单，恐亦非此二三百字所能达意。于是有以声为训之法，如：马兼武义；火兼毁义；水有平准之义，而以水代准（古音水、准相近）；齐有集中之义，斋戒之斋，即假齐以行。夫书契之作，所以济结绳之穷。若一字数义，仍不能收分理别异之功，同一马也，或作马义，或作武义；同一水也，或作水义，或作准义：依是则饰伪萌生，治丝而益棼矣。于是形声、会意之作乃起。

形声之声，有与字义无关者，如江之工、河之可，不过取工、可二音，与江、河相近。此乃纯粹形声，与字义毫无关系者也。劦部之恊、勰、协（协），皆有同心合力之意，则声而兼义矣。盖形声之字，大都以形为主，声为客。而亦有以声为主者，《说文》中此类甚多，如某字从某，某亦声，此种字皆形声而兼会意者也。王荆公《字说》，凡形声悉认为会意，遂成古今之大谬。故理董文字，切不可迂曲诠释。一涉迂曲，未有不认形声为会意者。初造文字时，决不尔也。

许君举武、信为会意之例。夫人言为信，惟信乃得谓之人言，否则与鸡鸣犬吠何异？此易明者。止戈为武，解之者率本楚庄王禁暴戢兵之意，谓止人之戈。但《大雅》："履帝武敏。"《传》曰："武，迹也。"则足迹亦谓之武。案《牧誓》："不愆于六步、七步。""不愆于四伐、五伐。"步伐整齐，则军令森严，此则谓之武耳。余意止者步省，戈者伐省，取步伐之义，似较优长。但楚庄之说，亦不可废。若解止戈为不用干戈，则未免为不抵抗主义之信徒矣。

会意之字，《说文》所录甚少，五百四十部以形声字为最多。《说文》而后，字书所收，字日以多，自《玉篇》《类篇》以至《正字通》《康熙字典》，无不后来居上。《类篇》所收，有五万字。至《康熙字典》则俗体浸多于前矣。

后人造形声之字，尚无大谬，造会意则不免贻笑，若造象形、指事，必为通人所嗤。如"丢"，去上加一，示一去不返，即觉伧俗可笑。今人造牠（它）、她二字，以"牠"为泛指一切，"她"则专指女人。实则自称曰"我"，称第三者曰"他"，区别已明，何必为此骈枝？依是而言，将书"俄"属男，写"娥"属女，而泛指之"我"，当别造一"犹"字以代之。若"我师败绩""伐我北鄙"等语，我悉改书为"峨"，不将笑绝冠缨耶？

转注之说，解者纷繁。或谓同部之字，笔画增损，而互为训释，斯为转注。实则未见其然。《说文》所载各字，皆隶属部首。亦有从部首省者：犛部有氂（牦）、有斄，氂与斄，非纯从犛，从犛省也；爨部有釁、有爨（衅），但取爨之头而不全从爨也。畫（画）部有晝（昼），瘳（梦）部有寐，有寤，有寱，晝为畫省，寤、寐、寱，皆非全部从瘳。且氂，犛牛尾也；斄，强曲毛也，与犛牛非同意相受。釁所以支鬲；爨，血祭：亦非同义。畫，介也；晝，日之出入，与夜为介，意亦相歧。寐，卧也，虽与瘳义较近，而寤则寐觉而有言，适与相反。谓生关系则可，谓同意相受则不可。

不特此也，《说文》之字，固以部首为统属，亦有特别之字虽同在一部而不从部首者。"乌部"有焉、有舄，与部首全不相关，意亦不复相近；犛、爨、畫、瘳四部，尚可强谓与考、老同例，此则截然不相关矣。准此，应言建类一首，同意不相受。而江声、曾国藩辈，坚主同部之说，何耶？

或谓建类一首者，头必相同，如禽头与兕头同是也。余谓以此说"一首"犹可，顾"同意相受"之义犹未明。且《说文》所载，虎足与人足同，燕尾与鱼尾同。如言禽头与兕头同为建类一首，则此复应言建类一尾或建类一足矣。况"禽头与兕头同"在《说文》象形中，字本无多，仅为象形之一种。故知此说琐屑，亦无当也。

戴东原谓：《说文》："考，老也。""老，考也。"转相训释，即所谓"同意相受"。建类一首者，谓义必同耳。《尔雅》：

"初、哉、首、基、肇、祖、元、胎、俶、落、权、舆，始也。"
此转注之例也。余谓此说太泛，亦未全合。《尔雅》十二字，虽均
有始义，然造字之时，"初"为裁衣之始；"哉"（即才字）为草
木初。始义虽同，所指各异。"首"为生人之初，"基"为筑室之
初。虽后世混用，造字时亦各有各义，决不可混用也。若《尔雅》
所释，同一训者，皆可谓同意相受，无乃太广泛矣乎？

　　于是许瀚出而补戴之阙，谓戴氏言同训即转注固当；然就文
字而论，必也二义相同，又复同部，方得谓之转注，此说较戴氏为
精，然意犹未足。何以故？因五百四十部非必不可增损故，如乌、
舄、焉三字，立乌部以统之，若归入鸟部，说从鸟省，亦何不可？
况《说文》有"瓟部"，瓟部有"瓢"字，瓢从瓟省，实则瓟从
瓜，瓢亦从瓜，均可归入"瓜部"，不必更立一部也。且古籀篆字
形不同，有篆可入此部，而古籀可入彼部者，是究应入何部乎？
鸥，小篆从佳；雕，籀文从鸟，应入鸟部乎？佳部乎？未易决也。
转注通古籀篆而为言，非专指小篆。六书之名，先于《说文》，贯
通古籀篆三，如同部云云，但依《说文》而言，则与古籀违戾。故
许氏之说，虽精于戴，亦未可从也。

　　刘台拱不以小学名，而文集中《论六书》一文，识见甚卓。谓
所谓转注者，不但义同，音亦相近。此语较戴氏为有范围。转注云
者，当兼声讲，不仅以形义言。所谓"同意相受"者，义相近也。
所谓"建类一首"者，同一语原之谓也。同一语原，出生二字，考
与老，二字同训，声复叠韵。

　　古来语言不齐，因地转变，此方称老，彼处曰考；此方造老，

彼处造考，故有考老二文。造字之初，本各地同时并举，太史采集异文，各地兼收，欲通四方之语，故立转注一项。是可知转注之义，实与方言有关。《说文》同部之字，固有转注；异部之字，亦有转注，不得以同部为限也。

《说文》于义同、音同、部首同者，必联绵属缀，此许君之微意也。余著《国故论衡》，曾举四十余字作证。今略言之，艸（草）部："蕾，葿也；葿，蕾也；蓚，苗也；苗，蓚也。"交互为训，绵联相属，即示转注之意。所以分二字者，许君之书，非由己创，亦参考古书而成。蕾、葿，蓚、苗，《尔雅》已分，故《说文》依之也。又如袒、裼、裸、裎。袒，许书作"但"；裼，古音如"鬄"。但、裼古双声，皆在透母。裸，但也；裎，但也。裎今舌上音，古人作舌头音，读如"听"，亦在透母。裸，在今来母，于古亦双声。此皆各地读音不同，故生异文。

由今论之，古人之文，较今为简。亦有繁于今者。《孟子》："虽袒裼裸裎于我侧，尔焉能浼我哉？"实则但言"袒于我侧"可矣。又古人自称，曰我、曰吾、曰卬、曰言。我、吾、卬、言，初造字时，实不相关，语言转变，遂皆成我义。"低卬"之卬，"言语"之言，岂为自称而造？因各地读音转变而假用耳。又，古人对人称尔、称女、称戎、称若、称而，《说文》"尔"作"尒"，即造"尒"为对人之称，其余皆因读音转变而孳生之字。"女"即借用男女之女，"戎"即借用戎狄之戎，"若"即借用择菜之若，"而"即借用须鬐之而。

古无弹舌音，女、戎、若、而，皆入泥母。以今音准之，

"你"音未变，"戎"读为奴、为侬，"而"读为奈，皆入泥母。今苏沪江浙一带，或称"奈"，或称"你"，或称"奴"，或称"侬"，则古今音无甚异也。又汪、潢、湖、污四字，音转义同。小池为污，《左传》："周氏之汪。"汪训池，亦称为潢，今匣母，转而为污潢。《汉书》："盗弄陛下之兵于潢池中耳。"《左转》亦称"潢污行潦"。"汪"今影母，音变为"湖"。污、湖阴声，无鼻音；汪、潢阳声，有鼻音。阴阳对转，乃言语转变之枢纽。言与我，吾与卬，亦阴阳对转也。

语言不同，一字变成多字。古来列国分立，字由各地自造，音亦彼此互异，前已言之。今南方一县之隔，音声即异，况古代分裂时哉！然音虽不同，而有通转之理。《周礼·大行人》："属瞽史谕书名，听声音。"瞽（盲人）不能书，审音则准。"史"者史官，职主记载。"谕书名"者，污、潢彼此不同，谕以通彼此之意也。"听声音"者，听其异而知其同也。

汪污潢湖，声虽不同，而有转变之理，说明其理，在先解声音耳。如此，则四方之语可晓；否则，逾一地、越一国，非徒音不相同，字亦不能识矣。六书之有转注，义即在此。不然，"祖锡裸程""汪污潢湖"，彼此焉能通晓？下三字与上一字，音既相同，义亦不异。此所谓"建类一首、同意相受"也。古者方国不同，意犹相通。

造字之初，非一人一地所专，各地各造，仓颉采而为之总裁。后之史籀、李斯，亦汇集各处之字，成其《史籀篇》《仓颉篇》。秦以后字书亦然，非仓颉、史籀、李斯之外，别无造字之人也。庶事日繁，文字遂多。《说文》之后，《玉篇》收两万字，《类篇》收五万字，皆各人各造而编书者汇集之。后人如此，古人亦然。

许书九千字，岂叔重一人所造？亦采前人已造者耳。荀子云："好书者众矣，而仓颉独传者，一也。"斯明证矣。是故，转注在文字中乃重要之关键。使全国语言彼此相喻，不统一而自统一，转注之功也。今人称欧洲语同出罗马，而各国音亦小异。此亦有转注之理在。

有转注尚有不相喻处，故孔子曰："吾犹及史之阙文也，今亡矣夫！"盖当时列国赴告，均用己国通用之字，彼此未能全喻，史官或有不识之字，则阙以存疑。周全盛时，虽诸侯分立，中央政府犹有史官可以通喻；及衰，列国依然自造文字，而史官不能喻。其初不喻者阙之，其后则指不识以为识。"今亡矣夫"者，伤之也。

华夏一统，中国语言，彼此犹有不同，幸有字书可以检查。是故，不但许君有功，即野王、温公辈，亦未始无功。又字有义有音，义为训诂，音为反切。韵书最古者推《广韵》，则陆法言辈亦何尝无功哉！

古有谕书名、听音声之事，其书不传，后人采取其意而为音韵之书。为统一文字计，转注决不可少，音韵亦不得不讲也。

假借之与转注，正如算术中之正负数。不转注，文字乃多；有假借，文字乃少。一义可造多字，字即多，转注之谓也；本无其字，依声托事，如令、长是，假借之类也。"令"之本义为号令，发号令者谓之令，古之令尹、后之县令，皆称为令，此由本义而引申者。"长"本长短之长，引申而为长幼之长。成人较小孩子为长，故可引申，再引申而为官长之长，以长者在幼者之上，亦犹官长在人民之上也。所谓"假借"，"引申"之谓耳。惑者不察，妄谓同声通用为假借。夫同声通用，别字之异名耳。例如前后之"前"，许书作𦥔（𦥔），今乃作剪。剪，剪刀之剪也。汉以后，凡"𦥔"均作"前"，《三体石经》犹不作"前"。

夫妄写别字，汉以后往往有之，则汉以前亦安见其必无？周公、孔子，偶或误书，后人尊而为之讳言，于是美其名曰假借。实则别字自别字，假借自假借，乌可混为一谈？六书中之假借，乃"引申"之义。如同声通用曰假借，则造拼音字足矣。夫中国语之特质为单音，外国语之特质为复音。如中土造拼音字，则此名与彼名同为一音，不易分辨，故拼音之字不适于华夏。仓颉为黄帝史官，黄帝恐亦如刘裕一流，难免不写别字耳。是故同声通用，非《说文》所谓假借。《说文》所谓假借，乃引申之义，非别字之谓也。否则，许君何不谓"本有其字，写成别字，假借是也"乎？"本无其字"者，有"号令"之令，无"县令"之令；有"长短"之长，无"令长"之长：故曰"无"也。造一"令"字，包命令、县令二义。造一"长"字，包长短、长幼、官长三义，此之谓假借。

此外，假借复有一例。唐、虞、夏、商、周五字，除夏与本义犹相近外，"唐"为大义，非地名；"虞"为驺虞（古神兽）义，非地名；"商"为商量义，"周"为周密义，均非地名。此亦本无其字，依声托事也。如别造一字，"唐"旁加"邑"为"鄌"，虞、商、周亦各加"邑"其旁，亦何不可？今则不然，但作唐、虞、商、周，非依声托事而何？此与"令长"意别，无引申之义，仅借作符号而已。

外此，复有一例。如重言之联语，双声之联语，叠韵之联语。凡与本义不相关者，皆是也。《尔雅》："懋懋、慔慔，勉也。""佌佌、琐琐，小也。""悠悠、洋洋，思也。""烝烝、遂遂，作也。"此重言之联语，有此义无此字，亦本无其字，依声托事之假借也。参差（双声之联语，参与不齐无关）、辗转（双声而兼叠韵。辗，《说文》作辗。辗与知恋反之转不相关）、诪张（双声，诪或作侜，与幻义不相关），皆以双声为形容也。

消摇（消者消耗、摇者摇动，皆无自在义）、须臾（须，颊毛也。臾，曳也。皆无顷刻义），皆以叠韵为形容也。有看似有义，实则无义者。如抢攘，《说文》无抢，作枪；攘作㿟，二字合而形容"乱"义。要之，联词或一有义，或均无义，皆本无其字，依声托事也，皆假借也。是故不但"令长"可为假借之例，唐、虞、商、周，懋懋、慔慔，参差、抢攘，均可作假借之例。由此可知假借之例有三：一引申；二符号；三重言双声叠韵之形容，皆本无其字，依声托事也。乌得以同声通用当之哉（同声通用，治小学者亦不得不讲。惟同声通用乃小学之用，非六书造字之旨耳）！

引申、符号、形容，有此三者，文字可不必尽造，此文字之所以简而其用普也。要之，《说文》只九千字，《仓颉篇》殆不过三千字，周秦间文化已启，何以三千字已足？盖虽字仅三千，其用则不仅三千。一字包多义，斯不啻增加三四倍矣。

以故，转注、假借，就字关联而言；指事、象形、会意、形声，就字个体而言。虽一讲个体，一讲关联，要皆与造字有关。如戴氏所言，则与造字无关，乌得厕六书之列哉？余作此说，则六书事事不可少；而于造字原则，件件皆当，似较前人为胜。

造字之始于仓颉，一见于《世本》，再见于《荀子》，三见于《韩非子》，而《说文序》推至伏羲画卦者，盖初文之作，不无与卦画有关，如\|\|即坎卦是已。若汉人书坤作⺍（《），《经典释文》亦然；宋人妄说坤为六断，实则坤与川古音相近，《《⺍相衍义或近是。

《尔雅·释水》："水中可居者曰州。"大地抟抟，水绕其旁，胥谓之州。故邹衍有大九州之说。释典有海中可居者四大洲之言。⺍（州）者《之重也。气字作⺈，与三卦近似。天本积气，义亦相合。此三卦与初文皆有关系。言造字而推至画卦，义盖在是。

《序》又言："见鸟兽蹄迒之迹，知分理之可相别异，初造书契。"此义汉儒未有所阐。案《抱朴子》："八卦象鹰隼之翾。"其言当有所受。《易·系言》："古者庖羲氏之王天下也，仰则观象于天，俯则观法于地，观鸟兽之文与地之宜。"所谓"鸟兽之文"者，鹰隼之翾，当居其一。鹰翾左右各三。象其全，则为三，去其身，则为三，此推至八卦之又一说也。

造字之后，经五帝三王之世，改易殊体，则文以浸多，字乃渐备。初文局于象形、指事，不给于用。《尧典》一篇，即非初文所可写定。自仓颉至史籀作大篆时，历年二千。其间字体，必甚复杂。史籀所以作大籀者，欲收整齐画一之功也。故为之厘订结体，增益点画，以期不致淆乱。今观籀文，笔画繁重，结体方正：本作

"山"旁者，重之而作"屾"旁；本作"巛"旁者，重之而作"巛巛"旁。较钟鼎所作踦斜不整者，为有别矣。此史籀之苦心也。惜书成未尽颁行，即遇犬戎之祸。王畿之外，未收推行之效。故汉代发见之孔子壁中经，仍为古文。

魏初邯郸淳亦以相传之古文书《三体石经》（北宋苏望得《三体石经》，刻之于洛阳，见洪氏《隶续》，民十一，洛阳出土《石经》，存二千余字）。至周代所遗之钟鼎，无论属于西周或属于东周，亦大抵古文多而籀文少。此因周宣初元至幽王十一年，相去仅五十余年。史籀成书，仅行关中，未曾推行关外故也。

秦兼天下，李斯奏同文字，罢其不与秦文合者，作《仓颉》等三篇。取史籀大篆，或颇省改，后世谓之小篆。今观《说文》所录重文，古文有三百余字，而籀文不及二百。此因小篆本合籀文。籀文繁重，李斯略为改省。大篆、小篆，犹世言大写、小写矣。

秦时发卒兴戍，官狱繁多，程邈作隶，以趣约易。施用日广，于是古文几绝。秦隶今不可见，顾蔼吉《隶辨》言秦隶之遗于今者，若秦量、秦权、秦诏版等，文虽无多，尚可见其大意，大概比篆书略加省改，而笔意仍为篆书。即西汉之吉金石刻，虽为隶体，亦多用篆笔书写，与后世之挑剔作势者不同。

东汉时，相传有王次仲者，造作八分，于是隶法渐变，即今日所称之汉隶也。今所见之汉碑，多起于东汉中叶以后。东汉初年之《三公山碑》，尚带篆意；《石门颂》亦然；《裴岑纪功碑》虽隶而仍兼篆笔，盖为秦隶之遗。桓、灵时之碑刻，多作八分，蔡邕之《熹平石经》亦八分也。八分与隶书之别，在一有挑剔，一无挑剔，譬之颜、欧作楷，笔势稍异耳。《说文序》又言"汉兴有草书"，卫恒言"草书不知作者姓名"。

今案草书之传世者，以史游《急就篇》为最先，而赵壹亦谓起秦之末。但《论语》有"褒谌草创"之语；《屈原传》亦有"屈平属草稿未定"语。此所谓草，是否属稿之际，作字草率牵连，或未定之稿曰草稿，均不可知。

东周《乙亥鼎》文，阮元以为草篆，后人颇以为非。余谓凡笔画本不相连，而忽牵连以书者，即可认为草书之起源，如"二十"并作廿，"四十"并作"卌"是矣。又古文𣥂（㱟，古旅字）或作𣥂，𣥂从止、从𠈌，可以六书解说。𣥂为𤾶之上半，应作𣥂，而今作𣥂，不能以六书解，或古人之所谓草乎？要之，此所谓草，与汉后从隶变者不同，必从大篆来也。

《说文序》言："秦烧灭经书，古文由此绝。""绝"者不通行之谓，非真绝也。秦石刻之乁字，即古文"及"字，又秦碑"戎"字，亦系古文（小篆作𢧵）。而"廿"字秦碑中亦有之。盖秦时通行篆隶，古文易乱，不过施诸碑版，一如今世通行行楷，而篆盖墓碑，多镂刻篆文耳。

秦汉之际，识古文者犹多。鲁恭王坏孔子宅，得《尚书》《礼记》《春秋》《论语》《孝经》数十篇。《史记·儒林传》："孔氏有古文《尚书》，孔安国以今文读之，因以起其家。"汉初传《尚书》者有伏生二十九篇，而孔壁所得多十六篇。夫汉景末年，去焚书时已七十年，若非时人多识古文也，何能籀读知其多十六篇哉？可见汉初犹多识古文也。《礼经》五十六篇，亦壁中经，中有十七篇与高堂生所传相应；余三十九篇，两汉尚未亡佚。观郑康成注，常引逸《礼》，康成当有所受。知汉时识古文者多矣。

又，《论语》亦壁中经，本系古文，而《鲁论》《齐论》，均自古文出，虽文字略异，而大旨相同。试问当时何以能识？无非景、武之间，仍有识古文者，孔安国得问之耳。又，北平侯张苍献《春秋左氏传》。张之献书，当在高后、文帝时，张以之传贾谊，贾作训诂，以授赵人贯公。贾由大中大夫出为太傅，在都不过一年，斯时张为达官，传授之际，盖略诏大意而已，岂真以一十九万字，手指口授，字字课贾生哉！则贾之素识古文可知。又《封禅书》言："武帝有古铜器，李少君识之，谓齐桓公十年陈于柏寝。案之果然。"《太史公自序》："年十岁则诵古文。"凡此种种，均可见古文传授，秦以后未尝断绝。至汉景、武间，识古文者犹多也。

且也，《老》《庄》《荀子》，无今古文之别，其书简帛者，为古文无疑（作《吕览》时，尚无小篆）。秦焚书时，当亦藏之屋壁。迨发壁后，人多能读。不识古文，焉能为此？河间献王得古文先秦旧书《孟子》《老子》之属。《孟子》亦为古文书之，余可知矣。今人多以汉高、项王为不识字。其实不读书则有之，不识字则未然。项籍少时，学书不成，项梁教之兵法；沛公壮试为吏，皆非目不识丁者所能为。张良受《太公兵法》于黄石公；萧何引《逸周书》以对高祖；楚元王与申公受诗于浮丘伯；张耳、陈余雅好儒术；贾山之祖贾祛，故魏王时博士弟子，山受学于祛，涉猎书记，凡此皆能识古文之人。

汉文时，得魏文侯乐人窦公，年百八十，其书即《周礼·大司乐章》。窦公目盲，其书盖未盲时所受，定系古文。然一献而人能识之，可证当时识者尚多。至东汉许君之时，识古文者渐少。盖汉以经术取士，经典一立学官，人人沿习时制，其书皆变古而为隶矣。若伏生之二十九篇，当初本为古文，其后辗转迻写，遂成隶书。高堂生传《礼》，最初为篆为隶，盖不可知，《诗》则成诵于口，与焚书无关，故他书字形或有背谬，而齐、鲁、毛、韩四家，并无因字体相近而致误者。

《易》以卜筮独存，民间所传，自田何以至施、孟、梁丘，皆渐由古文而转变为隶。《左传》本系古文，当时学者鲜见，《公羊》初凭口受，至胡毋生始著竹帛，为隶书无疑。大抵当时利禄之途已开，士人识隶已足，无须进研古、籀。许君去汉武时已三百余年，历年既久，识古文者自渐寥落。而一二古文大师，得壁中经后，师弟相传，辗转录副以藏。以不立学官，故在民间自相传授，浸成专家。此三体石经之古文所由来也。夫认识文字，端在师弟相传。

《说文》所录古文，不过三百余字。今《三体石经》尚有异体，缘壁经古文，结体凌乱，有不能以六书解者，许君不愿穿凿，因即屏去不录，如《穆天子传》"八骏"之名，今亦不能尽识也。

汉时通行载籍，沿用隶书，取其便于诵习，而授受弟子，则参用古文。《后汉书·贾逵传》："章帝令逵自选诸生高才者二十人，教以《左氏》，人与简纸经传各一通。"盖简载古文，而纸则隶写。至郑康成犹然，康成《戒子书》云："所好群书，率多腐敝，不得于礼堂写定，传与其人。"所谓"腐敝"者，古文本也。

马、郑《尚书》，字遵汉隶；而《三体石经》之古文，则邯郸淳自有所受。若今世所行之伪古文《尚书》，《正义》言为郑冲所作，由魏至晋，正《三体石经》成立之时，郑冲即依石经增改数篇，以传弟子。东晋元帝时，梅赜献之于朝。人见马、郑本皆隶书而此多古字，遽信以为真古文孔《传》，遂开数千年聚讼之端。今日本所谓足利本隶古定《尚书》，宋薛季宣《书古文训》，字形瑰怪，大体与石经相应。敦煌石室所出《经典释文》残卷，亦与之有相应。郭忠恕《汗简》，征引古文七十一家，中有古《尚书》，亦与足利本及《书古文训》相应。盖此二书乃东晋时之《尚书》，虽非孔壁之旧，而多存古字，亦足宝矣。

唐人不识古文，所作篆书，劣等字匠。唐高宗时之《碧落碑》，有真古文，亦有自造之字。北宋以还，钟鼎渐渐发现。宋人释钟鼎文者，大都如望气而知。清人则附会六书，强为解释。夫以钟鼎为古物，以资欣赏，无所不可。若欲以钟鼎刻镂，校订字书，则适得其反耳。至如今人讹传之龟甲文字，器无征信，语多矫诬。皇古占卜，蓍龟而外，不见其他。

《淮南子》云："牛蹄彘颅，亦骨也，而世弗灼。必问吉凶于龟者，以其历岁久矣。"可见古人稽疑，灵龟而外，不事骨卜。今乃兽骨龟厌，纷然杂陈。稽之典籍，何足信赖。要知骨卜一事，古惟夷貊用之，中土无有也。《庄子》言，宋元君得大龟，七十二钻而无遗策。唐李华有《废卜论》，可见龟卜之法，唐代犹存。

开元时孟诜作《食疗本草》，宋苏颂《图经》及《日华本草》，皆言已卜之龟，必有钻孔，名之曰"漏天机"。虽绝小之龟，亦可以钻十孔，钻孔多则谓之"败龟板"也。夫灼龟之典，载于《周礼》。凿孔以灼，因以观兆。无孔则空气不通，不能施燋，无以观兆。今所得者，累然成贯，而为孔甚少，不可灼卜。或者方士之流，伪作欺人。一如《河图》《洛书》之傅合《周易》乎？其文字约略与金文相似，盖造之者亦抚摹钟鼎，而异其钩画耳。夫钟鼎文字，尚有半数可认。亦如二王之草书笺帖，十有六七可识，余则难以尽知，不妨阙疑存信。若彼龟甲文者，果可信耶，否耶？

贵州有《红崖碑》，摩崖巨刻，足壮观瞻。惟文字为苗、为华，讫不可知。邹汉勋强为训释，真可谓器真而解之者妄。又如古人刀布，不可识者甚多。周景王大钱，上勒𤔡匕二文，解之者或谓"宝货"，或以为"燕货"。钱文类此者多，学者只可存而不论。大抵钟鼎文之可识者，十可七八，刀布则十得五六。至于龟甲，则矫诬之器、荒忽之文而已。

古昔器物，近代出土愈多，而作伪者则异其心理。大抵轻而易举者，为数必众。钟鼎重器，铸造匪易，故伪者尚少。刀布之类，聚铜熔焠，亦非巨资不办。至于龟甲，则刚玉刻画，顷刻可成，出土日众，亦奚怪哉！

是故居今而研文字，当以召陵正书为归。外此则求古文于《三体石经》，亦属信而有征。至于籀文，则有石鼓文在。如是而一轨于正，庶不至误入歧途矣。

音韵学

　　语言不凭虚而起，文字附语言而作。象形象声，神旨攸寄。表德表业，因喻兼综。是则研讨文字，莫先审音。字音有韵有纽，发声曰纽，收声曰韵。兹先述韵学大概。

　　韵分古音、今音，可区别为五期，悉以经籍韵文为准。自《尧典》《皋陶谟》以至周秦汉初为一期，汉武以后至三国为一期，两晋南北朝又为一期，隋唐至宋亦为一期，元后至清更为一期。泛论古音，大概六朝以前多为古音。今兹所谓古音，则指两汉以前。泛论今音，可举元明清三代。今则以隋为今音。此何以故？因今之韵书俱以《广韵》为准，而言古音则当以《诗经》用韵为准。

　　《广韵》之先为《切韵》，隋开皇初陆法言与刘臻等八人共论音韵，略记纲纪，后定为《切韵》五卷。唐孙愐勒为《唐韵》。至宋陈彭年等又增修为《广韵》。古今音之源流分合，悉具于是。

　　泛论古音，有吴才老之《韵补》，虽界限凌乱，而能由《广韵》以推《诗经》用韵分部，实由此起。至今音，则每杂有方音。《广韵》二百六韵，即以平声五十七韵加入声三十四韵，亦有九十一韵。以音理论，口齿中能发者不过二十余韵，何以《广韵》

多至此数？此因《广韵》虽以长安音为主，亦兼各处方音，且又以古今沿革分韵故也。

汉人用韵甚简，而六朝渐繁。即汉前人用韵，亦比汉朝为繁。如孔子赞《易》，老子著《道德经》，皆协韵成文。至汉人之诗，用韵尚谨严，赋已不甚谨严。若焦氏《易林》，用韵亦复随意。他若《太史公自序》之叙目，及《汉书》之述赞，用韵更不严矣。宋郑库分古音为六部，后人言郑之分部止合于汉人用韵，且亦仅合于《易林》述赞之类，不合于赋，更不合于诗。

顾亭林之《唐韵正》《古音表》，析为十部。律以汉诗用韵，未尽密合。江慎修改为十三部，虽较为繁密，仍嫌不足。戴东原《声类表》分平声十六韵，入声九韵。平声阴、阳各半，而闭口韵有阳无阴，入声仅系假设，所以实得十有六韵。古音至戴氏渐臻完密，段懋堂《音韵表》分十七部，孔巽轩《诗声类》分十八部，王怀祖分二十一部，与郑氏之说相较，相差甚远。然王氏之二十一部，尚有可增可减之处。

自唐以来，以今音读古之辞赋，一有不谐，便谓"叶韵"。陆德明见《诗》"燕燕于飞"以南与音、心为韵，以为古人韵缓，不烦改字。要知音、心属侵，南属覃，晋人尚不分部。陆氏生于陈时，已不甚明古音。自叶韵之说出，而古人正音渐晦。借"叶"之一字，以该千百字之变，天下岂有此易简之理哉？清高宗作诗，至无韵可押，强以其字作他音协之。自古至今，他人断无敢如此妄作者。明陈第言，凡今所称协韵，皆即古之本音，非随意改读，辗转迁就。如母必读米，马必读姥，京必读疆，福必读偪之类，历考诸篇，悉截然不紊。且不独《诗经》为然，周秦人之韵文，无不皆然。且童谣及梦中歌谣，断不至有意为叶韵之事。若《左》昭二十五年传载《鸲鹆歌》，野读墅，马读姥。哀十七年传，卫侯梦浑良夫被发之呼，瓜音为姑是也。自此说出，而韵学大明。清人皆信古本音之说，惟张成孙不信之，谓古人与我相隔二千年，不能起而与之对语，吾人何由知其本音正读如此乎？然以反切定韵，最为有据。如"等"字一多肯切，一多改切；"莽"字，一模朗切，一莫补切。"等"本与"待"相通借，"多改"切之"等"，即出于"待"。"莫补"切之"莽"，古书中不乏其例。《离骚》莽与序、暮为韵。又莽何罗，即马何罗（汉武帝时，马何罗与弟马通谋反伏诛，通之后为马援。援女为明德皇后，恶其先人叛逆，耻与同宗，改称之曰莽何罗）。马，汉音读姥，莽、马同声，此古本音之极有凭证者也。

《集韵》所收古音，比《广韵》为多。《经典释文》所无之字音，《集韵》时有之。如天，一音他前切，一音铁因切。马，一音莫下切，一音满补切。下，一音胡雅切，一音后五切。在唐以前之韵书，都无此音。意者丁度等撰《集韵》时，已于《诗经》《楚辞》中悟得此理，故本音之说虽发自陈第，而《广韵》《集韵》已作骈骊之开道。是故求古韵，须知其音读原本如此，非随意改读，牵强迁就。《易》《诗》《老子》《楚辞》如此，后汉六朝之韵文亦如此。

唐杜、韩之诗有意摹古，未必悉合《唐韵》。杜诗于入声韵每随意用之，韩则有意用古。其用韵或别有所本，亦未可知。古代韵书今仅存一《广韵》矣，魏晋六朝之韵书，如李登《声类》吕静《韵集》，悉不可见。意者唐人摹古拟古诸作，乃就古人所用之韵而仿为之，必非《唐韵》亦如此也。自天宝以后，声音略有变动。白乐天用当时方音入诗，如《琵琶行》以住、部、妒、污、数、度、故、妇为韵，上、去不分，非古非今，此音晚唐长安之音，妇、亩、富等字，皆转入语、虞、姥、御、遇、暮诸韵，观慧琳《一切经音义》可知。

《唐韵》分合，晚唐人已不甚知，宋人更不知之。宋人作诗，入声随意混用。词则常以方音协之。北宋人词侵、覃与真、寒不混，而南宋人词则混用不分矣。须知侵、覃闭口音，以半摩字收之，真、寒不闭口，以半那字收之。

今交广人尚能分别。此其故当系金元入据中原之后，胡人发音不准，华人渐与同化，而交广僻在岭南，尚能保存古音。今江河之域，三、山二音不分。两广人闻之，必嗤为讹音，而在唐时或已有此等读法。是故唐人有嘲人语不正诗，以其因、阴混用，不分闭口、不闭口也。

日人读我国之音，有吴音、汉音之别。吴音指金陵音，汉音指长安音。听其所读汉音，实与山西西部、陕西东部略近。吾人今读江与阳通。江西人读江为龚。发声时口腔弯窿，与东音相近。阳韵，日本汉音读阳若遥，章读如宵，张读如敲，正与山、陕人方音相似，此盖唐人音读本如此也。

欲明音韵，今音当以《广韵》为主，古韵以《诗经》为主，其次则《易·赞》《楚辞》以及周秦人之韵文。顾亭林初欲明古音以读《诗经》，其结果反以《诗经》明古音。诗即歌曲，被之管弦，用韵自不能不正，故最为可据。陈第《毛诗考》未分部。顾氏分十部，仍以《广韵》之目为韵标。因《广韵》虽系一时之音，尚有酌古准今之功。有今韵合而古韵分者，《广韵》亦分之。有今韵分而古韵合者，《广韵》亦分之。如支、脂之为一类，唐后不分，而六朝人分之。东、冬、钟、江为一类，江韵古音与东、冬、钟相同，所以归为一类。然冬韵古音，昔人皆认为与"东"相近。孔巽轩则以为"冬"古音与东、钟大殊，而与"侵"最近。严铁桥更谓"冬"即"侵"也，不应分为二类。要之，冬、侵相近，其说是也。至于取《广韵》部目以标古韵，本无不合。亦有人不喜用《广韵》部目者，如张成孙《说文谐声谱》，以《诗》中先出之字建首是也。要知用一字标韵，原不过取其声势大概如此，今不用《广韵》标目而用他字，其所以为愈者何在！阮芸台元不知韵学，以为张氏之书，一扫千古之障，其实韵目只取其收声耳。戴东原深知此理，故《声类表》取喉音字标目，如东以翁，阳以央，则颇合音理矣。是故废《广韵》之谱而自立韵标，只有戴法可取。

戴氏不但明韵学，且明于音理。欲明韵学，当以《诗经》之用韵仔细比勘，视其今古分合之理。欲明音理，当知分韵虽如此之多，而彼此有衔接关系。古人用韵，并非各部绝不相通，于相通处可悟其连接。吾人若细以口齿辨之，识其衔接之故，则可悟阴阳对转之理，夆侈旁通之法矣。对转之理，戴氏发明之，孔氏完成之。

前之顾氏，后之段氏，皆长于韵学，短于音理。江氏颇知音理，戴氏最深，孔氏继之。段氏子《诗经》《楚骚》、周秦汉魏韵文中，发现支、脂、之三韵，古人分别甚严，而仍不识其所以分别之理。晚年询之江有诰，有"得闻其故死而无憾"之言。江虽于音理较深，亦未能阐明其故。

盖音理之微，本非仓促所能豁然贯通也。如不知音理而妄谈韵学，则必如苗仙麓之读《关雎》，鸠、洲、仇入《广韵》萧、豪韵矣。顾亭林音理不深，但不肯矫揉造作，是以不如苗病之多。如歌、麻二字，古人读麻长音，读歌短音。当时争论甚多，顾不能决，此即不明音理故也。居今日而欲明音韵之学，已入门者，宜求音理；未入门者，先讲韵学。韵学之道，一从《诗经》入手，一从《广韵》入手。多识古韵，自能明其分合之故。至求音理，则非下痛切工夫不可。

今人字母之称，实不通之论也。西域文字以数十字辗转相拼，连读二音为一音，拼书二字为一字，故有字母之制。我国止有《说文》部首，可以称为字母。《唐韵》言纽以双声叠韵，此以二音譬况一音，与梵书之以十四字母贯一切音者大异。唐末五代时，神珙，守温辈依附《华严》《涅槃》作三十六字母。至宋沈括、郑樵诸人，始盛道之。然在唐宋以前，反语久已盛行。南北朝人好为体语，即以双声字相调侃。《洛阳伽蓝记》载李元谦过郭文远宅，见其门阀华美，乃曰："是谁第宅？"郭婢春风出曰："郭冠军家。"元谦曰："彼婢双声。"春风曰："狞奴慢骂。"元谦服婢之能。盖双声之理，从古已具也。

今之三十六字母排次亦不整齐。如喉音、牙音均可归喉，半齿、弹舌应归舌头，故当改为：

　　　　喉　音

（深）　影　晓　匣　喻

（浅）　见　溪　群　疑

　　　　舌　音

（舌头）端　透　定　泥　来　日

（舌上）知　彻　澄　娘

　　　　齿　音

（正齿）照　穿　床　审　禅

（齿头）精　清　从　心　邪

　　　　唇　音

（重）　帮　滂　并　明

（轻）　非　敷　奉　微

　　疑，应读如"皑"而齐齿呼之。泥，应读"你"平声。从音广东呼之最清。非、敷二组，今人不易分别。江慎修言，"非"发声宜微开唇缝轻呼之，"敷"送气重呼之，使"敷"音为"奉"之清，则二母辨矣。如"芳"字为敷纽，敷方切。"方"字为非纽，府良切。"微"音惟江浙人呼之最为分明，粤人读入明纽，北音读入喻纽。知、彻、澄，南音往往混入照、穿、床。闽人读"知"如"低"，则舌上归于舌头矣。

　　钱竹汀言，古音无舌头、舌上之分，知、彻、澄三组，古音与端、透、定无异，则闽语尚得古音之遗。又轻唇之字，古读重唇。

非、敷、奉，古读入帮、滂、并，直至唐人犹然。钱氏发明此理，引证甚多。

《广韵》每卷后附类隔更音和切。"类隔"者，谓切语上字与所切之字非同母同位同等也，"音和"则皆同。钱氏谓类隔之说不可信。今音舌上，古音皆舌头，今音轻唇，古音皆重唇也。且不独知、彻、澄古读入端、透、定，即娘、日二纽，古并归泥。泥，今音读"你"之平声。尼，读入娘母，而古读则"尼"与"泥"无异。仲尼之母祷于尼丘，生而首上圩顶，因名曰丘，字曰仲尼。

《尔雅·释丘》："水潦所止，泥丘。"《说文》："㞒，反顶受水丘也，从泥省，泥亦声。"汉碑，"仲尼"有作"仲泥"者。《颜氏家训》言"仲尼居"三字，《三苍》"尼"旁益"丘"，可见古音尼、泥同读。娘，金人读之似"良"，混入来纽。而娘，日古亦读入泥纽。如"戎"今读日纽，古音如"农"。若，古读女六切，如古读"奴"。尔，古读"你"。

《诗·民劳》："戎虽小子"，《笺》云："戎犹汝也。"今江浙滨海之人，尚谓"汝"为"戎"。古人称人之词，曰乃、尔、戎、若，皆一声之转。仍，今在日纽，古人读仍与乃通。《尔雅》"仍孙"，《汉书·惠帝纪》"内外公孙耳孙"。师古曰："仍、耳声相近，盖一号也。""仍"从"乃"得声，则仍、耳古皆在泥纽矣。由是言之，知、彻、澄古归入端、透、定，非、敷、奉、微古读如帮、滂、并、明，娘、日并归泥，是三十六纽减去其九，仅存二十有七耳。

陈兰甫据《广韵》切语上字，以为喻、照、穿、床、审五纽俱应分而为二。因加于、庄、初、神、山五纽，而明、微则不别，合成四十纽。但齿音加四而唇吻不能尽宣。喻分为于，同为撮口，纽音亦无大殊。陈说似未当也。然如江慎修视若神圣，以为不可增减，亦嫌未谛。如收声之纽多浊音，无清音，泥、娘、来、日皆是，然"黏"本读泥纽，今读娘纽而入清音，则多一纽矣。来纽浊音，今有"拎"字，则为来纽清音，则又多一纽。声音之道，本由简而繁，古人止能发浊音，而今人能发清音，则声纽自有可增者在。

　　清浊之分，本不甚难。坚清乾浊，见清健浊，洁清竭浊，检清俭浊。今人习言之阴、阳平，即平声之清浊也。上、去、入亦皆可分清浊，惟黄河流域只能分平声清浊，上、去、入多发浊音，故有阴阳上去入之说，大约起于金元之间。南方上、去、入亦能各分清浊。上声较难，惟浙西人能分别较然。故言音韵者，常有五声七声之辨。

　　兹重定声纽清浊发送收列表于下：

影	清	发声	晓	清	送气
匣	浊	送气	喻	浊	收声
见	清	发声	溪	清	送气
群	浊	送气	疑	浊	收声
端	清	发声	透	清	送气
定	浊	送气	泥	浊	收声
来	浊	收声之余	知	清	发声

彻	清	送气		澄	浊	送气
娘	浊	收声		日	浊	收声之余
照	清	发声		穿	清	送气
床	浊	送气		审	清	发声
禅	浊	送气		精	清	发声
清	清	送气		从	浊	送气
心	清	发声		邪	浊	送气
帮	清	发声		滂	清	送气
并	浊	送气		明	浊	收声
非	清	发声		敷	清	送气
奉	浊	送气		微	浊	收声

音呼分等，有开合之分，《切韵指掌图》首列为图。图为宋人所作，世称司马温公所撰，似未必是。开合之音，各有洪细。开口洪音为开口，细音为齐齿。合口洪音为合口，细音为撮口。可举例以明之，如见纽"见"为齐齿，"乾"为开口，"观"为合口，"卷"为撮口。音呼应以四等为则，今之讲等韵者，每谓开合各有四等。此则虚列等位，唇吻所不能宣，吾人所未敢深信也。

古人分韵，初无一定规则。有合撮为一类，开、齐为一类者，有开齐合撮同归一类者，亦有开、齐分为两类者。此在《广韵》中可细自求之。古韵"歌"与"羁"、"姑"与"居"同部，今韵歌、支、模、鱼各为一韵。论古韵，昔人意见各有不同，段懋堂以

129

为"真"与"谆"、"侯"与"幽"均宜异部，戴东原则以为可不分。实则分之固善，合之亦无不可。侯、幽二韵，《诗经》本不同用，真、谆之应分合，一时亦难论定。盖以开齐合撮分韵，古人亦未解若画一也。

孙愐撰《唐韵》，已在天宝之末。其先唐玄宗自作《韵英》，分四百余韵，颁行学官。后其书不传，唐人据《韵英》而言者，亦甚少。大概严格分别，或须四百余韵，或竟不止此数。据音理而论，确宜如此。今《广韵》二百六韵，多有不合音理者。然部居分合之故，作者未能详言，吾人亦不能专以分等之说细为推求，其大要则不可不知。

四声之说，起于齐、梁，而双声、叠韵，由来已久。至反切始于何时，载籍皆无确证。古人有"读如""读若"之例，即"直音"也。直音之道，有时而穷，盖九州风土刚柔有殊，轻重清浊，发音不齐。更有字止一音，别无他读，非由面授，莫能矢口。于是反切之法应运而起。

《颜氏家训》以为反语始于孙叔然作《尔雅音义》，说殊未谛。盖《汉书音义》已载服虔、应劭反切。不过释经用反语，或始于叔然耳。反语之行，大约去孙不远。《家训》言汉末人独知反语，魏世大行。高贵乡公不解反语，以为怪异。

王肃《周易音》，据《经典释文》所录，用反语者十余条。肃与孙炎说经互相攻驳，假令叔然首创反语，肃肯承用之乎？服、应与郑康成同时，应行辈略后。康成注经，只用"读若"之例，则反语尚未大行。顾亭林谓经传中早有反语，如"不律"为笔，"蔽膝"为铧，"终葵"为椎，"蒺藜"为茨。

然此可谓反语之萌芽，不可谓其时已有反切之法。否则许氏撰《说文》，何不采用之乎？《说文》成于汉安帝时，服、应在灵帝时，去许已六七十年。此六七十年中，不知何人首创反语，可谓一大发明。今《说文》所录九千余字，吾人得以尽识，无非赖反切之流传耳。

远西文字表韵常用喉音，我国则不然。因当时创造之人未立一定规律，所以反切第二字随意用之。今欲明反切之道，须知上一字当与所切之字同纽，即所谓双声也；下一字当与所切之字同韵，即所谓叠韵也。定清浊在上一字，分等呼在下一字。如东，德红切，东、德双声，东、红叠韵。东、德均为清音，东、红均为合口呼。学者能于三十六字纽发声不误，开齐合撮分别较然，则于音韵之道思过半矣。

训诂学

学者有志治经，不可不明故训，则《尔雅》尚已。《尔雅》一书，《汉志》入"孝经"类，今入"小学类"。张晏曰："尔，近也；雅，正也。"《论语》："子所雅言"，孔安国亦训"雅言"为"正言"。

"尔雅"者，厘正故训，纲维群籍之书也。昔人谓为周公所作，魏张揖《上广雅表》言："周公著《尔雅》一篇。今俗所传三篇，或言仲尼所增，或言子夏所益，或言叔孙通所补，或言沛郡梁文所考。"朱文公不信《尔雅》，以为后人掇拾诸家传注而成。但《尔雅》之名见于《大戴礼·小辩篇》：鲁哀欲学小辩，孔子曰："小辩破言，小言破义，《尔雅》以观于古，足以辩言矣。夫弈固十棋之变，由不可既也，而况天下之言乎？"（哀公所欲学之"小辩"，恐即后来"坚白同异"之类。哀公与墨子相接，《墨子》经说，即坚白同异之滥觞。《庄子·骈拇篇》："骈于辩者，累瓦结绳，窜句游心于坚白同异之间，而敝跬誉无用之言，非乎，而杨、墨是已。"是杨朱亦持小辩。杨、墨去鲁哀不及百年，则春秋之末已有存雄无术之风，殆与晋人之好清谈无异。）张揖又言："叔孙通撰置《礼记》，言不违古。"则叔孙通自深于雅训。

赵邠卿《孟子题辞》言："孝文皇帝欲广游学之路，《论语》《孝经》《孟子》《尔雅》皆置博士。"可见《尔雅》一书，在汉初早已传布。朱文公谓为掇拾传注而成，则试问鲁哀公时已有传注否乎？伏生在文帝时始作《尚书大传》，《大传》亦非训诂之书，《诗》齐、鲁、韩三家，初只《鲁诗》有申公训故。申公与楚元王同受《诗》于浮丘伯，是与叔孙通同时之人。张揖既称叔孙通补益《尔雅》，则掇拾之说何由成立哉！

谓《尔雅》成书之后代有增益，其义尚允。此如医家方书，葛洪撰《肘后方》，陶弘景广之为《百一方》。又如萧何定律，本于《法经》。陈群言李悝作《法经》六篇，萧何定加三篇。假令汉律而在，其科条名例，学者初不能辩其孰为悝作，孰为萧益。又如《九章算术》，周公所作，今所见者为张苍所删补，人亦孰从而分别此为原文，彼为后出乎？读《尔雅》者当作如是观。

《尔雅》中诠诂《诗经》者，容有后人增补。即如"郁陶，喜也"，乃释《孟子》。"卷施拔心不死"，则见于《离骚》。又如《释地》《释山》《释丘》《释水》诸篇，多杂后人之文。《释地》中九州，与《禹贡》所记不同。其"从释地以下至九河皆禹所名也"二语，或为周公故训耳。

以《尔雅》释经，最是《诗》《书》。毛《传》用《尔雅》者，十得七八。《汉志》言，《尚书》古文，读应《尔雅》，则解诂《尚书》，亦非用《尔雅》不可。然毛《传》有与《尔雅》立异处，如"履帝武敏"，武，迹也。敏，拇也。三家《诗》多从《尔雅》，毛则训"敏"为"疾"，意谓"敏"训"拇"，则必改为"履帝敏武"，于义方顺。又如，"籧篨戚施"，《尔雅》以"籧篨"为口柔，"戚施"为面柔，"夸毗"为体柔。毛《传》则谓籧篨不能俯者，戚施不能仰者。此据《晋语》"籧篨不可使俯，戚施不可使仰"为训，义本不同，未可强合。而郑《笺》则曰："籧篨口柔，常观人颜色而为之辞，故不能俯也。戚施面柔，下人以色，故不能仰也。"强为傅合，遂致两伤。

《经义述闻》云："岂有卫宣一人而兼此二疾者乎？"然王氏父子亦未多见病人，固有鸡胸龟背之人，既不能俯，亦不能仰者，谓为身兼二疾，亦无不可。毛《传》又有改《尔雅》而义反弗如者，如《尔雅》："式微式微，微乎微者也。"毛训"式"为"用"。用微，于义难通。又《尔雅》："岂弟，发也。"《载驱》："齐子岂弟"，毛训"乐易"，则与前章"齐子发夕"不相应矣。

古文《尚书》读应《尔雅》，自史迁、马、郑以及伪孔，俱依《尔雅》作训。或以为依《尔雅》释《尚书》，当可然理解，而至今仍有不可解者，何也？此以《尔雅》一字数训，解者拘泥一训，遂致扞格难通也。如"康"有五训：安也、虚也、苛也、蛊也，又五达谓之康。《诗·宾之初筵》"酌彼爵"，郑《笺》云："康，虚也。"《书·无逸》："文王卑服，即康功田功"，伪孔训为"安人之功"。不知此"康"安当取"五达"之训。

"康功田功"即路功田功也。《西伯勘黎》："故天弃我不与康食"，伪孔训为"不有安食于天下"。义虽可通，而一人不能

134

安食，亦不至为天所弃。如解为"糟糠"之糠，则于义较长。故依《尔雅》解《尚书》，当可十得七八，要在引用得当耳。然世之依《尔雅》作训者，多取《释诂》《释言》《释训》三篇，其余十六篇不甚置意，遂至"五达"之"康"一训，熟视无睹，迂回难通，职是故耳。

《经义述闻·春秋名字解诂》郑公孙侨字子产，既举《尔雅·释乐》之训，"大管谓之荞，大龠谓之产"；复言"侨"与"产"皆长大之意。实则"侨"借为"簥"而已。《离骚》："吾令蹇修以为理"，理，即行理之理，使也。蹇修，王逸以为伏羲氏之臣，然《汉书·古今人表》中无蹇修之名，此殆王逸臆度之言。按《尔雅·释乐》："徒鼓钟谓之修，徒鼓磬谓之蹇。"以蹇修为理者，彼此不能相见，乃以钟鼓致意耳。司马相如以琴心挑之，即此意也。是知《尔雅》所释者广，故书雅训，悉具于是，学者欲明训诂，不能不以《尔雅》为宗。

《尔雅》所不具者，有《方言》《广雅》诸书足以补阙。《方言》成于西汉，故训尚多。《广雅》三国时人所作，多后起之训，不足以释经。《诗·商颂》"受小球大球""受小共大共"。毛《传》以"球"为"玉"，以"共"为"法"，深合古训。《经义要闻》以为，解"球"为"玉"，与"共"殊义，应依《广雅》作训，拱、球，法也。改字解经，尊信《广雅》太过矣。要知训诂之道，须谨守家法，亦应兼顾事实。按《吕氏春秋》，夏之将亡，太史终古抱其图法奔商，汤之所受小共、大共，即夏太史终古所抱之图法也。

《书序》"汤伐三朡，俘厥宝玉，谊伯仲伯作典宝"，即汤所受之大球、小球也。古人视玉最重，玉者，所以班瑞于群后。《周礼·大宗伯》："以玉作六瑞，以等邦国。王执镇圭、公执桓圭、侯执信圭、伯执躬圭、子执榖璧、男执蒲璧。"一如后世之玺印，所以别天子、诸侯之等级也。汤受法受玉，而后可以施政令，为下国缀旒。依《广雅》作训，于义未安。

宋人释经，不信《尔雅》。岂知古书训诂，不可逞臆妄造。此如迻译西土文字，必依据原文，不差累黍。遇有未莹，则必勤检辞书，求其详审。若凿空悬解，望文生训，鲜不为通人所笑。《尔雅》："绳绳，戒也。"《诗·螽斯》："宜尔子孙绳绳兮。"毛《传》："绳绳，戒慎也。"朱文公以为"绳"有"继续"之义，即解为"不绝貌"。《尔雅》："缉熙，光也。"毛《传》："缉熙，光明也。"（"缉熙"，《诗经》凡四见）朱以"缉"为"缉纑"之缉，因解为"继续"也。

按《敬之篇》"学有缉熙于光明"者，即言光明更光明。"于"与"乎"通，与"微乎微之"语意相同。又《书·盘庚》："今汝聒聒"，《说文》："聒，善自用之意也。"马、郑、王肃所解略同。蔡沈乃解为"聒聒多言"，实则古训并无"多言"之意。是故吾人释经，应有一定规则，解诂字义，先求《尔雅》《方言》有无此训。一如引律断狱，不能于刑律之外强科人罪。故说经而不守雅训，凿空悬解，谓之门外汉。

古人训诂之书，自《尔雅》而下，《方言》《说文》《广雅》以及《毛传》，汉儒训诂，可称完备。而今之讲汉学者，时复不满旧注，争欲补苴罅漏，则以一字数训，昔人运用尚有遗憾之故。此如士卒精良，而运筹者或千虑一失。后起之人，苟能调遣得法，即可制胜。又如用药，药性温凉，悉载《本草》，用药者不能越《本草》之外，其成功与否，全视运用如何而已。

训诂之学，善用之如李光弼入郭子仪军，壁垒一新；不善用之，如逢蒙学射，尽羿之道，于是杀羿。总之诠释旧文，不宜离已有之训诂，而臆造新解。至运用之方，全在于我。清儒之能昌明汉学、卓越前代者，不外乎此。

第七章

经学

六经大概

　　"经"之训"常"，乃后起之义。《韩非·内外储》首冠"经"名，其意殆如后之目录，并无"常"义。今人书册用纸，贯之以线。古代无纸，以青丝绳贯竹简为之。用绳贯穿，故谓经。

　　"经"者，今所谓线装书矣。《仪礼·聘礼》："百名以上书于策，不及百名书于方。"《礼记·中庸》云："文武之政，布在方策。"盖字少者书于方，字多者编简而书之。方不贯以绳，而简则贯以绳。以其用绳故曰"编"，以其用竹故曰"篇"。方，版牍也。古者师徒讲习，亦用方誊写。

　　《尔雅》："大版谓之业。"故曰肄业、受业矣。《管子》云："修业不息版。""修业"云者，修习其版上之所书也。竹简繁重，非别版书写，不易肄习。二尺四寸之简（《后汉书·周磐传》：编二尺四寸简写《尧典》），据刘向校古文《尚书》，每简或二十五字，或二十二字，知一字约占简一寸。二十五自乘为六百二十五。令简策纵横皆二十四寸，仅得六百二十五字。

　　《尚书》每篇字数无几，多者不及千余。《周礼》六篇，每篇少则二三千，多至五千。《仪礼·乡射》有六千字，《大射仪》

有六千八百字。如横布《大射》《乡射》之简于地，占地须二丈四尺，合之今尺，一丈六尺，倘师徒十余人对面讲诵，便非一室所能容。由是可知讲授时决不用原书，必也移书于版，然后便捷。故称肄业、受业，而不曰肄策、受策也。

帛，绢也，古时少用。《汉书·艺文志》六艺略、诸子略、诗赋略、兵书略，每书皆云"篇"；数术、方技，则皆称"卷"。数术、方技，乃秦汉时书，古代所无。六艺、诸子、诗赋、兵书，汉人亦有作。所以不称卷者，以刘向《叙录》，皆用竹简，杀青缮写，数术、方技，或不用竹简也。惟图不称篇而称卷，盖帛书矣（《孙子兵法》皆附图）。由今观之，篇繁重而卷简便，然古代质厚，用简者多。《庄子》云："惠施多方，其书五车。"五车之书，如为帛书，乃可称多；如非帛书，而为竹简，则亦未可云多。秦皇衡石程书，一日须尽一石。如为简书，则一石之数太多，非一人一日之力所能尽（古一石当今三十斤，如为帛书，准之于今，当亦有一二百本）。古称奏牍，牍即方版，故一日一石不为多耳。

周代《诗》《书》《礼》《乐》皆官书。《春秋》史官所掌，《易》藏太卜，亦官书。官书用二尺四寸之简书之。郑康成谓"六经"二尺四寸，《孝经》半之，《论语》又半之，是也。《汉书》称律曰"三尺法"，又曰"二尺四寸之律"。律亦经类，故亦用二尺四寸之简。惟"六经"为周之官书，"汉律乃汉之官书耳"。

寻常之书，非经又非律者，《论衡》谓之"短书"。此所谓短，非理之短，乃策之短也。西汉用竹简者尚多，东汉以后即不用。《后汉书》称董卓移都之乱，绢帛图书，大则帷盖，小乃制为縢囊，可知东汉官书已非竹简本矣。帛书可卷可舒，较之竹简，自然轻易，然犹不及今之用纸。纸之起源，人皆谓始于蔡伦，然《汉书·外戚传》已称"赫蹏"（应劭《风俗通》有云"赫蹏，薄小纸也"），则西汉时已有纸，但不通用耳。

正惟古人之不用纸，作书不易，北地少竹，得之甚难，代以绢帛，价值又贵，故非熟读强记不为功也。竹简书之以漆，刘向校书可证，方版亦然。至于绢帛，则不可漆书，必当用墨。《庄子》云：宋元君将画图，众史舐笔和墨。则此所谓图，当是绢素。又《仪礼》"铭旌用帛"，《论语》"子张书绅"，绅以帛为之，皆非用帛不能书。惟经典皆用漆书简，学生讲习，则用版以求方便耳。以上论经之形式及质料。

《庄子·天下篇》："《诗》以道志，《书》以道事，《礼》以道行，《乐》以道和，《易》以道阴阳，《春秋》以道名分。"列举"六经"，而不称之曰"经"。然则"六经"之名，孰定之耶？曰：孔子耳！孔子之前，《诗》《书》《礼》《乐》已备。学校教授，即此四种。孔子教人，亦曰："兴于《诗》，立于《礼》，成于《乐》。"又曰："《诗》《书》执礼，皆雅言也。"可见《诗》《书》《礼》《乐》，乃周代通行之课本。至于《春秋》，国史秘密，非可分布，《易》为卜筮之书。事异恒常，非当务之急。故均不以教人。自孔子赞《周易》、修《春秋》，然后《易》与《春秋》同列"六经"。以是知"六经"之名，定于孔子也。

五礼著吉、凶、宾、军、嘉之称。今《仪礼》十七篇，只有吉、凶、宾、嘉，而不及军礼。不但十七篇无军礼，即《汉书》所谓五十六篇《古经》者亦无之。《艺文志》以《司马法》二百余篇入"礼类"（今残本不多），此军礼之遗，而不在"六经"之内。孔子曰："军旅之事，未之学也。"盖孔子不喜言兵，故无取焉。又古律亦官书，汉以来有《汉律》。

汉以前据《周礼》所称，五刑有二千五百条，《吕刑》则云三千条。当时必著简册，然孔子不编入"六经"，至今无只字之遗。盖律者，在官之人所当共知，不必以之教士。若谓古人尚德不尚刑，语涉迂阔，无有是处。且《周礼·地官》之属，州长、党正，有读法之举，是百姓均须知律。孔子不以入"六经"者，当以刑律代有改变，不可为典要故尔。

"六经"今存"五经"，《乐经》汉时已亡。其实，"六经"须作六类经书解，非六部之经书也。礼，今存《周礼》《仪礼》。或谓《周礼》与《礼》不同，名曰《周官》，疑非礼类。然《孝经》称"安上治民莫善于礼"，《左传》亦云："礼，经国家、定社稷、序人民、利后嗣。"由《孝经》《左传》之言观之，则《周官》之设官分职，体国经野，正是礼类。安得谓与礼不同哉！

春秋时人引《逸周书》皆称《周书》，《艺文志》称《逸周书》乃孔子所删百篇之余。因为孔子所删，故不入"六经"。又《连山》《归藏》，汉时尚存（桓谭《新论》云：或藏兰台），与《周易》本为同类。以孔子不赞，故亦不入"六经"。实则《逸书》与《书》为一类，三《易》同为一类，均宜称之曰"经"也。

今所传之"十三经"，其中《礼记》《左传》《公羊》《梁》

均传记也。《论语》《孝经》，《艺文志》以《诗》《书》《易》《礼》《春秋》同入"六艺"，实亦传记耳。《孟子》应入子部，《尔雅》乃当时释经之书，亦不与经同。严格论之，"六经"无十三部也。

史部本与"六经"同类。《艺文志》"春秋家"列《战国策》《太史公书》，太史公亦自言继续《春秋》。后人以史部太多，故别为一类。荀勖《中经簿》始立经、史、子、集四部，区经、史为二，后世仍之。然乙部有《皇览》，《皇览》者，当时之类书也，与史部不类。王俭仿《七略》作《七志》（《七略》本仅六种：一六艺，二诸子，三诗赋，四兵书，五数术，六方技），增"图谱"一门，称"六艺略"曰"经典志"，中分六艺、小学、史记、杂传四门，有心复古，颇见卓识。又有《汉志》不收而今亦归入经部者，纬书是也。纬书对经书而称，后人虽不信，犹不得不以入经部。独王俭以"数术略"改为"阴阳志"，而收入纬书，以纬书与阴阳家、刑法家同列，不入经典，亦王氏之卓识也。自《隋书·经籍志》后，人皆依荀勖四部之目，以史多于经，为便宜计，不得不尔。明知纬书非经之比，无可奈何，亦录入经部，此皆权宜之计也。

兵书在《汉志》本与诸子分列。《孙子兵法》入兵书，不入诸子。《七志》亦分兵书曰"军书"，而阮孝绪《七录》（依王俭为七部，不分经史子集）以子书、兵书合曰"子兵"，未免谬误。盖当代之兵书，应秘而不宣，古代之兵书，可人人省览。《孙子》十三篇，空论行军之理，与当时号令编制之法绝异，不似今参谋部之书，禁人窥览者也。是故当代之兵书，不得与子部并录。

向、歆校书之时，史部书少，故可归入"春秋"。其后史部渐多，非别立一类不可，亦犹《汉志》别立"诗赋"一类，不归入"诗经"类耳。后人侈言复古，如章实斋《校雠通义》，独断断于此，亦徒为高论而已。顾源流不得不明，纬与经本应分类，史与经本不应分，此乃治经之枢纽，不可不知者也。

汉人治经，有古文、今文二派。伏生时纬书未出，尚无怪诞之言。至东汉时，则今文家多附会纬书者矣。古文家言历史而不信纬书，史部入经，乃古文家之主张；纬书入经，则今文家之主张也。

古文家间引纬书，则非纯古文学，郑康成一流是也。王肃以贾、马之学，反对康成。贾虽不信纬书，然亦有附会处（《后汉书》可证），马则绝不附会矣（马书今存者少）。至三国时人治经，则与汉人途径相反。东汉今文说盛行之时，说经多采纬书，谓孔子为玄圣之子，称其述作曰为汉制法。

今观孔林中所存汉碑，《史晨》《乙瑛》《韩敕》，皆录当时奏议文告，并用纬书之说。及黄初元年，封孔羡为宗圣侯，立碑庙堂，陈思王撰文，录文帝诏书，其中无一语引纬书者。非惟不引纬书，即今文家，亦所不采。以此知东汉与魏，治经之法，截然不同。今人皆谓汉代经学最盛，三国已衰，然魏文廓清谶纬之功，岂可少哉！文帝虽好为文，似词章家一流，所作《典论》《隋志》归入儒家。纬书非儒家言，乃阴阳家言，故文帝诏书未引一语。岂可仅以词章家目之！

自汉武立"五经"博士，至东汉有十四博士（"五经"本仅五博士，后分派众多，故有十四博士）。《易》则施、孟、梁丘、京，《书》则欧阳、大小夏侯，《诗》则齐、鲁、韩，《礼》则大、小戴，《春秋》则严、颜（皆《公羊》家），皆今文家也。孔安国之古文《尚书》，后世不传。汉末，马、郑之书，不立学官。《毛诗》亦未立学官。故《礼》，传之者少，《春秋》则《左氏》亦未立学官。至三国时，古文《尚书》《毛诗》《左氏春秋》，皆立学官，此魏文帝之卓见也。汉《熹平石经》，隶书一字，是乃今文。魏正始时立《三体石经》，则用古文。当时古文《礼》不传。《尚书》《春秋》皆用古文，《易》用费氏，以费《易》为古文也（传费《易》者，汉末最盛，皆未入学官。马、郑、荀爽、刘表、王弼皆费氏《易》）。《周礼》则本为古文。三国之学官，与汉末不同如此。故曰魏文廓清之功不可少也。

清人治经，以汉学为名。其实汉学有古文、今文之别。信今文则非，守古文即是。三国时渐知尊信古文，故魏、晋两代，说经之作，虽精到不及汉儒，论其大体，实后胜于前。故"汉学"二字，不足为治经之正轨。昔高邮王氏称其父熟于汉学之门径，而不囿于汉学之藩篱。此但就训诂言耳。其实，论事迹、论义理，均当如是。魏、晋人说经之作，岂可废哉！以上论经典源流及古今文大概。

欲明今、古文之分，须先明经典之来源。所谓孔子删《诗》《书》，定《礼》《乐》，赞《周易》，修《春秋》者，《汉书·艺文志》云："礼、乐，周衰俱坏，乐尤微渺，又为郑卫所乱，故无遗法。"又云："及周之衰，诸侯将逾法度，恶其害己，皆灭去其籍，自孔子时而不具。"是孔子时《礼》《乐》已阙，惟《诗》《书》被删则俱有明证。

《左传》："韩宣子适鲁，观书于太史氏，见《易象》与鲁《春秋》，曰：周礼尽在鲁矣。"可见别国所传《易象》，与鲁不尽同。孔子所赞，盖鲁之《周易》也。《春秋》本鲁国之史，当时各国皆有春秋，而皆以副本藏于王室。故太史公谓孔子西观周室，论史记旧闻而修《春秋》，盖"六经"之来历如此。

《礼记·礼器》云："经礼三百、曲礼三千。"郑康成注："经礼谓《周礼》，曲礼即《仪礼》。"《中庸》云："礼仪三百，威仪三千。"孔颖达疏："礼仪三百即《周礼》，威仪三千即《仪礼》。"今《仪礼》十七篇，约五万六千字，均分之，每篇得三千三百字。汉时，高堂生传《士礼》十七篇，合淹中所得，凡五十六篇，较今《仪礼》三倍。若以平均三千三百字一篇计之，则五十六篇，当有十七万字，恐孔子时《礼经》不过如此。以字数之多，故当时儒者不能尽学，孟子所谓"诸侯之礼，吾未之学也"。至于《周礼》是否经孔子论定，无明文可见。孟子谓"诸侯恶其害己也，而皆去其籍"，是七国时《周礼》已不常见，故孟子论封建与《周礼》不同。

太史公谓古诗三千余篇，孔子删为三百篇。或谓孔子前本仅三百篇，孔子自信"诗三百"是也。然《周礼》言九德、六诗之歌。"九德"者，《左传》所谓水、火、金、木、土、谷、正德、利用、厚生。九功之德皆可歌者，谓之九歌。"六诗"者，一曰风、二曰赋、三曰比、四曰兴、五曰雅、六曰颂。今《诗》但存风、雅、颂，而无赋、比、兴。盖不歌而诵谓之赋，例如后之《离骚》，篇幅冗长，宜于诵而不宜于歌，故孔子不取耳。九德、六诗，合十五种，今《诗》仅存三种，已有三百篇之多，则十五种当有一千五百篇。风、雅、颂之逸篇为春秋时人所引者已不少，可见未删之前，太史公"三千篇"之说就为不诬也。孔子所以删九德之歌者，盖水、火、金、木、土、谷，皆咏物之作，与"道性情"之旨不合，故删之也。季札观周乐，不及赋、比、兴，赋本不可歌，比、兴被删之故，则今不可知。墨子言："诵诗三百、弦诗三百、歌诗三百、舞诗三百。"夫可弦必可歌，舞虽有节奏，恐未必可歌，诵则不歌也。由此可知，诗不仅三百，依墨子之言，亦有千二百矣。要之诗不但取其意义，又必取其音节，故可存者少耳。

《书》之篇数，据扬子《法言》称："昔之说《书》者序以百"，《艺文志》亦云"凡百篇"。"百篇"者，孔子所删定者也。其后伏生传二十九篇（据《书序》则分为三十四篇），壁中得五十八篇。由今观之，《书》在孔子删定之前已有亡佚者。

楚灵王之左史，通三坟、五典、八索、九丘。今《三坟》不传，《五典》仅存其二。楚灵王时，孔子年已二十余，至删《书》时而仅著《尧典》《舜典》二篇，盖其余本已佚矣。若依百篇计之，虞、夏、商、周凡四代，如商、周各四十篇，虞、夏亦当有二十篇。今夏书最少，《禹贡》犹不能谓为夏书。真为夏书者，仅《甘誓》《五子之歌》《胤征》三篇而已。

《胤征》之后，《左传》载魏绛述后羿、寒浞事，伍员述少康中兴事，皆《尚书》所无。魏绛在孔子前，而伍员与孔子同时，二子何以知之？必当时别有记载，而本文则已亡也。此亦未删而已佚之证也。至如周代封国必有命（如近代之册命），封康叔有《康诰》，而封伯禽、封唐叔，左氏皆载其篇名，《书序》则不录。且鲁为孔子父母之邦，无不知其封诰之理。所以不录者，殆以周封诸侯甚多，不得篇篇而登之，亦惟择其要者耳。否则将如私家谱牒所录诰命，人且厌观之矣。《康诰》事涉重要，故录之，其余则不录，此删书之意也。

《逸周书》者，《艺文志》云："孔子所论百篇之余。"今《逸周书》有目者七十一篇。由此可知，孔子于《书》，删去不少。虽自有深意，然删去之书，今仍在者，亦不妨视为经书。今观《逸周书》与《尚书》性质相同，价值亦略相等。正史之外，犹存别史（《史》《汉》无别史。《后汉书》外，有袁宏《后汉记》，其中所载事实奏议，有与《后汉书》不同者，可备参考）。

《三国志》外有鱼豢之《魏略》、王沈之《魏书》，不可谓只《三国志》可信，余即不可信也。安得皇古之书，可信如《逸周书》者，顾不重视乎？《诗》既删为三百篇，而删去之诗如"巧笑倩兮，美目盼兮，素以为绚兮"一章，子夏犹以问孔子，孔子亦有"启予"之言。由此可见，逸诗仍有价值。逸书亦犹是矣。盖古书过多，或残缺，或不足重，人之目力有限，不能尽读，于是不得不删繁就简。故孔子删《诗》《书》，使人易于持诵，删余之书，仍自有其价值在也。崔东壁辈以为经书以外均不足采，不知太史公《三代三纪》，固以《尚书》为本，《周本纪》即采《逸周书·克殷解》《度邑解》，此其卓识过人，诇非其余诸儒所能及。

"六经"自秦火之后，《易》为卜筮，传者不绝。汉初北平侯张苍献《春秋左氏传》，经传俱全。《诗》由口授，非秦火所能焚，汉初有齐、鲁、毛、韩四家。惟毛有"六笙诗"（自秦焚书，至汉高祖破秦子婴，历时七年，人人熟习之歌，自当不亡）。

礼则《仪礼》不易诵习，故高堂生仅传十七篇（高堂生必读熟方能传也）。《周礼》在孟子时已不传，而荀子则多引之（荀子学博，远过孟子，故能引之），然全书不可见。至汉河间献王乃得全书，犹缺《冬官》一篇，以《考工记》补之。《尚书》本百篇，伏生壁藏之，乱后求得二十九篇，至鲁恭王坏孔子宅，又得五十八篇，孔安国传之，谓之古文。此秦火后"六经"重出之大概也。

经今、古文之别有二：一、文字之不同；二、典章制度与事实之不同。何谓文字之不同？譬如《尚书》，古文篇数多，今文篇数少，今古文所同有者，文字又各殊异，其后愈说愈歧。此非伏生之过，由欧阳，大、小夏侯三家立于学官，博士抱残守缺，强不知以为知，故愈说而愈歧也。古文《尚书》，孔安国传之太史公，太史公以之参考他书，以故不但文字不同，事实亦不同矣（今文家不肯参考他书，古文家不然，太史公采《逸周书》可证也）。

何谓典章制度之不同？如《周礼》本无今文，一代典章制度，于是大备。可见七国以来传说之语，都可不信。如"封建"一事，《周礼》谓公五百里、侯皆四百里、伯三百里、子二百里、男百里。而孟子乃谓公侯皆方百里、伯七十里、子男五十里，与《周礼》不合。此当依《周礼》，不当依《孟子》，以《孟子》所称乃传闻之辞也。汉初人不知《周礼》，文帝时命博士撰王制，即用

《孟子》之说，以未见《周礼》故。此典章制度之不同也。

何谓事实之不同？如《春秋左传》为古文，《公羊》《穀梁》为今文。《穀梁》称申公所传，《公羊》称胡毋生所传，二家皆师弟问答之语。《公羊》至胡毋生始著竹帛，《穀梁》则著录不知在何时。今三传不但经文有异，即事实亦不同，例亦不同。刘歆以为左氏亲见夫子，好恶与圣人不同；而公羊、穀梁在七十子之后。传闻之与亲见之，其详略不同。以故，若论事实，自当信《左氏》，不当信《公》《穀》也。

《诗》无所谓今古文，口授至汉，书于竹帛，皆用当时习用之隶书。《毛诗》所以称古文者，以其所言事实与《左传》相应，典章制度与《周礼》相应故尔。《礼》，高堂生所传十七篇中为今文；孔壁所得五十六篇为古文。古文、今文大义无殊，惟十七篇缺天子、诸侯之礼，于是，后苍（今文家）推士礼致于天子（五十六篇中有天子、诸侯之礼），后人不得不讲《礼记》，即以此故。以十七篇未备，故须《礼记》补之。

《礼记》中本有《仪礼》正篇，如《奔丧》，小戴所有；《投壶》，大、小戴俱有。大小戴皆传自后苍，皆知十七篇不足，故采《投壶》《奔丧》二篇。二家之书，所以称《礼记》者，以其为七十子后学者所记，故谓之《礼记》，计百三十一篇，大戴八十二篇，小戴四十九篇。今大戴存三十九篇，小戴四十九篇具在，合之得八十八篇。此八十八篇中，有并非采自百三十一篇之记者，如大戴有《孔子三朝记》七篇，《孔子三朝记》应入"论语家"（《艺文志》如此）。

《三朝记》之外，《孔子闲居》《仲尼燕居》《哀公问》等，不在《三朝记》中，则应入《家语》一类。要之乃《论语》家言，非《礼》家言也。大戴采《曾子》十篇，《曾子》本儒家书。又《中庸》《缁衣》《表记》《坊记》四篇，在小戴记，皆子思作。子思书，《艺文志》入儒家。若然，《孔子三朝记》以及曾子、子思所著，录入大小戴者，近三十篇。加以《月令》本属《吕氏春秋》（汉人称为《明堂月令》），亦不在百三十一篇中。又《王制》一篇，汉文帝时博士所作。则八十八篇应去三十余篇，所余不及百三十一篇之半，恐犹有采他书者在。如言《礼记》不足据，则其中有百三十一篇之文在；如云可据，则其中有后人所作在。故《礼记》最难辨别，其中所记，是否为古代典章制度，乃成疑窦。若但据《礼记》以求之，未为得也。《易》未遭秦火，汉兴，田何数传至施、孟、梁丘三家，或脱去《无咎》《悔亡》，惟费氏不脱，与古文同。故后汉马融、荀爽、郑玄、刘表皆信费《易》。《易》专言理，惟变所适，不可为典要，故不可据以说《礼》。

然汉人说《易》，往往与礼制相牵。如《五经异义》以"时乘六龙"谓天子驾六，此大谬也。又施、孟、梁丘之说，今无只字之存。施、孟与梁丘共事田生，孟喜自云："田生且死时，枕喜膝、独传喜。"而梁丘曰："田生绝于籴手中，时喜归东海，安得此事！"是当时已起争端。今孟喜之《易》，尚存一鳞一爪。臆造之说，未足信赖。

焦延寿自称尝从孟喜问《易》，传之京房，喜死，房以延寿《易》即孟氏学，而孟喜之徒不肯，曰："非也。"然则焦氏、京氏之《易》，都为难信。虞氏四传孟氏《易》，孟不可信，则虞说亦难信。此数家外，荀氏、郑氏传世最多，然《汉书》谓费本无书，以《彖》《象》《文言》释经，而荀氏据爻象承应阴阳变化之义解说经意，是否为费之正传，亦不可知。郑《易》较为简单，恐亦非费氏正传。今学《易》者多依王弼之注，弼本费《易》，以文字论，费《易》无脱文，当为可信。余谓论《易》，只可如此而已。

此外，《古论语》不可见，今所传者，古、齐、鲁杂糅。《孝经》但存今文。关于典章制度事实之不同者，须依古文为准。至寻常修身之语，今古文无大差别，则《论语》《孝经》之类，不必问其为古文或今文也。

十四博士皆今文，三国时始信古文。古文所以引起许多纠纷者，孔壁所得五十八篇之书，亡于汉末。西晋郑冲伪造二十五篇，今之孔氏《尚书》，即郑冲伪造之本。其中马、郑所本有者，未加窜改，所无者，即出郑冲伪造。

又分虞书为《尧典》《舜典》二篇，分《皋陶谟》为《益稷》。《大禹谟》《五子之歌》《胤征》已亡，则补作三篇。既是伪作，不足置信。至汉人传《易》，是否《易》之正本不可知，后则王弼一家为费氏书。宋陈希夷辈造先天八卦、河洛诸图，传之邵康节，此乃荒谬之说。东序河图，既无人见，孔子亦叹河不出图，则后世何由知其象也。先天八卦，以说卦方位本离南坎北者，改为乾南坤北，则与观象观法而造八卦之说不相应。此与《尚书》伪古文，同不可信（*伪古文参考阎氏《古文尚书疏证》，河洛参考胡氏*

《易图明辨》）。

　　至今日治《书》而信伪古文；言《易》而又河洛、先天，则所谓门外汉矣。然汉人以误传之说（**今文家**）亦甚多。清儒用功较深，亦未入说经正轨，凡以其参杂今、古文故也。近孙诒让专讲《周礼》，为纯古文家。惜此等著述，至清末方见萌芽，如群经皆如此疏释，斯可谓入正轨矣。

易经

　　经之由来及今古文之大概既明，须进而分讲各经之源流。今先讲《易经》。

　　初造文字，取法兽蹄鸟迹；画卦亦然。《易·系辞》云："古者庖羲氏之王天下也，仰则观象于天，俯则观法于地，观鸟兽之文，与地之宜，近取诸身，远取诸物，于是始作八卦。"今观乾、坤二卦：乾作，坤作。《抱朴子》云："八卦出于鹰隼之所被，六甲出于灵龟之所负。"盖鸟舒六翮，即成象，但取其翮而遗其身，即成象。于是或分或合，错而综之，则成八卦。此所以言"观鸟兽之文"也。抱朴之说，必有所受，然今无可考，施、孟、马、郑、荀爽皆未言之。

　　重卦出于何人，说者纷如。王弼以为伏羲，郑玄以为神农，孙盛以为夏禹，而太史公则以为文王。伏羲之说，由于《周礼》太卜掌三易之法：一曰《连山》，二曰《归藏》，三曰《周易》。三《易》均六十四卦，杜子春谓《连山》伏羲；《归藏》黄帝，王弼据之，故云重卦出于伏羲。然伏羲作《连山》，黄帝作《归藏》，语无凭证，故郑玄不从之也。神农之说，由于《系辞》称"神农氏作，斫木为耜，揉木为耒，盖取诸《益》；日中为市，交易而退，盖取诸《噬嗑》”二语。以神农氏已有《益》与《噬嗑》，故知重卦出于神农。然《系辞》所谓“盖取”，皆想象之辞，乌可据为实事！夏禹之说，从郑玄之义蜕化而来。郑玄《易赞》及《易论》云：“夏曰《连山》，殷曰《归藏》，周曰《周易》”，孙盛取之，以为夏有《连山》，即兼山之艮，可见重卦始于夏禹。至文王之说，则太史公因“作《易》者其有忧患乎”一语而为是言。要之，上列诸说虽不可确知其是非，以余观之，则重卦必不在夏禹之后，短中取长，则孙盛之说为可信耳。

至卦辞爻辞之作，当是皆出文王。《系辞》云：“《易》之兴也，当文王与纣之事耶？”又云：“作《易》者，其有忧患乎？”太史公据此，谓西伯拘而演《周易》。故卦辞、爻辞并是文王被囚而作。或以为周公作爻辞，其说无据。

如据韩宣子聘于鲁，见《易象》而称周公之德，以此知《易象》系于周公，故谓周公作爻辞。然韩宣子并及鲁之《春秋》，《春秋》岂周公作耶？如据“王用享于岐山”，及“箕子之明夷”，及“东邻杀牛不如西邻之禴祭”诸文，以为岐山之王当是文王。文王被囚之时，犹未受命称王；箕子之被囚奴，在武王观兵之后，文王不宜预言明夷，“东邻”指纣，“西邻”指文王。纣尚南面，文王不宜自称己德，以此知爻辞非文王作，而为周公作。

然《禹贡》“导岍及岐”，是岐为名山，远在夏后之世。古帝王必祭山川，安知文王以前，竟无王者享于岐山乎？“箕子”二字，本又读为“荄滋”（**赵宾说**）。且箕子被囚，在观兵以后，亦

156

无实据。《象》传"内文明而外柔顺，以蒙大难，文王以之；内难而能正其志，箕子以之"。并未明言箕子之被办囚奴，且不必被囚然后谓之明夷也。东邻、西邻，不过随意称说，安见东邻之必为纣、西邻之必为文王哉！据此三条，固不能谓爻辞必周公作矣。且《系辞》明言"殷之末世，周之盛德"，而不及周公之时。

孔颖达乃谓文王被囚，固为忧患；周公流言，亦属忧患。此附会之语矣。余谓据《左传》纣囚文王七年，七年之时甚久，卦辞、爻辞，不过五千余字，以七年之久，作五千余字，亦未为多，故应依太史公说，谓为文王作，则与《系辞》相应。

文王作《易》之时，在官卜筮之书，有《连山》《归藏》。文王之《易》与之等列，未必视为独重。且《周易》亦不止一部。《艺文志》"六艺略"首列《周易》十二篇，"数术略"蓍龟家又有《周易》三十八卷。且《左传》所载筮辞，不与《周易》同者甚多。成季将生，筮得《大有》之《乾》曰："同复于父，敬如君所。"秦缪伐晋，筮遇《蛊》，曰："千乘三去，三去之余，获其雄狐。"皆今《周易》所无。解之者疑为《连山》《归藏》。然《左传》明言以《周易》筮之，则非《连山》《归藏》也。

余谓此不足疑，三十八卷中，或有此耳。今《周易》六十四卦，三百八十四爻，而焦延寿作《易林》，以六十四自乘，得四千九十六条。安知周代无《易林》一类之书，别存于《周易》之外乎？盖《连山》《归藏》《周易》，初同为卜筮之书；上下二篇之《周易》与三十八卷之《周易》，性质相同，亦无高下之分，至孔子赞《易》，乃专取文王所演者耳。

《易》何以称《易》，与夫《连山》《归藏》，何以称《连山》《归藏》，此颇费解。郑玄注《周礼》曰："《连山》，似山出内气变也；《归藏》者，万物莫不归而藏于中也。"皆无可奈何而强为之辞。盖此二名本不可解。"周易"二字，"周"为代名，不必深论；"易"之名，《连山》《归藏》《周易》之所共。《周礼》，太卜掌三《易》之法，《连山》《归藏》均称为《易》。然"易"之义不可解。

　　郑玄谓"易"有三义：易简，一也；变易，二也；不易，三也。"易简"之说，颇近牵强。然古人说《易》，多以"易简"为言。《左传》：南蒯将叛，以《周易》占之。子服惠伯曰："《易》不可以占险。"则"易"有"平易"之意，且直读为"易"（去声）矣。"易"者变动不居，周流六虚，不可为典要，惟变所适，则"变易"之义，最为"易"之确诂。惟"不易"之义，恐为附会，既曰"易"，如何又谓之"不易"哉！又《系辞》云："生生之谓易。"此义在变易、易简之外，然与字义不甚相关。故今日说《易》，但取变易、易简二义，至当时究何所取义而称之曰《易》，则不可知矣。

　　孔子赞《易》之前，人皆以《易》为卜筮之书。卜筮之书，后多有之，如东方朔《灵棋经》之类是。古人之视《周易》，亦如后人之视《灵棋经》耳。赞《易》之后，《易》之范围益大，而价值亦高。《系辞》曰："夫《易》何为者也？夫《易》开物成务，冒天下之大道，如斯而已者也。"孔子之言如此，盖发展社会，创造事业，俱为《易》义所包矣。此孔子之独识也。文王作《易》，付之太卜一流。卜筮之徒，不知文王深意，至孔子乃视为穷高极远，于是《周易》遂为"六经"之一。

秦皇焚书，以《易》为卜筮之书，未之焚也。故自孔子传商瞿之后，直至田何，中间未尝断绝。不如《尚书》经孔子删定之后，传授不明，至伏生，突然以传《书》著称。亦不如《诗经》删定之后，传授不明，至辕固生、韩婴等突然以传《诗》著称也。《鲁诗》虽云浮丘伯受于荀卿，而荀卿之前不可知；《毛诗》虽云传自子夏，然其事不见于《艺文志》，亦不见于《汉书·儒林传》。惟《易》之传授最为清楚：自商瞿一传至桥庇子庸；二传至䏿臂子弓，三传至周丑子家，四传至孙虞子乘，五传而至田何。其历史明白如此，篇章亦未有阙脱（《艺文志》：《周易》十二篇，施、孟、梁丘三家）。向来说经者，往往据此疑彼，惟《易》一无可疑。以秦火未焚，汉仍完整也。

欧阳修经学疏浅，首疑《系辞》非孔子作，以为《系辞》中有"子曰"字，决非孔子自道。然《史记》自称"太史公曰"，太史公下腐刑时，已非太史令矣。而《报任少卿书》犹自称"太史公"。即欧阳修作《秋声赋》亦自称"欧阳子"，安得谓《史记》非太史公作、《秋声赋》非欧阳修作哉！商瞿受《易》之时，或与孔子问答，退而题"子曰"字，事未可知，安得径谓非孔子作哉！欧阳修无谓之疑，犹不足怪，后人亦无尊信之者。

近皮锡瑞经学颇有工夫，亦疑《易》非文王作，以为卦辞、爻辞皆孔子作。夫以卦辞、爻辞为孔子作，则《系辞》当非孔子作矣。然则《系辞》谁作之哉？皮氏于此未能明言。夫《易》自商瞿至田何，十二篇师师相传，并未有人增损。晋人发冢，得《周易》上下经，无"十翼"。此不足怪，或当时但录经文，不录十翼耳。《系辞》明言"《易》之兴也，其当殷之末世，周之盛德邪？当文王与纣之事邪？"如上下经为孔子作。则不得不推翻此二语。且田何所传，已有《系辞》。田何上去孔子，不及三百年，亦如今之去顾亭林耳。人纵疏于考证，必不至误认顾亭林书为唐宋人书也。又"文言"二字，亦有异解。梁武帝谓，"文言者，文王之言也"。

今按"元者善之长也，亨者嘉之会也，利者义之和也，贞者事之干也。君子体仁足以长人，嘉会足以合礼，利物足以和义，贞固足以干事"，此五十字为穆姜语，惟"体仁"作"体信"略异。穆姜在孔子前，故梁武帝谓为"文王之言"。然文王既作卦辞曰"元亨利贞"，而又自作文言以解之，恐涉词费。由今思之，或文王以后，孔子以前，说《易》者发为是言，而孔子采之耳。所以题曰"文言"者，盖解释文王之言。

《史记·孔子世家》："孔子晚而喜《易》，读《易》韦编三绝。"如孔子以前，但有六十四卦之名，亦何须数数披览，至于韦编三绝耶？必已有五千余字，孔子披览之勤，故韦编三绝也。陈希夷辈意欲超过孔了，创"先天八卦"之说。不知八卦成列，由观象于天、观法于地而来，其方位见于《说卦》传（即陈希夷所谓"后天八卦"）。

当时所观之天，为全世界共见之天，所观之地，则中国之地也。今以全地球言之，中国位东半球之东部。八卦方位，就中国所见而定。乾在西北者，中国之西北也。坤在西南者，中国之西南也。古人以北极标天，以昆仑标地。就中国之地而观之，北极在中国西北，故乾位西北。昆仑在中国西南，故坤位西南。正南之离为火，即赤道。正北之坎为水，即翰海。观象观法，以中国之地为本，故八卦方位如此。后之"先天八卦"，乾在南而坤在北，与天文、地理全不相应。作先天八卦者，但知乾为高明之象，以之标阳，坤为沉潜之象，以之标阴，遂谓坤应在北，乾应在南。不知"仰观俯察"，非言阴阳，乃言方位耳。《礼》："圜丘祭天，方泽祭地。"郑玄注：祭天谓祭北极、祭地谓祭昆仑。人以北极昆仑，分标天地，于此可见先天八卦为无知妄作矣。

《汉书·五行志》刘歆曰："伏羲氏继天而王，受《河图》，而则画之，八卦是也。禹治洪水，赐《洛书》，法而陈之，《洪范》是也。"然不知所谓《图》《书》者何物也。至宋刘牧以《乾凿度》九宫之法为《河图》，又以生数就成数依五方图之，以为《洛书》。更有《洞极经》亦言《河图》《洛书》，则如刘牧之说而互易之，以五方者为图，九宫者为书。然郑氏、虞氏说《易》，并不以九宫、五方为图、书。桓谭《新论》曰："《河图》《洛书》，但有征兆而不可知。"是汉人虽说《河图》《洛书》，却未言图、书为何象，宋人说《易》，创为河洛及先天八卦图。朱晦庵《易本义》亦列此图。其实先天图书荒唐悠谬，要当以左道视之，等之天师一流可矣。

其余说《易》者，汉儒主象数，王弼入清谈。拘牵象数，固非至当。流入清谈，亦非了义（《乾》《坤》二卦，以及《既济》《未济》，以清谈释之，说亦可通。然其他六十卦，恐非清谈所能了也）。《系辞》云："夫《易》开物成务，冒天下之道。"谓"冒天下之道"，则佛法自亦在内。李鼎祚《集解序》云："权舆三数，钤键九流。"详李氏此说，非但佛法在内，墨、道、名、法，均入《易》之范围矣。然李氏虽作此说，亦不能有所发明。孔颖达云："《易》理难穷。虽复玄之又玄，至于垂范作则，便是有而教有。若论住内、住外之空，就能、就所之说，斯乃义涉于释氏，非为教于孔门。"然《正义》依王、韩为说，往往杂以清谈。后之解者，因清谈而入佛法，虽为孔氏所不取，然《易》理亦自包含佛法。论说经之正则非但佛法不可引用，即《老子》"玄之又玄"之语，亦不应取。如欲穷究《易》理，则不但应取老、庄，即佛亦不得不取。其他九流之说，固无妨并采之矣。

《礼记·经解》曰："《易》之失贼。"此至言也。尚清谈者，犹不致贼。如以施之人事，则必用机械之心。用机械之心太过，既不自觉为贼矣。盖作《易》者本有忧患，故曰"其辞危"。危者使平，易者使倾，若之何其不贼也！若蔡泽以"亢龙"说范雎，取范雎之位而代之，此真可谓贼矣。夫蔡泽犹浅言之耳。当文王被囚七年，使四友献宝，纣见宝而喜，曰："谮西伯者，乃崇侯虎也。"则文王亦何尝讳贼哉！论其大者远者，所谓"开物成务，冒天下之道"是矣。"冒天下之道"者，权舆三教也。"开物成务"者，钤键九流也。然不用权谋，则不能开物成务；不极玄妙，则不能冒天下之道。管辂谓，善《易》者不言《易》。然则真传《易》者，正恐不肯轻道阴阳也。以上讲《周易》大概。

尚书

《尚书》分六段讲：一、命名。二、孔子删《书》。三、秦焚书。四、汉今古文之分。五、东晋古文。六、明清人说《尚书》者。

一、命名

周秦之《书》，但称曰《书》，无称《尚书》者。"尚书"之名，见于《史记·五帝本纪》《三代世表》及《儒林传》。《儒林传》云："伏生以二十九篇教于齐鲁之间，学者由是颇能言《尚书》。"又云："孔氏有古文《尚书》。"则今、古文皆称《尚书》也。何以称之曰《尚书》？伪孔《尚书序》云："以其上古之书，谓之《尚书》。"此言不始于伪孔，马融亦谓上古有虞氏之书，故曰《尚书》，而郑玄则以为孔子尊而命之曰《尚书》。然孔子既命之曰《尚书》，何以孔子之后，伏生之前，传记子书无言《尚书》者？恐《尚书》非孔子名之，汉人名之耳。何以汉人名之曰《尚书》？盖仅一"书"字不能成名，故为此累言尔。《书》包虞、夏、商、周四代文告，马融独称虞者，因《书》以《尧典》

《舜典》开端，故据以为名。亦犹《仪礼》汉人称《士礼》耳（《仪礼》不皆士礼，亦有诸侯大夫礼。所以称《士礼》者，以其首篇为《士冠礼》也）。

哀平以后，纬书渐出，有所谓《中候》者（汉儒谓孔子定《书》一百二十篇，百两篇为《尚书》，十八篇为《中候》）。"中候"，官名。以中候对尚书，则以尚书为官名矣（汉尚书令不过千石，分曹尚书六百石，位秩虽卑，权任实大。北军中候六百石，掌监五营。汉人以为文吏位小而权大者尚书，武臣位小而权大者中候，故以为四）。此荒谬之说，不足具论。要之《尚书》命名，以马融说为最当。

二、孔子删《书》

孔子删《书》，以何为凭？曰，以《书序》为凭。《书序》所有，皆孔子所录也。然何以知孔子删《书》而为百篇，焉知非本是百篇而孔子依次录耶？曰，有《逸周书》在，可证《尚书》本不止百篇也。且《左传》载封伯禽、封唐叔皆有诰。今《书》无之，是必为孔子所删矣。至于《书》之有序，与《易》之有《序卦》同。《序卦》孔子所作，故汉人亦以《书序》为孔子作。他且勿论，但观《史记·孔子世家》曰："孔子序《书传》，上纪唐虞之际，下至秦缪，编次其事。"是太史公已以《书序》为孔子作矣（夏、殷本纪多采《书序》之文）。

《汉书·艺文志》本向、歆《七略》，亦曰："《书》之所起远矣，至孔子纂焉，上断于尧，下讫于秦，凡百篇，而为之序。"

是刘氏父子亦以《书序》为孔子作矣。汉人说经，于此并无异词。然古文《尚书》自当有序，今文则当无序，而今《熹平石经》残石，《书》亦有序，甚可疑也。或者今人伪造之耳。何以疑今文《尚书序》伪也？刘歆欲立古文时，今文家诸博士不肯，谓《尚书》惟有二十八篇，不信本有百篇，如有《书序》，则不至以《尚书》为备矣。

《书序》有数篇同序，亦有一篇一序者。《尧典》《舜典》，一篇一序也。《大禹谟》《皋陶》《弃稷》三篇同序也。数篇同序者，《书序》所习见，然扬子《法言》曰："昔之说《书》者序以百，而《酒诰》之篇俄空焉。"盖《康诰》《酒诰》《梓材》三篇同序，而扬子以为仅《康诰》有序，《酒诰》无序。或者《尚书》真有无序之篇，以《酒诰》为无序，则《梓材》亦无序。今观《康诰》曰："周公咸勤乃洪大诰治。王若曰，孟侯，朕其弟，小子封。""王"者，周公代王自称之词，故曰孟侯朕其弟矣。《酒诰》称："成王若曰，明大命于妹邦。"今文如此，古文马、郑、王本亦然。马融之意，以为"成"字后录者加之。然康叔始封而作《康诰》，与成王即政而作《酒诰》，年代相去甚久，不当并为一序。故扬子以为"《酒诰》之篇俄空焉"。不但《酒诰》之序俄空，即《梓材》亦不能确知为何人之语也。

汉时古文家皆以《书序》为孔子作，唐人作《五经正义》时，并无异词。宋初亦无异词。朱晦庵出，忽然生疑。蔡沈作《集传》，遂屏《书序》而不载。晦庵说经，本多荒谬之言，于《诗》不信小序，于《尚书》亦不信有序。

《后汉书》称卫宏作《诗序》。卫宏之序，是否即小序，今不可知，晦庵以此为疑，犹可说也。《书序》向来无疑之者，乃据《康诰》"王若曰孟侯朕其弟"一语而疑之，以为如"王"为成王，则不应称康叔为弟。如为周公，则周公不应称王，心拟武王。而《书序》明言"成王既伐管叔、蔡叔，以殷余民封康叔"，知其事必在武康叛灭之后，决非武王时事。无可奈何，乃云《书序》伪造。不知古今殊世，后世一切官职皆可代理，惟王不可代；古人视王亦如官吏，未尝不可代。生于后世，不能再见古人。如生民国，见内阁摄政，而布告署大总统令，则可释然于周公之事矣。《诗》是文言，必须有序，乃可知作诗之旨。

《书》本叙事，似不必有序。然《尚书》有无头无尾之语，如《甘誓》"大战于甘，乃召六卿"，未明言谁与谁大战。又称"王曰，嗟六事之人，予誓告汝，有扈氏威侮五行，怠弃三正"，亦不明言王之为谁。如无《书序》，"启与有扈战于甘之野"一语，真似冥冥长夜，终古不晓矣（孔子未作《书序》之前，"王"字当有异论，其后《墨子》所引《甘誓》以王为禹）。

《商书序》称王必举其名，本文亦然。《周书》与《夏书》相似，王之为谁，皆不可知。《吕刑》穆王时作，本文但言王享国百年，《序》始明言穆王。如不读《序》，从何知为穆王哉！是故《书》无序亦不可解。自虞夏至孔子时，《书》虽未有序，亦必有目录之类，历古相传，故孔子得据以为去取，否则孔子将何以删《书》也？《书序》文义古奥，不若《诗序》之平易，决非汉人所能伪造。自《史记》已录《书序》原文，太史公受古文于孔安国，安国得之壁中，则壁中《书》已有序矣。然自宋至明，读《尚书》者，皆不重《书序》，梅鷟首发伪古文之复，亦以《书序》为疑。习非胜是，虽贤者亦不能免。不有清儒，则《书序》之疑，至今仍如冥冥长夜尔。

孔子删《书》，传之何人，未见明文。《易》与《春秋》三传，为说不同，其传授源流皆可考。《诗》《书》《礼》则不可知（子夏传《诗》，未可信据）。盖《诗》《书》《礼》《乐》，古人以之教士，民间明习者众。孔子删《书》之时，习《书》者世多有之，故不必明言传于何人。《周易》《春秋》特明言传授者，《易》本卜筮之书，《春秋》为国之大典，其事秘密，不以教士（此犹近代实录，不许示人），而孔子独以为教，故须明言为传授也。伏生《尚书》，何从受之不可知。孔壁古文既出，孔安国读之而能通。安国本受《尚书》于申公（此事在伏生之后），申公但有传《诗》、传《榖梁》之说，其传《尚书》事，不载本传，何所受学，亦不可知。盖七国时通《尚书》者尚多，故无须特为标榜耳。

孔子删《书》百篇之余为《逸周书》。今考《汉书·律历志》所引《武成》，与《逸周书·世俘解》词句相近，疑《世俘解》即《武成篇》。又《箕子》一篇，录入《逸周书》，今不可见，疑即今之《洪范》。逸书与百篇之书文字出入，并非篇篇不同。盖《尚书》过多，以之教士，恐人未能毕读，不得不加以删节，亦如后之作史者，不能将前人实录字字录之也。删《书》之故，不过如此。虽云《书》以道事，然以其为孔子所删，而谓篇篇皆是大经大法，可以为后世模楷，正未必然。即实论之，《尚书》不过片断之史料而已。

三、秦焚书

秦之焚书，《尚书》受厄最甚。揆秦之意，何尝不欲全灭"六经"，无如《诗》乃口诵，易于流传。《礼》在当时，已不甚行，不须严令焚之，故禁令独重《诗》《书》，而不及《礼》（李斯奏言"有敢藏《诗》《书》百家语者，悉诣守尉杂烧之。有敢偶语《诗》《书》，弃市"）。盖《诗》《书》所载，皆前代史迹，可作以古非今之资，《礼》《乐》，都不甚相关。《春秋》事迹最近，最为所忌，特以柱下史张苍藏《左传》，故全书无缺。《公羊传》如今之讲义，师弟问答，未著竹帛，无从烧之。

《榖梁》与《公羊》相似，至申公乃有传授。《易》本卜筮，不禁。惟《尚书》文义古奥，不易熟读，故焚后传者少也。伏生所藏，究有若干篇，今不可知，所能读者二十九篇耳。孔壁序虽百篇，所藏止五十八篇。知《书》在秦时，已不全读，如其全读，何不全数藏之。盖自荀卿隆礼仪而杀《诗》《书》，百篇之书，全读者已少，故壁中《书》止藏五十八篇也。此犹《诗》在汉初虽未缺，而治之者或为《雅》，或为《颂》，鲜有理全经者。

又《毛传》《鲁诗》，皆以《国风》《大、小雅》《颂》为四始，而《齐诗》以水、木、火、金为四始。其言卯、酉、午、戌、亥五际，亦但取《小雅》《大雅》而不及《颂》。盖杀《诗》《书》之影响如此。然则首篇之《书》，自孔壁已不具。近人好生异论，盖导原于郑樵。郑樵之意以为秦之焚书，但焚民间之书，不焚博士官所藏。其实郑樵误读《史记》文句，故有此说。

《史记》载李斯奏云："臣请史官非秦记皆烧之，非博士官所职，天下敢有藏《诗》《书》百家语者，悉诣守尉杂烧之。"此文本应读："天下敢有藏《诗》《书》百家语非博士官所职者"，何以知之？以李斯之请烧书，本为反对博士淳于越，岂有民间不许藏《诗》《书》，而博士反得藏之之理？《叔孙通传》，陈胜起山东，二世召博士诸生问曰："楚戍卒攻蕲入陈，于公如何？"博士诸生三十余人前，曰："人臣无将，将即反，罪死无赦，愿陛下急发兵击之。"二世怒作色。叔孙通前，曰："诸生言皆非也。明主在其上，法令具于下，人人奉职，四方辐辏，安敢有反者！此特群盗鼠窃狗盗耳。"二世喜曰："善！"令御史案诸生言反者下吏，曰非所宜言。

今案"人臣无将"二语，见《公羊传》。于是《公羊》尚未著竹帛，然犹以非所宜言得罪，假如称引《诗》《书》，其罪不更重哉！李斯明言"有敢偶语《诗》《书》者弃市"，如何博士而可藏《诗》《书》哉（李斯虽奏偶语《诗》《书》者弃市，然其谏二世有曰："放弃《诗》《书》，极意声色，祖伊所以惧也。"此李斯前后相背处）。郑樵误读李斯奏语，乃为妄说，以归罪于项羽。

近康有为之流，采郑说而发挥之。遂谓秦时"六经"本未烧尽，博士可藏《诗》《书》，伏生为秦博士，传《尚书》二十九篇，以《尚书》本止有二十九篇故（《新学伪经考》主意即此）。二十九篇之外，皆刘歆所伪造。余谓《书序》本有《汤诰》，壁中亦有《汤诰》原文，载《殷本纪》中。如谓二十九篇之外，皆是刘歆所造，则太史公焉得先采之。于是崔适谓《史记》所载不合二十九篇者，皆后人所加（《史记探源》如此说）。由此说推之，凡古书不合己说者，无一不可云伪造。即谓尧舜是孔子所伪造，孔子是汉人所伪造，秦皇焚书之案亦汉人所伪造，迁、固之流皆后人所伪造，何所不可！充类至尽，则凡非目见而在百年以外者，皆不可信。凡引经典以古非今者，不必焚其书，而其书自废。呜呼！秦火之后，更有灭学之祸什佰于秦火者耶？

四、汉今古文之分

汉人传《书》者，伏生为今文，孔安国为古文，此人人所共知。《史记·儒林传》云："伏生故为秦博士，孝文时，欲求能治《尚书》者，天下无有，乃闻伏生能治，欲召之。时伏生年九十余，老不能行。于是乃诏太常使掌故晁错往受之。秦时禁书，伏生壁藏之。其后兵大起，流亡。汉定，伏生求其书，亡数十篇，独得二十九篇，即以教于齐鲁之间。"其叙《尚书》源流彰明如此，可知伏生所藏，原系古文，无所谓今文也。且所藏不止二十九篇，其余散失不可见耳。晁错本法吏，不习古文。伏生之徒张生、欧阳生辈，恐亦非卓绝之流，但能以隶书迻写而已，以故二十九篇变而为今文也。其后刘向以中古文校伏生之《书》，《酒诰》脱简一，《召诰》脱简二，文字异者七百有余。文字之异，或由于张生、欧阳生等传写有误，脱简则当由壁藏断烂，然据此可知郑樵、康有为辈以为秦火不焚博士之书谬。如博士之书可以不焚，伏生何必壁藏之耶？

170

《儒林传》称伏生得二十九篇，而刘歆《移让太常博士》云："《泰誓》后得，博士而赞之。"又《论衡·正说篇》云："孝宣皇帝时，河内女子发老屋，得逸《易》《礼》《尚书》各益一篇，而《尚书》二十九篇始定。"然则伏生所得本二十九篇乎？抑二十八篇乎？余谓太史公已明言二十九篇，则二十九篇之说当可信。今观《尚书大传》，有引《泰誓》语。《周本纪》《齐世家》亦有之。武帝时董仲舒、司马相如、终军辈，均太初以前人，亦引《泰誓》。由此可知，伏生本有二十九篇，不待武帝末与宣帝时始为二十九篇也。意者伏生所传之《泰誓》，或脱烂不全，至河内女子发屋，才得全本。

今观汉、唐人所引，颇有出《尚书大传》外者，可见以河内女子补之，《泰誓》始全也。马融辈以为《左传》《国语》《孟子》所引皆非今人之《泰誓》。《泰誓》称白鱼跃入王舟，火流为乌，语近神怪，以此疑今之《泰誓》。然如以今之《泰誓》为伏生所伪造，则非也。河内女子所得者，秦以前所藏，亦非伪造。以余观之，今之《泰誓》，盖当时解释《泰誓》者之言。《周语》有《泰誓故》，疑伏生所述，即《泰誓故》也。不得《泰誓》，以《泰誓故》补之，亦犹《考工记》之补《冬官》矣。然《泰誓》之文，确有可疑者。所称八百诸侯，不召自来，不期同时，不谋同辞，何其诞也！

武王伐纣如有征调，当先下令。不征调而自来，不令而同时俱至，事越常理，振古希闻。据《乐记》，孔子与宾牟贾论大武之言曰："久立于缀，以待诸侯之至也。"可见诸侯毕会，亦非易事。

焉得八百诸侯，同时自来之事耶！此殆解释《泰誓》者张大其辞，以耸人听闻耳。据《牧誓》，武王伐纣，虽有友邦冢君，然誓曰："逖矣，西土之人。"可知非西土之人，武王所不用也。又曰"庸蜀羌髳微卢彭濮人。"庸、蜀、羌、髳、微、卢、彭、濮，均在周之南部，武王但用此南部之人，而不用诸侯之师者，以庸、蜀诸师本在西方，亲加训练，而东方诸侯之师，非其所训练者也。所以召东方诸侯者，不过壮声势扬威武而已（此条马融疑之，余亦以为可疑）。

又观兵之说，亦不可信。岂有诸侯既会，皆曰可伐，而武王必待天命，忽然还师之理乎！是故伏生《泰誓》不可信。若以《泰誓》故视之，亦如《三国志》注采《魏略》《曹瞒传》之类，未始可不为参考之助也。《泰誓》亦有今古文之别。"流为乌"，郑注："古文乌为雕。"盖古文者，河内女子所发；今文者，伏生所传也（此古文非孔壁所得）。伏生发藏之后，张生、欧阳生传之。据《史记·娄敬传》，高帝时，娄敬已引"八百诸侯"之语。又《陆贾传》称陆生时时前称说《诗》《书》，可见汉初尚有人知《尚书》者，盖娄敬、陆贾早岁诵习而晚失其书。故《儒林传》云"孝文时求为《尚书》者，天下无有"。"无有"者，必无其书耳。然《贾谊传》称，谊年十八，以能诵《诗》属《书》闻于郡中。其时在文帝之前。《诗》本讽诵在口，《尚书》则在篇籍矣。可知当时传《书》者，不仅伏生一人，特伏生为秦博士，故著名尔。

《尚书》在景帝以前，流传者皆今文。武帝初，鲁恭王坏孔子宅，得古文《尚书》，孔安国献之。（据《史记》《汉书》及《说文序》所引，所得不止《尚书》一种）。孔安国何以能通古文《尚书》？以其本治《尚书》也。伏生传《书》之后，未得壁经之前，《史记》称鲁周霸、孔安国、洛阳贾嘉颇能言《尚书》事（孔安国、周霸皆申公弟子。申公之治《尚书》于此可见。贾谊本诵《诗》《书》，故其孙嘉亦能治《尚书》）。孔安国为博士，以《书》教授。儿宽初受业于欧阳生，后又受业于安国。所以然者，以欧阳生本与孔安国本不同耳。儿宽之徒，为欧阳高，大小夏侯。欧阳、大小夏侯三家，本之儿宽，而儿宽本之孔安国。孔安国非本之伏生，则汉之所谓今文《尚书》者，名为伏生所传，实非伏生所传也。三家《尚书》，亦有孔安国说，今谓三家悉伏生，未尽当也。今文《尚书》之名见称于世，始于三国，而非始于汉人。

人皆据《史记·儒林传》"孔氏有古文《尚书》，而安国以今文读之"一语，谓孔安国以今文《尚书》翻译古文，此实不然。《汉书》称孔安国"以今文字读之"，谓以隶书读古文耳。孔安国所得者为五十八篇，较伏生二十九篇分为三十四篇者，实多二十四篇。二十四篇中《九共》九篇，故汉人通称为十六篇。孔安国既以今文字读之，而《史记》又谓《逸书》得十余篇，《尚书》兹多于是。可知孔安国非以伏生之书读古文也，盖汉初人读古文者犹多，本不须伏生之《书》对勘也。

孔安国之《书》，授都尉朝，都尉朝授胶东庸生，庸生授胡常，常授徐敖，敖授王璜、涂恽。自孔至王、涂，凡五传。王涂至王莽时，古文《尚书》立于学官。涂传东汉贾徽。太史公从孔安国问，《汉书》称迁书载《尧典》《禹贡》《洪范》《微子》《金滕》诸篇多古文说。然太史公所传者，不以伏生之《书》为限。故《汤诰》一篇，《殷本纪》载之。

哀帝时，刘歆欲以古文《尚书》立学官，博士不肯（博士抱残守缺，亦如今之教授已不能讲，不愿人讲也），歆移书让之。王莽时，乃立于学官。莽败，说虽不传，书则具存。盖古文本为竹简，经莽乱而散失，其存者惟传钞本耳。东汉杜林，于西州（天水郡，今甘肃秦州）得漆书一篇，林宝爱之，以传卫宏、徐巡（杜林所得必为王莽乱后流传至天水郡者，其后马、郑犹能知逸《书》篇数，郑玄、许慎亦能引之者，盖传写犹可见，而真本则已亡矣），后汉讲古文者自此始（杜林非由孔安国直接传授，早岁学于张敞之孙张竦，林之好古文，盖渊源于张氏）。其后，马融、郑玄注《尚书》，但注伏生所有，不注伏生所无。于孔安国五十八篇不全注。马融受之何人不可知，惟贾逵受《书》于父徽，逵弟子许慎作《说文解字》，是故《说文》所称古文《尚书》，当较马、郑为可信，然其中亦有异同。今欲求安国正传，惟《史记》耳。《汉书》云，迁书《尧典》五篇为古文说。然《五帝本纪》所载《尧典》，与后人所说不同。所以然者，杜林所读与孔安国本人不甚同也。

《说文》"圛"下称"《尚书》曰，圛升云，半有半无"。据郑玄注，称古文《尚书》以弟为圛。而《宋微子世家》引《洪范》"曰雨、曰济、曰涕"，字作"涕"。是太史公承孔安国正传，孔安国作"涕"。而东汉人读之为"圛"，恐是承用今文，非古文也。自清以来，治《尚书》者皆以马、郑为宗，段玉裁作《古文尚书撰异》，以为马、郑是真古文，太史公是今文。不知太史公之治古文，《汉书》具有明文。以马、郑异读，故生异说耳。

古文家所读，时亦谓之古文。此义为余所摘发。治古文者，不可不知、盖古文家传经，必依原本钞写一通，马融本当犹近真，郑玄本则多改字。古文真本今不可见，惟有《三体石经》尚见一斑。《三体石经》为邯郸淳所书，淳师度尚，尚治古文《尚书》。邯郸淳之本，实由度尚而来。据卫恒《四体书势》称，魏世传古文者，惟邯郸淳一人。何以仅得邯郸淳一人，而郑玄之徒无有传者？盖郑玄晚年，书多腐敝，不得于礼堂写定，传与其人。故传古文者，仅一邯郸淳也。今观《三体石经》残石，上一字为古文，中一字为篆文，下一字为隶书。篆书往往与上一字古文不同，盖篆书即古文家所读之字矣。例始《三体石经·无逸篇》，"中宗"之"中"，上一字为"中"，下一字为"仲"，此即古文家读，"中，仲也"。考《华山碑》，亦称宣帝为"仲宗"。欧阳修疑为好奇，实则汉人本读"中"为"仲"也。

今文为欧阳，大、小夏侯为三家，传至三国而绝，然蔡邕《熹平石经》犹依今文。今欲研究今文，只可求之《汉书》《后汉书》及汉碑所引。然汉碑所引，恐亦有古文在。

五、东晋古文

今之《尚书》，乃东晋之伪古文（据《尚书正义》引《晋书》，定为郑冲所作）以马、郑所有者，分《尧典》为《舜典》（《舜典》，《书序》中本有），更分《皋陶谟》为《益稷》，又改作《泰誓》，此外又伪造二十五篇。不但伪造经，且伪造传（亦称孔传）。自西晋开始伪造以后，更四十余年，至东晋梅赜始献之。字体以古文作隶书，名曰隶古定。人以其多古字，且与《三体石经》相近，遂信以为真孔氏之传，于是，众皆传之。甚至孔颖达作《尚书正义》，亦以马、郑为今文矣。

梅赜献书之时，缺《舜典》一篇，分《尧典》"慎徽五典"以下为《舜典》之首。至齐建武四年姚方兴献《舜典》，于"慎徽五典"之上加"曰若稽古，帝舜"等十二字，而梁武帝时为博士，议曰："孔序称伏生误合五篇，皆文相承接，所以致误。"《舜典》首有"曰若稽古"，伏生虽错乱，何容合之？遂不行用。然其后江南皆信梅书，惟北朝犹用郑本耳。隋一天下，采南朝经说，乃纯用东晋古文，即姚方兴十二字本也。其后又不知如何增为二十八字，今注疏本是已。

东晋古文，又有今文、古文之分，以隶古定传授不易，故改用今文写之，传之者有范宵等。唐玄宗时，卫包以古文本改为今文，用隶书写之，唐石经即依是本，然《经典释文》犹未改也（宋开宝初始改）。唐宋间亦多有引古文《尚书》者，如颜师古之《匡谬正俗》，玄应之《一切经音义》，郭忠恕之《汗简》，徐锴之《说文系传》皆是。宋仁宗时，宋次道得古文《尚书》，传至南宋，薛季宣据以作训，而段玉裁以为宋人假造，然以校《汗简》及足利本《尚书》，均符合。要之，真正古文，惟《三体石经》可据。东晋古文则以薛季宣本、敦煌本、足利本为可据耳。

六、明清人说《尚书》者

明正德时，梅鷟始攻东晋古文之伪。梅鷟之前，吴械、朱熹，亦尝疑之，以为岂有古文反较今文易读之理？至梅鷟出，证据乃备（梅鷟不信孔安国得古文《尚书》，以为东晋古文即成帝时张霸伪造之百两篇，然校《汉书》原文，可知其误。张霸之百两篇，分析众篇，略加首尾而已。东晋古文，非从二十九篇分出，自非张霸本也。此梅鷟之误）。

清康熙时，阎若璩作《古文尚书疏证》，始知郑康成《尚书》为真本。阎氏谓《孟子》引父母使舜完廪一段，为《舜典》之文，此说当确。惠栋《古文尚书考》，较阎氏为简要。其弟子江声（艮庭），作《尚书集注音疏》，于今文、古文不加分别。古文"钦明文思安安"，今文作"钦明文塞宴宴"，东晋古文犹作"钦明文思安安"。江氏不信东晋古文，宁改为"文塞宴宴"。于是王鸣盛（西庄）作《尚书后案》，一以郑康成为主，所不同者，概行驳斥，虽较江为可信，亦非治经之道。至孙星衍作《尚书今古文注疏》，古文采马、郑本，今文采两《汉书》所引，虽优于王之墨守，然其所疏释，于本文未能联贯。盖孙氏学力有余，而识见不足，故有此病。

今人以为孙书完备，此亦短中取长耳。要之，清儒之治《尚书》者，均不足取也。今文家以陈寿祺、乔枞父子为优。凡汉人《书》说皆入网罗，并不全篇下注，亦不问其上下文义合与不合。所考今文，尚无大谬。其后魏源（默深）作《书古微》，最为荒谬。魏源于陈氏父子之书，恐未全见，自以为采辑今文，其实亦不尽合。源本非经学专家，晚年始以治经为名，犹不足怪。近皮锡瑞所著，采陈氏书甚多。陈氏并无今古是否之论，其意在网罗散失而已。皮氏则以为今文皆是，古文皆非。其最荒谬者，《史记》明引《汤诰》（在伏生二十九篇之外），太史公亦明言"年十岁，诵古文"，而皮氏以为此所谓古文，乃汉以前之书，非古文《尚书》也。此诚不知而妄作矣。

古文残阙，《三体石经》存字无几，其他引马、郑之言，亦已无多，然犹有马、郑之绪余在。今日治《书》，且当依薛季宣《古文训》及日本足利本古文，删去伪孔所造二十五篇，则本文已足。至训释一事，当以"古文《尚书》读应《尔雅》"一言为准。以《尔雅》释《书》，十可得其七八，斯亦可矣。王引之《经义述闻》，解《尚书》者近百条，近孙诒让作《尚书骈枝》，亦有六七十条，义均明确，犹有不合处。余有《古文尚书拾遗》，自觉较江、王、孙三家略胜，然全书总未能通释，此有待后贤之研讨矣。

古人有言："昔吾有先正，其言明且清。"训诂之道，虽有古今之异，然造语行文，无甚差池，古人决不至故作不可解之语。故今日治《书》，当先求通文理。如文理不通，而高谈微言大义，失之远矣。不但治经如此，读古书无不如此也。

诗经

　　《虞书》曰："诗言志，歌永言，声依永，律和声。"先有志而后有诗。诗者，志之所发也。然有志亦可发为文。诗之异于文者，以其可歌也。所谓"歌永言"，即诗与文不同之处。"永"者，延长其音也。延长其音，而有高下洪纤之别，遂生宫、商、角、徵、羽之名。"律"者，所以定声音也。既须"永言"，又须"依永"，于是不得不有韵（急语无收声，收声即有韵，前后句收声相同，即韵也）。诗之有韵，即由"歌永言"来。

　　《虞书》载"元首明哉，股肱良哉，庶事康哉""元首丛脞哉，股肱惰哉，万事堕哉"二歌，可见尧、舜时已有诗。《尚书大传》有《卿云之歌》，汉初人语，未必可信。《乐记》云："舜作五弦之琴以歌《南风》。"今所传《南风歌》，出王肃《家语》，他无所见，亦不可信。唐虞之诗，要以二《典》所载为可信耳。郑康成《诗谱序》云："有夏承之，篇章泯弃，靡有孑遗。"而今《尚书》载《五子之歌》，可知其为晋人伪造也。《诗谱序》又云："降及商王，不风不雅。"此谓商但有《颂》，《风》《雅》不可见矣。《周礼·太师》："教六诗：曰风、曰赋、曰比、曰兴、曰雅、曰颂。"赋、比、兴与风、雅、颂并列，则为诗体无疑。今《毛传》言"兴"者甚多，恐非赋、比、兴之"兴"耳。赋体后世盛行，《毛传》以"升高能赋"为九能之一，谓之德音。周末屈原、荀卿俱有赋。赋既在风、雅、颂之外，比、兴当亦若是。惟孔子删诗，存风、雅、颂而去赋、比、兴。

《郑志》答张逸问："赋、比、兴，吴札观诗已不歌。"盖不歌而诵谓之赋，赋不可歌，与风、雅、颂异，故季札不得闻也（比、兴不知如何）。赋、比、兴之外，又有"九德之歌"。《左传》却缺曰："九功之德，皆可歌也，谓之九歌。六府三事，谓之九功。水、火、金、木、土、谷，谓之六府；正德、利用、厚生谓之三事。"合之为十五种，今《诗》仅存风、雅、颂三种。

《诗大序》："风，讽也。""雅，正也。""颂者，美盛德之形容，以其成功告于神明者也。"风，有讽谕之义。雅之训正，读若《尔雅》之"雅"。然风雅颂之"雅"，恐本不训"正"。《说文》："疋，古文以为《诗·大雅》字。"一曰，疋，记也。"疋"即今"疏"字。然则诗之称"疋"，纪事之谓，亦犹后世称杜工部诗曰"诗史"。故《大雅》《小雅》无非纪事之诗，或谓"雅"即"雅乌"。

孔子曰："乌，盱呼也。"李斯《谏逐客书》："击瓮叩缶，弹筝搏髀，而歌呼呜呜快耳者，真秦之声也。"杨恽《报孙会宗书》"家本秦也，能为秦声""仰无抚缶，而呼呜呜"。秦本周地，故大、小雅皆以"雅"名（所谓"乌乌秦声"者，即今之梆子腔也）。此亦可备一说。余意《说文》训"疋"为"记"，乃

"雅"之正义，以其性质言也；"雅乌"可为雅之别一义，以其声调言也。至"正"之一训，乃后起之义。盖以雅为正调，故释之曰正耳。

《诗》以四言为主，取其可歌。然亦有二言、三言以至九言者，惟不多见耳。今按，"肇禋"，二言也；"泂酌彼行潦挹彼注兹"，九言也。一言太短，不可以歌，故《三百篇》无一言之诗。然梁鸿《五噫之歌》曰："陟彼北芒兮，噫！顾览帝京兮，噫！宫室崔嵬兮，噫！人之劬劳兮，噫！辽辽未央兮，噫！"则一言未始不可成句。或者"三百篇"中偶然无一言之句耳，非一言之句必不可歌也。

《诗经》而后，四言渐少。汉世五言盛行，唐则七言为多。八言、九言，偶一为之，三言惟汉《郊祀歌》用之。六言亦不多见。《汉书》所录汉之四言之作，有韦孟《谏诗》一首、《在邹诗》一首，韦玄成《自责诗》一首、《戒子孙诗》一首。西汉之作，传于世者，尽于此矣。魏武帝作短歌，犹用四言，虽格调有异《诗经》，然犹有霸气。至《文选》所录魏、晋间四言之作，语多迂腐。自是之后，四言衰歇，五言盛行。李白谓"兴寄深微，五言不如四言，七言尤其靡也"，然所作《雪谗诗》讥刺杨妃，有乖敦厚之义，或故为大言以欺人耳。又杂言一体，《诗经》所有，汉乐府往往用之，唐人歌行亦用之。夫抒写性情，贵在自由，不宜过于拘束，如必句句字数相同，或不能发挥尽致。故杂言之作，未为不可。今人创新体诗，以杂言为主，可也，但无韵终不成诗耳。（以上论诗之大概）

太史公谓古诗三千余篇，盖合六诗、九德之歌言之。孔子删《诗》，仅取三百余篇，盖以古诗过多，不能全读，故删之尔，或必其余皆不足观也。或谓孔子删《诗》与昭明之作《文选》有异，余意不然。《文选》为总集，《诗经》亦总集，性质正复相似。所谓"自卫反鲁，然后乐正，《雅》《颂》各得其所"者，决非未正以前，《雅》入《颂》、《颂》入《雅》也。《雅》主记事，篇幅舒长；《颂》主赞美，章节简短。但观形式，已易辨别。且其声调又不同，何至相乱，或次序颠倒，孔子更定之耳。

《风》《雅》有正、变（盛周为正，衰周为变）。《颂》无正、变。因《风》《雅》有美有刺，《颂》则有美无刺也。《鲁语》闵马父之言曰："昔正考父校商之名颂十二篇于周太师，以《那》为首。"今《商颂》仅存五篇。其余七篇，或孔子时而已佚矣。据今《商颂》，有商初所作，亦有武丁时所作，而《周颂》皆成王时诗，后则无有。

《孟子》曰："由汤至于武丁，贤圣之君六七作。"故颂声未息，周则成王以后无贤圣也。或以《鲁颂》为僭天子之礼。若然，孔子当屏而不录。孔子录之，将何以说？案《周官·籥章》，吹豳诗以逆暑迎寒，吹幽雅以乐田畯，吹豳颂以息老物。同为《七月》之诗，而风、雅、颂异名者，歌诗之时，其声调三变尔。《豳风》非天子之诗，而可称"颂"，则《鲁颂》称"颂"孔子录之，无可怪也。今观《泮水》《閟宫》之属，体制近雅而不近颂，若以雅为称，则无可讥矣。

《史记·孔子世家》称"三百五篇，孔子皆弦歌之，以求合

《韶》《武》《雅》《颂》之音"。然则今之《诗经》在孔子时无一不可歌也。《汉书·礼乐志》云："河间献王献雅乐,天子下大乐官常存肄之。"是其乐谱尚在。后则可歌者,惟《鹿鸣》《伐檀》等十二篇耳。近人以《鹿鸣》《伐檀》等谱一字一声,无抑扬高下之音,疑为唐人所作。然一字一声,不但《诗经》为然,宋词亦然,姜夔、张炎之谱可证也。一字之谱多声,始于元曲。古人未必如是。孔子曰:"放郑声。"又曰:"恶郑声之乱雅乐。"汉儒解"郑声",以为烦手躑躅之声。张仲景《伤寒论》云:"实则谵语,虚则郑声。""郑声"者,重语也,可见汉人皆读"郑"为"郑重"之郑,"郑声"即一字而谱多声之谓。唐人所重十二诗之谱,一字一声,正是雅乐,无可致疑。(以上论《诗》之可歌)

《诗》以口诵,至秦未焚。汉兴有齐、鲁、毛、韩四家。齐、鲁、韩三家无"笙诗",为三百五篇。毛有"笙诗",为三百十一篇。笙诗有其义而亡其辞,则四家篇数本相同也(笙诗六篇,殆如今之乐曲,有声音节奏而无文词)。所不同者,《小雅》"彼都人士,狐裘黄黄,其容不改,出言有章,行归于周,万民所望"数句,三家所无,而毛独有,此其最著者也。其余文字虽有异同,不如《尚书》今古文之甚。以《诗》为口诵,故无形近之讹耳。

《鲁诗》出自浮邱伯,申公传之,鲁人所传,故曰《鲁诗》。《齐诗》传自辕固生,齐人所传,故曰《齐诗》。《韩诗》传自韩婴,据姓为称,故曰《韩诗》。齐、韩二家,当汉景帝时,在《鲁诗》之后。《毛诗》者,毛公所传,故曰《毛诗》。相传毛公之学出自子夏。三国时吴徐整谓,子夏授高行子,高行子授薛仓子,薛仓子授帛妙子，帛妙子授河间人大毛公。毛公为《诗故训传》于家，授赵人小毛公，小毛公为河间献王博士。而陆玑则谓，子夏传曾申，申传魏人李克，李克传鲁人孟仲子，孟仲子传根牟子，根牟子传赵人孙卿子，孙卿子传鲁人大毛公。由徐整之说，则子夏五传而至大毛公。由陆玑之说，则子夏七传而至大毛公。所以参差者，二家之言，互有详略耳（大毛公名亨，小毛公名苌。今之《诗传》乃大毛公所作，当称毛亨《诗传》，而世皆误以为毛苌，不可不正也）。

《毛诗·丝衣序》引高子曰："灵星之尸也。"《维天之命》传引孟仲子曰："大哉天命之无极，而美周之礼也。"《閟宫》传引孟仲子曰："是禖宫也。"高子、孟仲子，并见《孟子》七篇中。或疑高子即高行子，高行子为子夏弟子，不当与孟子同时。然赵岐注云，高子年长，或"高史"即高行子矣。赵注又云，孟仲子，孟子之从昆弟，学于孟子者也。然则孟子长于《诗》《书》，故高子、孟仲子之说皆为毛公所引。

《汉书·艺文志》谓"齐、鲁、韩三家，咸非《诗》之本义，与不得已，鲁最为近之"。又云："毛公之学，自谓子夏所传。"据此，知向、歆父子不信三家《诗》说。歆让太常博士，欲以《毛诗》立学官，而《七略》不称《毛诗》之优。今观四家之异同，其优劣可得而言。太史公言《关雎》之乱以为《风》始，《鹿鸣》为《小雅》始，《文王》为《大雅》始，《清庙》为《颂》始。其言与《诗大序》"《关雎》，风之始也"语同。

《诗大序》但举《雅》《颂》之名，而不言《鹿鸣》为《小雅》始、《文王》为《大雅》始、《清庙》为《颂》始，但云"是谓四始，诗之至也"者，盖由"《关雎》《风》之始也"一语，可以类推其余耳。郑康成云："始者，王道兴衰之所由。"余谓毛意同史公，史公所引，多本《鲁诗》。《毛诗》传至荀子，《鲁诗》亦传自荀子，此其所以符合也。

《齐诗》与鲁、毛全异。萧望之、翼奉、匡衡同事后苍，治《齐诗》。翼奉有"五际""六情"之语，不及"四始"。《诗纬泛历枢》称四始有水、木、火、金之语，谓《大明》水始，《四牡》木始，《嘉鱼》火始，《鸿雁》金始，其言甚不可解。恐东汉人所造，非《齐诗》本义。匡衡上书称孔子论《诗》以《关雎》为始，此言与《毛传》相同，并无水、木、火、金之语。可知《泛历枢》为后人臆说也。

衡奏议平正，奉则有怪诞之语，虽与衡同师，而别有发明矣。如以水、木、火、金说"四始"则《齐诗》竟是神话。四始为《诗》之大义，而《齐诗》之说如此，以此知齐之不逮毛、鲁远也。然匡衡说《诗》，亦有胜于鲁、韩者。《鲁诗》说，周道缺，诗人本之衽席，《关雎》作。《齐诗》亦谓周康王后佩玉晏鸣，《关雎》叹之。匡衡上书，乃谓《周南》《召南》，被贤圣之化深，故笃于行，而廉于色，此非以《关雎》为刺诗矣。盖《齐诗》由辕固数传而至后苍。苍本传《礼》。《乡饮酒礼》，合乐《周南·关雎》《葛覃》《卷耳》。《燕礼》，歌乡乐《周南·关雎》《葛覃》《卷耳》。《仪礼》周公所定，已有《周南·关雎》，知《关雎》非康王时毕公所作。匡衡师事后苍，故其说《诗》长于鲁、韩也。

齐、鲁、韩三家《诗》序不传，而《毛序》全存。如《左传》隐三年："卫庄公娶于齐东宫得臣之妹，曰庄姜，美而无子，卫人所为赋《硕人》也。"闵二年："郑人恶高克，使帅师次于河上，久而弗召，师溃而归，高克奔陈，郑人为之赋《清人》。"文六年："秦伯任好卒，以子车氏之三子奄息、仲行、鍼虎为殉，皆秦之良也，国人哀之，为之赋《黄鸟》。"毛序所云，皆与《左传》符合，此毛之优于三家者也。又三家《诗》，皆有怪诞之语，毛则无有。即如"履帝武敏歆"，《尔雅》已有"敏，拇也"之训，而三家说皆谓姜嫄出野见巨人迹，践之身动如孕，而生后稷。《毛传》则以"疾"训"敏"，以"帝"为高辛氏之帝，从于帝而见于天，将事齐敏，不信感生之说。又如："赫赫姜嫄，其德不回，上帝是依"，若用感生之说，必谓上帝凭依姜嫄之身，降之精气，而《毛传》则谓上帝依其子孙。又如"文王在上，于昭于天，文王陟降，在帝左右"，《毛传》之前，《墨子·明鬼》已引此诗，谓若鬼神无有，则文王既死，岂能在帝之左右哉！而《毛传》则谓文王在民上，文王升接天，下接人，一扫向来神怪之说。盖自荀子作《天论》，谓圣人不求知天，神话于是摧破。《毛诗》为荀卿所传，即此可证。

《大序》相传子夏所作，《小序》毛公所作。郑康成之意，谓《小序》发端句子夏作，其下则后人所益，或毛公作也。今按，《序》引高子曰："灵星之尸也"此语自当出子夏之后矣。《卫宏传》有"作诗序"语，故《释文》或云《小序》是东海卫敬仲所作。然卫宏先康成仅百年，如《小序》果为宏作，康成不容不知。

由今思之，殆宏别为《毛诗序》，不与此同，而不传于后。或宏撰次《诗序》于每篇之首，亦通谓之作耳。汉人专说《毛诗》者，今存《郑笺》一种。马融《毛诗传》散佚已久，今可见者，惟《生民》篇《正义》所引言帝喾事为最详耳。（以上论三家《诗》与毛之不同。）

朱晦庵误解"郑声淫"一语，以为"郑风"皆淫，于是刺忽之诗，皆释为淫奔之作。陈止斋笑晦庵以"彤管"为行淫之具，"城阙"为偷期之所，今《集传》《静女》中无此语，盖晦庵自觉其非而删之矣。凡《小序》言刺者，晦庵一概目为淫人自道之词。自来淫人自道之词未尝无有，如六朝歌谣之类，恐未可以例《国风》。若《郑风》而为淫人自道之词，显背"无邪"之旨，孔子何以取之？昔昭明编辑《文选》，于六朝狎邪之诗，摈而不录。《高唐》《神女》《洛神》之属，别有托意，故录之（见《蒭汉闲话》）。昭明作《陶渊明集序》，谓《闲情》一赋，白璧微瑕。昭明尚然，何况孔子？晦庵之言，亦无知而妄作尔。

自晦庵作《集传》，说《诗》之风大变。清陈启源作《毛诗稽古编》，反驳晦庵，其功不可没（吕东莱作《读诗记》，不以晦庵为然。晦庵好胜，谓东莱为毛郑之佞臣）。后之治《毛诗》者，桐城马瑞辰作《毛诗传笺通释》，泾县胡承珙作《毛诗后笺》，长洲陈奂作《诗毛氏传疏》。马氏并重《传》《笺》，胡氏从《传》而不甚从《笺》，陈氏则全依《毛传》。治三家诗者（《齐诗》亡于三国。《鲁诗》亡于永嘉之乱。《韩诗》唐代犹存，今但存《外传》而已。三家至宋全亡。如三家《诗》不亡，晦庵作《集传》当不至荒谬如此），王应麟后，清有陈寿祺、乔枞父子。乔枞好为牵附，谓《仪礼》引《诗》说，皆《齐诗》说。又谓《尔雅》为《鲁诗》之学，恐皆未然。要之陈氏父子，虽识见未足，然网罗放失之功，亦不可没。其后，魏源作《诗古微》，全主三家。三家无序，其说流传又少，合之不过三十篇，谓之"古微"，其实逞臆之谈耳。

今治《诗经》，不得不依《毛传》，以其序之完全无缺也。《诗》若无序，则作诗之本意已不明，更无可说。三家《诗》序存者无几，无从求其大义矣。戴东原作《毛郑诗考证》，东原长于训诂之学，而信服晦庵，故考证未能全备。东原之外，治诗者皆宗《毛传》，陈氏父子，不过网罗放失而已。

三礼

《孝经》曰："安上治民，莫善于礼。"《左传》曰："礼，经国家，定社稷，序民人，利后嗣。"今案《仪礼》与安上治民有关，《周礼》则经国家、定社稷之书也。《周礼》初出曰《周官经》，刘歆始改称《周礼》，然《七略》犹曰《周官》，《汉书·艺文志》仍之。马融训释之作，亦称《周官传》。至郑康成以《周礼》名之，合《仪礼》《小戴记》为三《礼》。三"礼"之名，自郑氏始。今若以《大戴礼》合之，当称"四礼"。称"三礼"者，沿郑氏注也。

贾公彦序《周礼》废兴，引马融传，称刘歆末年，知周公致太平之迹俱在《周官》。然当时今文家不肯置信，林硕以为黩乱不验之书，何休以为战国阴谋之书。今观《周礼》，知刘歆之言不谬。惟其书非一时一人之作，盖如历代会典，屡有增损（《唐六典》以及明清之会典，皆拟《周礼》。《六典》全依《周官》。会典虽稍异，然行文多模仿之迹，此亦有关文体。不学《周礼》，则官制说不清楚，亦如后之律书必拟汉律也）。创始之功，首推周公。增损之笔，终于穆王耳。

今《逸周书》有《职方篇》，为穆王时作。而其文见于《周礼·夏官》，知周公以后、穆王以前，《周礼》一书，时有修改。穆王以后，则未见修改之迹也。何以言之？曰，《周礼》司刑掌五刑之法，墨罪五百，劓罪五百，宫罪五百，刖罪五百，杀罪五百，合二千五百条。而穆王作《吕刑》，称五刑之属三千，较《周礼》多五百条。《吕刑》别行，以此知穆王晚年，已不改《周礼》也。《左传》子革曰："昔穆王欲肆其心，周行天下，将皆必有车辙马迹焉。"

今《穆天子传》真伪未可知，然穆王好大喜功，观《职方氏》一篇可知也。《职方氏》言中国疆域，东西南北，相距万里。方千里曰王畿，其外方五百里曰侯服，又其外方五百里曰甸服，又其外方五百里曰男服，又其外方五百里曰采服，又其外方五百里曰卫服。又其外方五百里曰蛮服（又称"要服"），又其外方五百里曰夷服，又其外方五百里曰镇服，又其外方五百里曰藩服。依此推算，自王城至藩服之边，东西南北均五千里，为方万里，积一万万方里。蛮服以内为九州，以外为蕃国。九州以内，方七千里，积四千九百万方里。非穆王之好大，何以至此。《康诰》曰："周公初基作新大邑于东国洛，四方民大和会，侯、甸、男、邦、采、卫。"是周公作洛时，无所谓要服。《康王之诰》称庶、邦、侯、甸、男、卫，亦无要服。不特此也，汉人迷信《王制》。《王制》曰："凡四海之内九州，州方千里。"郑注云："大界方三千里，三三而九，方千里者九也。其一为县内，余八各立一州，此殷制也。"余谓夏制不可知，殷制则不止方三千里。

《酒诰》曰："自成汤咸至于帝乙，越在外服，侯甸男卫邦伯，罔敢湎于酒。"是周初之制与商制无甚差异，皆侯、甸、男、采、卫五等，无所谓要服也。要服本为蛮服，不在九州之内。穆王好大喜功，故《职方》之言如此。

《大行人》朝贡一节，与《职方氏》相应，当亦穆王所改。若巾车掌公车之政令，革路以封四卫，木路以封蕃国，可见周初疆域，至卫服而止，无所谓要服，此穆王所未改者也。夷、镇、藩三服，地域渺茫，叛服不常，安知其必为五百里？要服去王城三千五百里，东西七千里，九州之大，恐无此数。

今中国本部，最北为独石口，当北纬四十一度半。极南至于琼州，当北纬十八度。其中南北相去二十三度半，为里四千七百，周尺今不可知，若以汉尺作准，汉尺存者有虑傂尺，虑傂尺一尺，合清营造尺七寸四分。尺度虽古今不同，里法则古今不异。古之五服六千里，以七四比之，当四千四百四十里，与今四千七百里不甚相远。穆王加要服为七千里，以今尺计之，则为五千一百八十里，较今长三四百里。此由今中国本部，北至独石口。而古者陕西北部之河套亦隶境内（今属绥远）。河套之地，于汉为朔方（朔方正傍黄河。周时"城彼朔方"，此朔方与汉之朔方为近，非唐之朔方也）、九原、定襄。如并朔方计之，当有五千一百八十里，恐穆王时疆域亦未大于今日也。《汉书·地理志》："郡县北至朔方，南至交趾（九真日南即今安南）。"而云南北万三千三百六十八里，以今尺七四比之，有九千六百余里。自朔方以至日南，亦无此数。

自此以后，言地域者，皆称南北万里，东西九千里。其实中国本部无此数，此后世粗疏，更甚于《周礼》也。测量之不精，自周至明，相差不远，惟周人不甚夸大，汉以后夸大耳。

测量之法，古人未精。西晋裴秀作官图，盖尝测量矣。所以不准者，以不知北极出地之法也。唐贾耽作《华夷图》，及关中、陇右、山南、九州等图；至宋，略改郡县之名，刘豫阜昌七年刻之西安，一曰《禹迹图》，一曰《华夷图》，今尚完好。贾耽之作，亦由测量而来，然亦未准者，不知北极出地之法，一也；未免夸大，二也。北极出地之法，周人自未之知。因其不夸大，故所言里数与今相差不远耳。（以上言职方与周初疆域不同，明《周礼》非周公一时之作，周公之后屡有修改。）

管仲治齐，略变《周礼》之法。《小匡篇》及《齐语》并载桓公问为政之道，《管子》称："昔吾先王昭王、穆王世法文武之远绩，以成其名。"《周礼》至穆王乃定，此亦一证。又，《周礼》萍氏掌国之水禁，几酒、谨酒。其法不甚严厉，其职殆如今卫生警察。如言《周礼》之作在周公时，则萍氏显违《酒诰》之文。《酒诰》曰："群饮，汝勿佚，尽执拘以归于周，予其杀。"不仅几酒、谨酒而已。此亦可见《周礼》之屡有修改，盖百余年中，不知修改若干次矣。

六官之制，古无异论。清金鹗作《求古录礼说》，言六官之制，实始于周。《曲礼》云："天子之五官，曰司徒、司马、司空、司士、司寇。"此与《周官》不同，当为殷制。又云：王者设官，所以代天工，故其制必法乎天。三公以法三光，五官以法五行。引《左传》云："五行之官，是谓五官。木正曰句芒，火正曰祝融，金正曰蓐收，水正曰玄冥，土正曰后土。"明自少皓、颛项以来皆五官。余谓少皓、颛项之制，确为五官。前乎此则未可知。至商，恐已六官矣。《曲礼》之言，不知何据。郑注《礼记》凡与《周礼》不合者，皆曰夏殷之制。其实五官是否确为殷制，不可知也。余谓，与其据《曲礼》，不如据《论语》。《论语》云："君薨，百官总已以听于冢宰，三年。何必高宗，古人之皆然。"此所谓冢宰，当如《周官》之家宰，为六官之首，否则，百官何以听之。冢宰于《周礼》曰太宰。太宰之名，不见虞、夏之书，殆起于商。

　　《说文》云："宰，罪人在屋下执事者。从宀，从辛。辛，罪也。"具食之官，见于《左传》者曰宰夫，或曰膳宰。《汉书》有雍太宰，为五时具食上官。宰，本罪人之称，庖人具食，事近奴隶，故以"宰"为名。然太宰、小宰，位秩俱隆，而貤被宰名，当自伊尹始。《吕览·本味篇》称伊尹说汤以至味，极论水火调剂之事，周举天下鱼肉菜果之美，而结之曰：天子成则至味具。《史记·殷本纪》亦谓伊尹欲干汤而无由，乃为有莘氏媵臣，负鼎俎以滋味说汤，致于王道。二家之说，与《孟子》"伊尹以割烹要汤"符合。据《文选》李善注引鲁连子曰："伊尹负鼎佩刀以干汤，得意故尊宰舍。"盖伊尹参与帷幄之谋，权势虽尊，本职则卑。后以其功高而尊宰舍，故有太宰、冢宰之名耳。又《商颂》称伊尹为"阿衡"，《周书》曰"保衡"。保阿，女师也。阿，《说文》作"要"，在女子曰保阿，在男子亦曰阿衡、保衡，其为媵同也。伊尹为媵臣，故尊保阿。伊尹为庖人，故尊宰舍。此说虽为孟子所不信，然其为实事至明。周因殷礼，故设太宰之官。今观太宰所属之官，与清之内务府不远。惟司会掌邦之六典、八法、八则之贰，以逆邦国都鄙官府之治。太府掌九贡、九赋、九功之贰，以受其货贿之人，为与国计有关。自余宫殿之官如宫正之属，禁掖之官如内宰之属，饮食之官如膳夫之属，衣服之官如司裘掌皮之属，皆清内务府所掌也。

周官三百六十，太宰所掌六十，位秩最崇。然治官之属，仅司会、大府为有关于国计者，以太宰本之殷制而来，其本职不过《周礼》膳夫、内宰二官。由饮食而兼司衣服，由禁掖而兼司宫殿。是故周官太宰无所不掌，而属员仍冗官耳。后儒不明此理，谓周公防宦官用事，故立此制。不知宦官用事，必不在贵族执政之世。周公时贵族执政，断无防及刑余擅权之理也（汉、唐、明三代皆有刑余擅权之事，六朝则无。何则？贵族执政阶级严明，非刑余之人所得间也）。

由此论之，天官冢宰，周袭殷制，后世未必可法。至春官宗伯主祭祀，非今之要职。地官司徒掌地方行政，兼司教育，如今内务、教育两部。夏官司马掌行军用兵，如今军政部。秋官司寇掌狱讼刑法，如今之司法部。皆立国要典，可资取法者也。（以上论六官之职）

何以汉儒谓《周礼》为黩乱不验之书也？以汉初经师之说，与《周礼》不同，故排弃之耳。《马融传》云："秦自孝公以下，用商君之法，其政酷烈，与《周官》相反。故始皇禁挟书，特疾恶，欲绝灭之，搜求焚烧之独悉，是以隐藏百年。孝武帝始除挟书之律，开献书之路，既出于山岩屋壁，复入于秘府。五家之儒，莫得见焉。"案马谓秦烧《周礼》独悉，其言太过。秦所最恶者为《诗》《书》，而不及《礼》。

孟子曰："诸侯恶其害己也，而皆去其籍。"可见《周礼》自七国时已不甚传，虽以孟子之贤，犹未之见。故其言封建与《周礼》全异（《孟子》言公侯皆方百里，伯七十里，子男五十里。《周礼》谓公五百里，侯四百里，伯三百里，子二百里，男百里）。汉初儒者未见《周礼》，而孟之说流传已久，故深信不疑（景帝末年，河间献王始得《周礼》。《周礼》未出时，汉儒言封建者皆宗《孟子》。文帝时作《王制》亦采《孟子》为说）。又以贾谊有众建诸侯之论，故虽见《周礼》，亦不敢明说。

周之五百里，为今三百七十里。其封域不过江浙之一道，川云之一府。汉初王国之广，犹不止此。夏、商二代，封国狭小，故汤之始征，四方风靡。文王伐崇勘黎，为时亦暂。以四邻本非强大，故得指顾而定之也。《逸周书·世俘解》称武王翦商，灭国六百余（《孟子》言灭国五十）。若非小国寡民，安得数月之间灭国六百余乎？周公有鉴于此，故大封宗室，取其均势，以为藩屏。其弊至于诸侯争霸，互相争伐，而天子不能禁。以视武丁朝诸侯有天下如运诸掌，本末之势，迥乎不同。由此可知商代封国尚无五百里之制也。

贾谊患诸侯王尾大不掉，故不肯明征《周礼》。惟太史公《汉兴以来诸侯年表》云："封伯禽、康叔于鲁、卫，地各四百里。"《汉书·韩安国传》，王恢与安国论辨，称秦缪公都雍，地方三百里。并与《周礼》相应。盖史公但论史事，王恢不知忌讳，故直举之耳。然《孟子》之言，亦未为无据。周之封建，有功者，视其功之高下以为等级，无功则封地狭小。滕、薛皆侯国。滕，周所封。薛，夏所封。考其地不出今滕县一县，犹不及《孟子》所言之"百里"。齐、鲁、卫、燕，亦皆侯国，而封域不止四百里（齐，太公之后。鲁，周公之后。燕，召公之后，功业最高，故封地独大。卫包邶、鄘、卫三国，殷畿千里，皆为卫有）。盖于鲁、卫为襄有德，于齐、燕为尊勤劳，其地皆去周远，亦所以固吾圉也。以此知五百里、四百里之制，不过折衷言之，非不可斟酌损益也。明乎此义，则可知《周礼》非黩乱不验之书矣。至谓《周礼》为六国阴谋之书者，汉人信《孟子》，何休专讲《公羊》，故有此言耳。

后之论者，以王莽、王安石皆依《周礼》施政而败，故反对《周礼》。余谓二王致败之由，在不知《周礼》本非事事可法。即欲采取，只可师其意，而不可袭其迹。西汉之末，家给人足，天下艾安。莽之变法，可谓庸人扰之。宋神宗时，国势虽衰，民犹安乐，安石乃以变风俗、立法度为急，而其法又主于聚敛，宜其败矣。宇文周时，关陇残破，苏绰为六条诏书，奏施行之，曰先治心，曰敦教化，曰尽地利，曰擢贤良，曰恤狱讼，曰均赋役，盖亦以《周礼》为本。终能研刁为朴，变奢从俭。隋及唐初，胥蒙其福。贞观之治，基础于此。夫变法之道，乱世用之则治，治世用之则乱，况《周礼》不尽可为后世法乎？陈止斋、叶水心尊信《周礼》，当南宋残破之时而行《周礼》，或有可致治之理，然不可行之今日。何者？今外患虽烈，犹未成南宋之局，若再变法，正恐治丝而益棼耳。

《中庸》云："礼仪三百，威仪三千。"《礼器》云："经礼三百，曲礼三千。"礼仪、经礼谓《周礼》也。威仪、曲礼，谓《仪礼》也。《仪礼》篇目不至有三千，故郑康成云，其中事仪三千。然《汉志》言礼自孔子时而不具。《杂记》言恤由之丧，哀公使孺悲之孔子学《士丧礼》，《士丧礼》于是乎书。然则在孔子时，《仪礼》早有亡失，"三百""三千"云者，约举其大数云尔。

秦燔书后，汉兴，高堂生传《士礼》十七篇。又于孔壁得《礼古经》五十六篇，其十七篇与高堂生所传同。《记》百三十一篇，七十子后学者所记。以古《礼》仅存五十六篇，故学者无不重视《礼记》。今五十六篇又散佚矣。汉儒说经，为《仪礼》作注者绝少。马融但注《丧服》一篇，至康成乃注全经。自汉末以逮西晋，注《丧服》者，无虑二三十家。而注全经者，仅王肃一人而已。

今人见《仪礼》仅存十七篇，以为《礼古经》五十六篇，除十七篇外，悉已散佚，此不然也。案《小戴记·投壶》《奔丧》二篇，郑目录云："实逸《曲礼》之正篇也。"又，《大戴记》之《诸侯迁庙》《诸侯衅庙》《公冠》（《公冠》文简，是否全文未可知。后附孝昭冠辞，文亦无多）三篇，皆当为逸礼之正篇。又郑注《内宰》，引《天子巡守礼》，注《司巫》《月令》引《中霤礼》，其文虽少，亦《礼古经》之正篇，当在五十六卷之数。依是数之，则十七篇外今可知者又有七篇，合之得二十四篇。《礼经》之文平易可读，汉儒所以不注者，或以其繁琐太甚，或以通习者不多（西汉习《礼》者，有鲁国桓公，见刘歆《移让太常博士书》。其授受不可知）。盖汉人治经谨慎，非有师授，不敢妄说。康成但注十七篇者，亦以三十九篇先师未有讲说故耳。

礼书序次，大、小戴及《别录》彼此不同。其以《士冠》《士昏》《士相见》为次，则三家未有违异。郑氏次第，悉依《别录》。其经文有今、古文之异者，郑于字从今者下注"古文作某"，从古者，下注"今文作某"。所谓今、古文，非立说有异，不过文字之异耳。

自汉以来，传《丧服》者独盛（马融而后，三国蒋琬亦作《丧服要记》一卷）。《小戴记》论《丧服》者十余篇。《大戴记》亦有论丧服变除之言，见《通典》所引。古人三年之丧，未葬，服斩衰，居倚庐，寝苫枕块。既葬，齐衰，居垩室。小祥以后，衰裳练冠，居外寝；大祥则禫服素冠，出垩室，始居内寝（《檀弓》言"祥而缟"，盖缟冠素纰也。素即白绢，《诗·桧风》"素冠"，刺不能三年也）。禫服三月之后，则以墨经白纬为冠，得佩纷帨之属，寝有床，犹别内。始饮醴酒。逾月复吉，三年之礼乃成。此即所谓丧服变除。盖古人居丧，兼居处饮食言之，非专系于冠服也。汉人居丧尚合古法，故能精讲《丧服》。

韩昌黎自比孟子，而言《仪礼》行于今者盖寡。沿袭不同，复之无由。考于今，诚无所用之，夫《仪礼》在后代可用者诚少，然昏礼，至今尚用纳采、问名、纳吉、纳征、请期、亲迎之名。丧礼，亦尚有古人遗意，冠礼，至唐已废。乡饮酒礼，六朝至唐仍沿用之。昌黎疏于《礼》，故为此言耳。

《丧服》一篇，自汉末以至六朝，讲究精密。《通典》录其论议，多至二三十卷。其中疑难，约有数端。出妻之子为母期，而嫁母之有服、无服，《仪礼》未有明文。或以为应视出母，或以为嫁由自绝，与被出有异。又为人后者，议论纷繁。《传》曰："为人后者孰后？后大宗也。"大宗不可以绝，故族人以支子后大宗。汉代王侯往往以无子国除，此不行古代"后大宗"之礼也。否则，王侯传国四五代，必有近支可承，何至无子国除。迨元始时，始令诸侯王、公、列侯、关内侯无子而有孙、若子、同产子者，皆得以为嗣。师古曰："子同产子者，谓养昆弟子之为子者。"如诸葛亮以兄子为子，皇甫谧出后其叔，此皆非后大宗，与《仪礼》之"为人后"者不相应。《唐律》于此亦称"养子"，《开元礼》有为人后者，实即养子也。后人误以养子为即俗称之"螟蛉子"，因疑《唐律》既许养子，何以又有不许养异姓男一条。不知《唐律》所称养子，是养同宗于昭穆相当者也。

　　《仪礼》"为人后"者，为其父母降为齐衰不杖期。盖持重于大宗者，降其小宗也。然魏晋六朝人于三年之内不得嫁娶，即子女嫁娶亦所不许。曹公为子整与袁谭结婚，裴松之曰："绍死至此不过周五月耳，谭虽出后其伯，不为绍服三年。而于再期之内，以行吉礼，悖矣。"于此可见古人守礼之严。至今所谓养子者，魏时或为《四孤论》曰："遇兵饥馑，有卖子者；有弃沟壑者；有生而父母亡，复无缌麻亲，其死必也者；有俗人以五月生子，妨忌不举者。有家无儿，收养教训成人，则对于公姒育养者，应有服否？"三国、两晋论议甚多，或以为宜服齐衰周，方之继父同居者。此议斟酌尽善，可补《仪礼》之阙。

《仪礼》制于宗法时代，秦汉而后，宗法渐衰，自有可斟酌损益之处。《开元礼》亦有与《仪礼》不同者，《仪礼》父在为母齐衰期，武后时，改为父在为母齐衰三年。《仪礼》为祖父齐衰不杖期，为曾祖父母齐衰三月，高祖之服则无有（或以为古人婚晚，玄孙不及见高祖，故无服。其说非是，恐高祖以上概括在曾祖之内），《开元礼》改为曾祖父母齐衰五月正服，为高祖父母齐衰三月加服。嫂叔本无服，盖推而远之也。唐太宗以同爨尚有缌麻之恩，增嫂叔小功五月义服。古人外亲之服皆缌，为外祖父母小功，以尊加也。为舅缌，从服也。母之姊妹曰从母，而舅不可称从父，故为从母小功，以名加也。此亦古人之执著。《开元礼》改为舅及从母小功正服。综此四条，悉当情理。

六朝人天性独厚，守礼最笃。其视君臣之义，不若父子之恩。讲论《丧服》，多有精义。唐人议礼定服，亦尚有法，不似后世之枉戾失中也。服有绛服、正服、义服。斩衰无降服，衰以缕之粗细为等，斩者不缉也。为父正服，为君义服，故为父斩衰三升，为君三升半。父子之恩固重于君臣之义也。魏太子会众宾百数十人，太子建议曰："君、父各有笃疾，有药一丸，可救一人，当救君耶？父耶？"众人纷纭，或父或君。邴原在座，不与此论。太子谘之于原，原勃然对曰："父也！"南朝二百七十余年，国势虽不盛强，而维持人纪，为功特多。

《丧服》一篇，师儒无不悉心探讨，以是团体固结，虽陵夷而不至澌灭，此所谓鲁秉周礼，未可取也。宋代理学家亦知讲求古礼，至明人而渐不能矣。今讲《仪礼》，自以《丧服》为最要。

《隋书经籍志》云："汉初，河间献王得仲尼弟子及后学者所记一百三十一篇献之。至刘向校书，检得一百三十篇，第而叙之。又得《明堂阴阳记》三十三篇、《孔子三朝记》七篇、《王氏史氏记》二十一篇、《乐记》二十三篇，凡五种，合二百十四篇。戴德删其烦重，合而记之，为八十五篇，谓之《大戴记》，而戴圣又删大戴之书为四十六篇，谓之《小戴记》。马融传小戴之学，又足《月令》一篇、《明堂》一篇、《乐记》一篇，合四十九篇。"今大戴记存三十九篇，小戴记四十九篇。《投壶》《哀公问》两篇，二戴所同，合得八十六篇。《大戴》亡佚篇目，今不可考。钱晓征以为小戴实只四十六篇。今《曲礼》《檀弓》《杂记》俱分上下，故为四十九篇。以《小戴》四十六合《大戴》八十五，即古记之百三十一篇也。其说殊未谛。《乐记》二十三篇本不在古记之数，今《乐记》断取十一篇为一篇，以入《礼记》。《月令》与《明堂位》，同属《明堂阴阳记》。《大戴·盛德篇》亦应属《明堂阴阳记》。古记百三十一篇之数。决不如钱氏所举也。

又二戴所录，有非《礼》家之言。如大戴之《千乘》《四代》《虞》，戴德《诰志》《小辩》《用兵》《少闲》七篇，采自《孔子三朝记》（唐人所引直称《三朝记》）。《汉志》"儒家"《子思》二十三篇，《曾子》十八篇。大戴录《曾子》《立事》以下十篇，而小戴之《中庸》《坊记》《表记》《缁衣》四篇，当为子思之书。又大戴《武王践阼》录自《太公阴谋》，《汉志》以太公入"道家"。此皆二戴所采诸子之文，凡二十二篇。又小戴《王制》，乃孝文帝令博士所作。大戴《公冠》后附孝昭冠辞，并非古记旧有。更去其属于《明堂阴阳记》及《乐记》者，删其复重《投壶》《哀公问》二篇，则二戴记中可说为古记之旧者，不及百三十一篇之半。又如通论之篇，若《儒行》《大学》等，是否在百三十一篇中，尚难言也。

《礼记》一书，杂糅今古文之说。《王制》一篇为今文家言，其言封建采用《孟子》，言养老不知所据。惟《丧礼》《丧服》无今古文之异，《礼记》言此綦详。自明以来，读经所以应科举，以《丧礼》《丧服》不在程试范围，则删节不读。其实读《礼记》以《丧礼》《丧服》为最要。余如《儒行》《大学》《表记》《坊记》《缁衣》等篇，皆言寻常修己治人之道，亦无今古文之异。凡此，皆《礼记》之可信者。若言典章制度，则宜从古文不从今文，古文无谬误，今文多纰漏也。

《三礼》郑注之后，孔、贾之疏，已为尽善。清人以贾疏尚有未尽，胡培翚作《仪礼正义》，孙诒让作《周礼正义》。由今观之，新疏自比贾疏更精。《礼记》孔疏，理晰而词富，清儒无以复加，朱彬作《训纂》，不过比于补注而已。《大戴礼》自北魏卢辩作注，历千余年，舛不可卒读。戴震校之，孔广森作补注，但阙佚已多耳。说《礼》者皆称"三礼"，而屏弃《大戴》之道。其实，《大戴礼》亦多精义，应与《小戴》并举，而称"四礼"。理学家最重《小戴》，以《大学》《中庸》并在其中故。独杨慈湖以为《大戴》多孔子遗言，所作《先圣大训》，录《大戴记》特多。二戴《记》中《哀公问》《儒行》《仲尼燕居》《孔子闲居》《王言》诸篇，皆孔子一人之言，七十子后学者所记。《汉志》不入"论语"家，独《三朝记》入"论语"家，殆以《三朝》七篇文理古奥，与余篇不同，或是孔子手作，或是孔子口说、弟子笔录者尔。

春秋

　　关于《春秋》者，余所著《春秋左氏疑义答问》，大旨略具。今所讲者，补其未备而已。

　　问《春秋》起于何时？曰：晋之《乘》、楚之《梼杌》、鲁之《春秋》，皆在孔子之前。《周官》"外史，掌四方之志"，郑注云："谓若晋之《乘》、楚之《梼杌》、鲁之《春秋》。"是《春秋》起于周，非始于古代也。《左传》："韩宣子适鲁，见《易象》与鲁《春秋》，曰：周礼尽在鲁矣，吾乃今知周公之德，与周之所以王也。"孔《疏》云："《鲁春秋》遵周公之典以序时事，发凡言例，皆是周公制之。然韩宣子云周礼在鲁者，所以美周公之德耳。非谓《易象》《春秋》是周公所作也。"

　　《春秋》备纪年时月日，《尚书》往往有年有月有日而无时（惟"秋大获"一句纪时，其余不见），其纪年月日，又无定例。如《书序》："惟十有一年，武王伐殷。"此所谓"十有一年"者，以文王受命起数，非武王之纪元也。纪年之法，苟且如此，即为未有《春秋》编年之法之故。

　　今人以为古圣制礼作乐，必无不能纪年之理。其实，非惟周公未知纪年之法，即孔子亦何尝思及本纪、世家、列传哉！太史公《三代世表》谓"余读牒记，黄帝以来，皆有年数，稽其历谱牒终始五德之传，古文咸不同乖异。夫子之弗论次其年月，岂虚哉！"可见史公所见周秦以前书不少，而纪年各不同。今观《竹书纪年》（七国时书），自黄帝以来，亦皆有年数。而与王孙满所称"鼎迁于商，载祀六百"之言违异。此为古无纪年之作，后人据历推之（战国时有六家历，《汉书·律历志》所云黄帝、颛顼、夏、殷、周及鲁历是也。《艺文志》"春秋家"有《太古以来年纪》二篇，当亦此类）。各家所推不同，故《竹书》所载与古语不符也。

太史公不信谱牒，故于三代但作《世表》，共和以后，始著《十二诸侯年表》。《大戴礼·五帝德》称宰予问于孔子曰："昔者，予闻诸荣伊令，黄帝三百年。请问黄帝者人耶？抑非人耶！何以至于三百年乎？"如当时有纪年之书，宰予何为发此问哉！刘歆作《三统历》以说《春秋》，班氏以为推法密要，然周以前不可推。以古人历疏，往往有日无月，不能以月日推也。

《十二诸侯年表》，始于共和元年。余意《春秋》之作，即在共和之后。盖宣王即位，补记共和国时事，而有《春秋》也。观《十二诸侯年表》，诸侯卒与即位均书年，可见《春秋》编年之法即在此时发明者，于是厉王出奔，宣王未立，"元年"者，谁之元年乎？《春秋》以道名分，故书共和元年也。《墨子·明鬼》，历举周之《春秋》，燕之《春秋》，宋之《春秋》，齐之《春秋》，而始于杜伯射宣王事。前乎此者，但征及《诗》《书》而已。可见宣王以前无《春秋》也。宣王中兴令主，不但武功昭著，即文化亦远迈前古。改古文为籀文，易纪事以编年，皆发明绝大者也。至列国之有《春秋》，则时有早晚，决非同时并作。《晋世家》记穆侯四年取齐女姜氏为夫人，当周宣王二十年，是晋于是始有《春秋》。其余各国，皆在宣王之后。鲁之《春秋》，始于隐公元年，当平王四十九年，上去共和元年历一百一十九年。其所以始于隐公者，汉儒罕言其故。杜元凯谓平王东周之始王，隐公让国贤君，故托始于此。此殆未然。列国《春秋》，本非同时并作，鲁则隐公时始有《春秋》耳，非孔子有意托始于隐公也。

后人以太史公"世家"首太伯，"列传"首夷齐，推之《春秋》殆于鲁隐，其意正同。其实太史公或有此意，孔子则未必然。隐公但有让桓之言，而无其实事。云"使营菟裘，吾将老焉"者，不过寻常酬酢语耳，何尝真以国让哉！

周之史官有辛甲、尹佚。尹佚即史佚，其书二篇，《艺文志》入墨家。《吕氏春秋·当染篇》云："鲁惠公使宰让请郊庙之礼于天子。桓王（当作平王）使史角往，惠公止之。其后在于鲁，墨子学焉。"墨子之学，出于史角，由此可知史角即尹佚之后。鲁有《春秋》，殆自史角始矣。

《左传》所载五十凡例，杜氏以为周公之旧典也。盖据传凡例谓之"礼经"，而谓此礼经为周公所制也。然时王之礼皆是礼经，岂必周公所制然后谓之"礼经"哉！余意五十凡例乃宣王始作春秋之时王朝特起之例。列国之史，其凡例由周室颁布，抑列国自定，今不可知。要之，当时之礼即可谓之礼经，不必定是周公作也。

作史不得不有凡例，太史公、班孟坚之作有无凡例不可知，范蔚宗作《后汉书》则有之（《宋书·范晔传》云：班氏任情无例，吾杂传论，皆有精意，纪传例为举其大略耳），惟今不可见。唐修《晋书》，非一人之作，不得不立凡例以齐一之。宋修《新唐书》，吕夏卿有《唐书直笔新例》一卷（见《宋史·艺文志》）。《新唐书》本纪、志、表，皆欧阳修作，列传，宋祁作。二人分工，如出一手，凡例之效也。大抵一人之作，不愿以凡例自限。《春秋》本不定出一史官之手，无例则有前后错误之虞。故不得不立凡例。惟《左传》举五十凡例，不知为周史所遗，抑鲁史自定之耳。

自来论孔子修《春秋》之故者。孟子曰："世衰道微邪说暴行又作，臣弑其君者有之，子弑其父者有之。孔子惧，作《春秋》。"《公羊传》曰："君子曷为《春秋》？拨乱世，反诸正，莫近诸《春秋》。"《公羊》之论，较《孟子》为简赅。然《春秋》者，史也。即在盛世，亦不可无史。《尚书》纪事，略无年月。或颇有而多阙，仅为片断之史料。《春秋》始有编年之法，史法于是一变，故不可谓《春秋》之作专为拨乱反正也。宋儒以为《春秋》贵王贱霸，此意适与《春秋》相反。《春秋》详述齐桓、晋文之事，尚霸之意显然。《孟子》《公羊》，同然一辞。虽《孟子》论人，好论人心，以五霸为假。然假与不假，《春秋》所不论也。贵王贱霸之说，三传俱无，汉人偶及之，宋儒乃极言之耳。三传事迹不同，褒贬亦不同，而大旨则相近。所谓绌周、王鲁、为汉制法者，《公羊》固无其语。汉儒附会以干人主，意在求售，非《春秋》之旨也。要之，立国不可无史，《春秋》之作，凡为述行事以存国性，以此为说，无可非难。

今文化之国皆有史，惟不如中土详备。印度玄学之深，科学亦优，而其史则不可考。又如西域三十六国，徒以《汉书》有此一传，尚可据以知其大概。彼三十六国无史，至今不能自明其种类。中国之大，固不至如三十六国之泯焉无闻，然使其堕入印度则易。此史之所以可贵，而《春秋》之所以作也。

问鲁之《春秋》，孔子何为修之？曰：鲁之《春秋》，一国之史也。欲以一国之"春秋"，包举列国之"春秋"，其事不易。当时之史，惟周之"春秋"最备，以列国纪载皆须上之周室（《史记·六国表》谓秦既得志，烧天下《诗》《书》，诸侯史记尤甚，为其所刺讥也。《诗》《书》所以复见者，多藏人家，而史记独藏周室，以故灭。可见七国时列国之史犹藏周室）。孔子之作《春秋》，如欲包举列国之史，则非修周之"春秋"不为功。然周之"春秋"孔子欲修之而不可得，鲁为父母之邦，故得修鲁之《春秋》耳。然鲁之《春秋》，局于一国。其于列国之事，或赴告不全，甚或有所隐讳，不能得其实事。既鲁史载笔，亦未必无误。如此则其纪载未必可信，不信则无从褒贬，不足传之后世。以故孔子不得不观书于周史也。既窥百国之书，贯穿考核，然后能笔削一经尔。

嘉庆时，袁蕙纕据《左传》从赴之言，以孔子未尝笔削。然此可以一言破之：鲁史以鲁为范围，不得逾越范围而窜易之，使同于王室之史。孔子之修《春秋》，殆如今大理院判案，不问当事者事实，但据下级法庭所叙，正其判断之合法与否而已。传曰："非圣人谁能修之？"焉得谓孔子无治定旧史之事哉！乾隆时重修《明史》，一切依王鸿绪《明史稿》，略加论赞。孔子之修《春秋》，亦犹是也。所以必观书于周史者，《十二诸侯年表》云："孔子西观周室，论史记旧闻，兴于鲁而次《春秋》"。"七十子之徒口受其传指，为有所刺讥，褒讳挹损之文辞，不可以书见也。鲁君子丘明，惧弟子人人异端，各安其意，失其真，故因孔子史记，具论其语、成《左氏春秋》。"据此，可知孔子观周与修《春秋》之关系浅，与作《左传》之关系深。然自孔子感麟制作，以迄文成，为时亦当一年，更逾年而孔子卒。

古之学者三年而通一艺，《春秋》二百四十二年之事以授弟子，恐非期月之间所能深通。今观仲尼弟子所著，如《曾子》十八篇，无一言及《春秋》者。太史公云："《春秋》笔则笔，削则削，子夏之徒不能赞一辞。"信矣！盖《春秋》与《诗》《书》《礼》《乐》不同，《诗》《书》《礼》《乐》，自古以之教人。《春秋》，史官之宝书，非他人所素习。文成一年，微言遂绝。故以子夏之贤，曾无启予之效。而太史公又谓七十子咸受传指，人人异端，盖已矣。诚令弟子人人异端，则《论语》应载其说，传文何其阙如。尝谓《春秋》既成，能通其传指者甚少，亦如《太史公书》惟杨恽为能祖述耳。左丘明身为鲁史，与孔子同观周室。孔子作经，不暇更为之传，既卒而弟子又莫能继其志，于是具论其事而作传耳。

孟子曰："《春秋》，天子之事也。是故，孔子曰：知我者，其惟《春秋》乎！罪我者，其惟《春秋》乎！"案《说文》："事，从史，之省声。"史所以记事，可知事即史也。"《春秋》天子之事"者，犹云《春秋》天子之史记矣。后人解《孟子》，以为孔子匹夫而行天子为事，故曰"罪我者其惟《春秋》"，此大谬也。周史秘藏，孔子窥之，而又泄之于外，故有罪焉尔。向来国史实录，秘不示人，明清两代，作实录成，焚其稿本，弃其灰于太液池。以近例远，正复相似。岂徒国史秘密，其凡例当亦秘密。故又曰："其义则丘窃取之矣。""义"即凡例之谓。"窃取其义"者，犹云盗其凡例也。《孟子》之言至明白，而后人不了其义，遂有汉儒之妄说。夫司马子长身为史官，作史固其所也。班孟坚因其父业而修《汉书》，即有人告私改作国史者，而被收系狱。《后汉书》亦私家之作，然著述于易代之后，故不以私作为罪。《新五代史》亦私家之作，所以不为罪者，徒以宋世法律之宽耳。若庄廷鑨私修《明史》，生前未蒙刑罪，死后乃至戮尸。国史之不可私作也如此。故孔子曰窃取、曰罪我矣。

孔子之修《春秋》，其意在保存史书，不修则独藏周室，修之则传诸其人。秦之燔书，周室之史一炬无存。至今日而犹得闻十二诸侯之事者，独赖孔子之修《春秋》耳。使孔子不修《春秋》，丘明不述《左传》，则今日之视春秋犹是洪荒之世已。（以上论孔子修《春秋》）

《公羊传》云："所见异辞，所闻异辞，所传闻异辞。"此语不然。公羊在野之人，不知国史，以事实为传闻，其实鲁有国史，非传闻也。董仲舒、何休更以"所见之世"为著太平，"所闻之世"为见升平，"所传闻之世"为起衰乱，分二百四十二年以为三世，然《公羊》本谓"《春秋》拨乱世反诸正"，是指二百四十二年皆为乱世也。

僖公《经》二十八年："天王狩于河阳。"《左传》称"仲尼曰，以臣召君，不可以训，故书曰，天王狩于河阳"。似传意以此为孔子所修。然《史记·晋世家》称"孔子读史记，至文公，曰，诸侯无召王，王狩河阳者，《春秋》讳之也"。则知此乃晋史旧文，孔子据而录之耳。是故杜氏以诸称书、不书、先书、故书，不言、不称、书曰之类皆是孔子新意，正未必然。惟《赵世家》云："孔子闻赵简子不请晋君而执邯郸午，保晋阳，故书《春秋》曰，赵鞅以晋阳叛。"此当为孔子特笔。又《左传》具论《春秋》非圣人不能修，盖以书齐豹曰盗、三叛人名为孔子特笔。外此，则孔子特笔治定者殆无几焉。《春秋》本史官旧文，前后史官意见不同，故褒贬不能一致。例如《史》《汉》二书，太史公所讥，往往为班孟坚所许。《春秋》之褒贬，当作如是观矣。宋人谓《春秋》本无褒贬（朱晦庵即如此说），则又不然。三传皆明言褒贬，不褒贬无以为惩劝，乱臣贼子何为而惧也。胡安国谓圣人以天自处，故王亦可贬。此又荒谬之说也。

晋侯、齐侯，贬称曰"人"，略之而已，无妨于实事。如称齐伯、晋伯，则名实乖违，夫岂其可？如胡氏之言，孔子可任意褒贬，则充类至尽，必至如洪秀全所为。洪秀全自称天王，而贬秦始皇曰秦始侯，贬汉高祖曰汉高侯。可笑孰甚焉？余意"褒贬"二字，犹言详略，天子、诸侯之爵位略而不书，贬云乎哉？

《春秋》三传者，《左氏》《公羊》《穀梁》是也。《史记》称《左氏》曰"春秋"，称《公》《穀》曰"传"。清刘逢禄据是谓《左氏春秋》犹《晏子春秋》《吕氏春秋》也，刘歆等改左氏为传《春秋》之书。东汉以后，以讹传讹，冒曰《春秋左氏传》，不知春秋固为史书之通称，而《传》之名号亦广矣。孟子常称"于传有之"，是凡经传无不可称"传"，孔子作《易》十翼，后人称曰象传、象传、文言传、系辞传是也。《左氏》之初称"传"与否，今莫能详。太史公云："左丘明因孔子史记具论其语，成《左氏春秋》。"此谓丘明述传，本以说经。故桓谭《新论》（《太平御览》引）云："左氏传于经，犹衣之表裹相持而成。"焉得谓是《晏子》《吕览》之比！盖左氏之旨，在采集事实，以考同异，明义法，不以训故为事，本与其余释经之传不同。《春秋》不须训故，即《公》《穀》亦不重训故也。

《春秋》经十二公，何人所题（《三体石经》今存文公篇题）？哀公经又何人所题？是当属左丘无疑。《汉志》："《春秋古经》十二篇、经十一卷。"此因《公》《穀》合闵于庄，而《左氏》则庄、闵各卷，故《公》《穀》十一，而《古经》十二也。闵公历年不久，篇卷短少，故合之于庄。乃何休则以为"三年无改于父之道"，不以凿乎？

《汉志》："《春秋古经》十二篇，《左氏传》三十卷，"是经、传别行。杜元凯作注，始合经传而释之。昔马融作《周官传》，就经为注。康成注《易》以十翼合之于经。皆所以便讽籀耳。《论衡·案书篇》云："《春秋左氏传》者，盖出孔壁中。"而《汉志》称孔壁所得止有《尚书》《礼记》《论语》《孝经》。《说文序》云："鲁恭王坏孔子宅，而得《礼记》《尚书》《春秋》《论语》《孝经》，又北平侯张苍献《春秋左氏传》。"张苍所献者，是否经传合编，则不可知。今《左氏》经文已经后师用《公》《穀》校改，观《三体石经》与今本不同可知也。《儒林传》称贾谊为《左氏传训故》，是《左氏传》先恭王坏壁而出，《说文序》云张苍献之，是也。

唐赵匡云："丘明者，盖夫子以前贤人，如史佚、迟任之流，而刘歆以为《春秋左氏传》是丘明所为耳。"案昔人所以致疑于左氏者，以《左传》称鲁悼公之谥。鲁悼之卒，后于获麟五十年。又称赵襄子之谥，赵襄之卒，更在其后四年。如左氏与孔子同时，不至如此老寿。然考仲尼弟子，老寿者多。《史记·仲尼弟子列传》称子夏少孔子四十岁，《六国表》称魏文侯十八年受经子夏，时子夏一百一岁矣。至文侯二十五年，子夏一百有八，《魏世家》犹有受经艺之文。假令左氏之年与子夏相若，所举谥号在鲁元初年，其时不过八十余年，未为笃老也。

又《吕览·长利篇》载南宫括与鲁缪公论辛宽语，缪公之卒，上距元公之初五十余年，南宫得见缪公，则何疑于左氏之不逮元公也。刘向《别录》称"左丘明授曾申，申授吴起，起授其子期，期授楚人铎椒。铎椒作《钞撮》八卷，授虞卿。虞卿作《钞撮》九卷，授荀卿。荀卿授张苍"。案《吕氏春秋·当染篇》《史记》列传皆称吴起学于曾子（《檀弓》亦称曾申为曾子），《说苑·建本篇》称魏武侯问元年于吴子，则起受《左氏春秋》于曾申可信（起死在鲁缪公二十七年，去获麟已百岁）。《十二诸侯年表》云："铎椒为楚威王傅（威王元年去获麟一百四十二年），为王不能尽观《春秋》，采取成败，卒四十章，为《铎氏微》。""微"者，具体而微之谓，即"钞撮"是也。《左传》全文十七万字，合经文则十九万字，简编之繁重如此，观览不易，传布亦难矣。《汉志》云："《春秋》所贬损大人当世君臣，有威权势力，其事实皆形于传，是以隐其书而不宣，所以免时难也。"抑亦未尽之论。恐《左氏》之不显，正为简编繁重之故，此铎椒所以作《钞撮》也。

《吕氏春秋》《韩非子》诸书多引《左氏》之文，其所见是否《左氏》全文，抑仅见铎氏《钞撮》，今无可征。至《公》《穀》所举事实，与《左氏》有同有异。大概《公》《穀》本诸铎氏，其不同者，铎本所无耳。《别录》云铎椒授虞卿，以其时考之，虞卿欲以信陵君之存邯郸为平原君请封（本传），而铎椒为楚威王传。自楚威王元年至信陵君救邯郸之岁，历八十三年，则卿不得亲受《春秋》于椒。

《别录》所述，当有阙夺。又云虞卿授荀卿，荀卿授张苍。虞卿相赵，荀卿赵人，自得见之。荀卿适楚而春申君以为兰陵令，春申君死而荀卿废（本传），荀卿废后十八年秦并天下，时张苍为秦御史，主柱下方书。苍以汉景帝五年卒，年百有余岁（本传）。则为御史时已三四十矣，其得事荀卿自可信。荀卿之卒，史无明文。《盐铁论》称"李斯为相，荀卿为之不食"，是荀卿亦寿考人也。苍献《左传》而传之贾谊，今观贾谊《新书》征引《左氏》甚多，其传授分明如此。

桓谭《新论》云："《左氏》传世后百余年，鲁穀梁赤为《春秋》，残略多所遗失。又有齐人公羊高缘经文作传，弥离其本事。"以《公羊》隐十一年传称"子沈子"曰，何休云："沈子称子，冠氏上者，著其为师也。"《穀梁》定元年传直称"沈子"，则沈子当与穀梁为同辈。此公、穀后先之证也。柏举之役，穀梁称"蔡昭公归，乃用事乎汉"，《公羊》则改"用事乎河"。盖公羊齐人，知有河而不知有汉。不知自楚归蔡，无事渡河，此公羊不明地理之过也（《史通》讥《公羊》记晋灵公使勇士贼赵盾，勇士见盾食鱼飧，叹以为俭，以为公羊生自齐邦，不详晋物，以东土所贱，谓西州亦然，遂目彼嘉馔，呼为菲食，于物理全爽）。改一字而成巨谬，斯又《公羊》后出之证也。

穀梁常引《尸子》之言，《汉志》云："尸子名佼．鲁人，秦相商君师之。鞅死，佼逃入蜀。"穀梁有闻于尸佼，疑其亦得见《秦记》。《六国表》称《秦记》不载月日，穀梁闻尸佼之说，见《秦记》之文，故以鲁史之书月日为义例所在矣。殽之役，《梁》言"秦越千里之险，入虚国，进不能守，退败其师。徒乱人子女之教，无男女之别，秦之为狄，自殽之战始也。"范宁不能解，杨士勋疏云："乱人子女，谓入滑之时纵暴乱也。"

案《史记·扁鹊传》云："秦穆公梦之帝所，帝告以晋国且大乱，其后将霸。霸者之子且令而国男女无别。夫献公之乱，文公之霸，而襄公败秦师于殽，而归纵淫。"与《穀梁》之言合符。盖穀梁得之《秦记》尔。《史记·商君传》："商君告赵良曰：'始秦戎狄之教，父子无别，同室而居。今我更制其教，而为其男女之别。'"此亦秦师败于殽而归纵淫之证也。至《穀梁》所记，亦有可笑者。如"季孙行父秃，晋郤克眇，卫孙良夫跛，曹公子手偻，同时而聘于齐。齐使秃者御秃者，使眇者御眇者，使跛者御跛者，使偻者御偻者"。此真齐东野人之语，而《穀梁》信之。又如宋、卫、陈、郑灾，《穀梁》述子产之言曰："是人也，同日为四国灾也。"岂以裨灶一人能同日为四国灾耶？

《穀梁》下笔矜慎，于事实不甚明了者，常出以怀疑之词，不敢武断。荀卿与申公皆传《穀梁》，大抵《穀梁》鲁学，有儒者之风，不甚重视王霸。公羊齐人，以《孟子》有"其事则齐桓、晋文"之言，故盛称齐桓，亦或过为偏护。何休更推演之，以为黜周、王鲁、为汉制法诸说，弥离《公羊》之本义矣。

《公羊》后师有"新周故宋"之说。《公羊》成十六年传："成周宣榭灾。外灾不书，此何以书？新周也。"夫丰镐为旧都，成周为新都。《康诰》曰："周公初基作新大邑于东国洛。"《召诰》曰："乃社于新邑。"《洛诰》曰："王在新邑烝。""新周"犹言新邑，周不可外，故书。义本坦易，无须曲解。"故宋"本非《公羊》家言，《穀梁》桓公二年传："孔子，故宋也。"孟僖子称孔子圣人之后，而灭于宋。《梁》亦谓孔子旧是宋人。新周、故宋，截然二事，董、何辈合而一之，以为上黜杞，下新周而故宋，此义实《公》《穀》所无，由董、何读传文而立。

至文家五等、质家三等之说，尤为附会。《左氏》言，在礼，卿不会公侯，会伯子男可也。《公羊》亦云：《春秋》伯、子、男一也。申之会，子产献伯、子、男会公之礼六。《鲁语》，叔孙穆子言诸侯有卿无军，伯、子、男有大夫无卿。据《周官》，上公九命，侯伯七命，子男五命，即谓公一等，侯伯一等，子男一等。至春秋时，则伯、子、男同等。此时王新制尔。若去素王改制，则子产、叔孙穆子皆在孔子修《春秋》以前，何以已有伯、子、男同班之说？仲舒未见《左氏》，不知《公羊》之语所由来，乃谓孔子改五等以为三等，为汉制法。其实汉代只有王、侯二等，非三等也。

公羊即不见《左氏传》，或曾见铎氏《钞撮》，故其说亦有通于《左氏》者。如元年春王正月，《左氏》云："王周正月。""王周"犹后世之称皇唐、皇宋，谓此乃王周之正月，所以别于夏、殷也。《公羊》云："王者孰谓？谓文王也。曷为先言王而后言正月？王正月也。何言乎王正月？大一统也。"盖文王始称王、改正朔，故《公羊》以周正属之，其义与《左氏》不异。乃董仲舒演为"通三统"之说，如董说，则夏建寅，商建丑，必将以二月为商正月，三月为夏正月，不得言王二月、王三月矣。

《公羊》本无神话，凡诸近神话者，皆《公羊》后师傅会而成。近人或谓始于董仲舒。案《公羊》本以口授，至胡毋生乃著竹帛，当汉景帝时，则与仲舒同时也。何休《解诂》，一依胡毋生条例。盖妖妄之说，胡毋生已有之，不专出董氏也。《公羊》嫡传，汉初未有其人（戴宏之说全无征验）。《论衡·案书篇》云："公羊高、穀梁赤、胡毋氏皆传《春秋》，各门异户。"夫三人并列，可知胡毋生虽说《公羊》而亦自为一家之学。汉人传《尚书》者，小夏侯本受之大夏侯，后别立小夏侯一家。胡毋生之传《公羊》，亦其比矣。《别录》及《艺文志》但列公、穀、邹、夹四家。今谓应加胡毋氏为五家，庶几淄绳有辨。惜清儒未见及此，故其解释《公羊》总不能如晦之见明，如符之复合也。惟《公羊》得胡毋生而始著竹帛，使无胡毋生则《公羊》或竟中绝，然则胡毋生亦可谓

《公羊》之功臣矣。

汉末钟繇不好《公羊》而好《左氏》，谓左氏为太官厨，《公羊》为卖饼家。自《公羊》本义为董、胡妄说所掩，而圣经等于神话，微言竟似预言，固与《推背图》《烧饼歌》无别矣。今治三传，自应以《左氏》为主，《梁》可取者多，《公羊》颇有刻薄之语，可取者亦尚不少，如内诸夏、外夷狄之义，三传所同，而《公羊》独著明文。又讥世卿之意，《左》《榖》皆有之，而《公羊》于尹氏卒、崔氏出奔，特言世卿非礼。故读《公羊》传者，宜舍短取长，知其为万世制法，非为汉一代制法也。

第八章

史学

史学部类

今讲史学，先论部类。

昔人以纪事、编年分类，此言其大要也。《隋书·经籍志》分史部为十三类：

（一）正史，《史记》《汉书》属之。

（二）古史，编年者属之，如荀悦《汉纪》、袁宏《后汉纪》是。所以称古史者，既以本纪、列传为正史，则依《春秋》之体纯为编年者，不得不称古史也。

（三）杂史，既非本纪，又异编年，《逸周书》《吴越春秋》《战国策》之类属之，此皆率尔而作，非史策之正也。

（四）霸史，记载割据僭窃、不成正统者属之，《华阳国志》《十六国春秋》之类是也。以上四种，史之经，亦史之本也。

（五）起居注，帝王每日一言一动，均详记之，《隋志》以《穆天子传》开端。

（六）旧事，杂记典章制度、帝王臣下之事，如《汉武故事》是。

（七）职官，昉于《周礼》，《隋书》以《汉官解诂》《汉官仪》开端。《汉官解诂》模拟《周礼》，当时此种著作甚少，后则有《唐六典》以及近世会典（较《唐六典》为扩大）。《六典》整齐，《解诂》不整齐，斯其异也。

（八）仪注，以《汉旧仪》为首。《汉旧仪》卫宏所作，记当时礼制，今已残缺，本亦不甚详也。六朝时礼书甚多，今皆散佚，唐《开元礼》亦不存，惟会典中略引数条，宋《太常因革礼》犹存，明有《集礼》，清有《大清通礼》，皆仪注类也。《汉旧仪》但记朝廷之礼，《开元礼》则稍及民间杂礼。其专讲民间冠婚丧祭者，有《书仪》一类（《书仪》亦入仪注，始作者刘宋王弘，晋王导之孙也）。《文公家礼》亦其属也。家礼六朝时已有之，或曰"书仪"，或曰"家礼"，名目异耳。

（九）律令，记历朝法律之作，不甚完备，《隋志》以《晋律》开端。

（十）杂传，包举今之志书、碑传集等，汉《三辅决录》专记三辅人物，《陈留耆旧传》《襄阳耆旧传》体例亦同，《隋志》皆入"杂传类"，而今则入方志人物门。其中有与地理相混者，如《海岱志》《豫章志》，观其标题，宛然地志。所以不入地志者，记地理者少，记人物者多故也。外此，《列女传》《列仙传》亦入此类。要之，如方志之人物门矣。《隋书》有可议者，《搜神记》《冤魂记》列入"杂传"，二书固传体，然鬼神之事，焉得入史部乎？

（十一）地理，地理书著录无几，单记一方者曰图经，如《幽州图经》《齐州图经》是。其统记全国者，则有炀帝时所定之《区宇图经》一百二十九卷，体例仿佛后之"一统志"，今已不传。其后，唐有《元和郡县志》，宋有《太平寰宇记》《元丰九域志》。此三书皆统记全国地理者也。而《寰宇记》一百九十三卷为最详，《元和志》仅四十余卷为最简。《明一统志》九十卷，《清一统志》五百卷，已觉繁而不杀，而《元一统志》有一千卷之多，虽领域寥阔，亦何至繁冗至此，今亦无传。《元和郡县志》于郡县之建立，山川之位置，财赋之丰音，均极详明，而不载人物。隋《区宇志》今不可见，不知体例何如，恐亦不载人物也。故杂传、地理分而为二，凡以杂传载人物、地理不载人物故。

（十二）谱系，《世本》《汉氏帝王谱》《百家集谱》之类皆是。此种谱牒，专录贵族，不及齐民。至于六朝，人尚门第，所作纂繁，刘孝标《世说新语注》所引，多至数十家，当时重视谱牒可知。唐有《元和姓纂》（今缺数卷），此后作者渐近渐稀。宋郑樵《通志氏族略》，大体尚佳，而多附会，不及南宋邓名世《姓氏书辨正》之精确。此皆国家官修之谱，非私家著作可比。官修之谱者，唐以前各种皆设谱局，有司与闻其事。所以设谱局者，以六朝人尚门第，士大夫不得与舆台皂隶通婚。设有干犯，有司得纠劾治罪，《文选》沈休文《奏弹王源》是也。门第之风替，而谱牒之学衰，欧阳修、苏洵辈之私谱代之而兴。此谱牒兴衰之大凡也。唐人封爵，以郡望为准（唐人封爵，或依郡望，或依祖宗籍贯，李白之所以不能确知为何处人者，以其所称陇西，本李广产地。乃郡望非地名，故或曰蜀，或曰山东，至今不可确知也。又唐人封爵，如依其所产生之县名而有错误，可请更正。林宝《元和姓纂》之作，即为此故。宋以后

222

封爵随便，然苏轼封武功伯亦因苏之远祖为苏味道，武功人，故轼虽生长四川，仍以武功封之也）。宋以后此风渐废，婚姻封爵不以谱系为准，则谱系乃一家私事，故不设局耳。

（十三）簿录，以刘向《七略》《别录》、荀勖《中经簿》为首，今所谓目录者是。

此十三类，大体已具，犹有不足者，今姑不论。

历代之所损益，但依清人《四库》分类论之。《四库》分类与《隋志》略近而稍变，名古史曰"编年"，别立《纪事本末》一门（纪事本末始于宋之袁枢）。又"诏令奏议"别为一类，有"时令"而无"谱系"。此其大较也。诏令奏议，于古收入文集。帝王亲制，入帝王一己之集，词臣代拟，亦入词臣一己之集。陆宣公奏议入《翰苑集》。宋人文集有内制、外制，是其证也（中书舍人知制诰所拟者曰外制，翰林学士所拟者曰内制）。宋人然，明人亦然，至清则文与诏令奏议有分。盖古人奏议美富，后世渐不成文。能文之士，不愿以奏议入集，故分编也（欧阳修论吕夷简云："夷简为陛下宰相十有九年，误了天下。"此与今白话文相似，甚且谓"盗贼一日多似一日，人民一日穷似一日"。则竟不成文理矣。然犹以之入集）。又古人奏议，多出己手，近世惟京官无幕友为之捉刀。地方督抚所上奏折，出幕友手者十七八。目不识丁之武夫，一为督抚，奏议亦有佳作。即如刘铭传辈亦何尝亲自操觚哉！以故，《四库》分之，亦不足怪。

至于"时令"别为一类，最为可笑。时令者，于古有《夏小正》《月令》之属，唐改《礼记·月令》作《唐月令》，颁行全国，且以冠《礼记》之首。当时重视《月令》，本不足怪。宋以后即不然，至近代则"是月也，东风解冻"等语，惟"时宪书"记之耳。此其语涉气候，本不成令，而《四库》别立一门者，清帝钦定之书，无可归类，又不可不录，故别立此门也。此门所录，只宋陈玄靓《岁时广记》及康熙钦定之《月令辑要》二书，《存目》虽列十余部，故为衬托而已，岂为正式收录哉？唐有官谱，谱系可信。宋以后不可信，以其不可信，故《四库》去"谱系"一门。然家谱自不甚可信，若《世本》以至《姓氏书辨正》，人皆称善，岂不可信。《元和姓纂》虽佚，依《永乐大典》辑成者亦略备。又《千家谱》乃官定之书，凌迪之《万姓统谱》，虽不足道，今其书犹在（北京图书馆有之），亦无甚荒谬处。其书体例，如《尚友录》而较详，每一姓下，列入历代有名之人，梁贾执《英贤传》即如此作，见《广韵》所引，亦《万姓统谱》类也。迪之尚有《姓氏博考》，与谱系有关。以余观之，《世本》《元和姓纂》《千家谱》《英贤传》《姓氏博考》五书，应立一"谱系门"，如云书少，不足别为门类，则"时令"何以可别立一门耶？求其所以不立之故，殆以讲求谱系，即犯清室之忌。

《广韵》每姓之下，注明汉姓、虏姓，如立"谱系"一门，必有汉姓、虏姓之辨，故不如径删去耳。清修《四库》，于史部特注意。经部不甚犯忌，然皇侃《论语疏》犹须审改。子部宋、元、明作者，亦有犯忌处。集部则更多。然皆不如史部之分明，故史部焚毁尤多。不立谱系，即其隐衷可见者也。

《清史稿》史部有"方略"一门（清特开方略馆），《平定三藩方略》《平定罗刹方略》《平定粤寇方略》等属之。今案，方略列入史部，未为允当。《汉书·艺文志》有"兵书略"一门，《四库》入兵书于子部（诸子中有兵家一门）。然子部之兵书，本与其他有异。《孙子兵法》，《艺文志》有图九卷，魏武、诸葛之书，全属行军号令之作，戚继光《纪效新书》《练兵实纪》亦然（《纪效新书》记御倭寇时行军法令，《练兵实纪》记守边时之军中法令，与《孙子兵法》略不同），皆兵家之方略也。由此观之，方略应入兵家。

人谓著书无可归类，则入子部，余谓史部亦然，行军方略，略似纪事，故入史部，不知子部亦有纪事之作也。要而论之，清《四库》添"诏令奏议"一门，无可非议。"时令"一门，全属无谓。方略虽《四库》所无，而《清史稿》有之，然当入兵家，不当列入史部，而"谱系"一门，仍当补入者也。故以《隋志》较之，只应加"诏令奏议"一门而已。《隋志》所可议者，前所举《搜神记》《冤魂记》不当入史部是也。又《竹谱》《钱谱》之属，列入"谱系"，亦为不当。"谱"者，人之谱也，非物之谱也。《四库》于子部立"谱录"一门，则《竹谱》与《群芳谱》相等者当入此门。至于《钱谱》，有"金石"一门在，可列入也。

要之，《隋志》大旨不谬，小有出入，今为纠正如此。然此就已分之四部言耳。如依《汉志》，则正史以下，皆当归入"春秋家"。不但《汉志》为然，齐王俭效《七略》而作《七志》，亦入史部于经（《汉志·六艺略》入史部于"春秋家"，王俭《经典志》亦有史部之书）。详论源流，分部本宜如此，今以《隋志》为准，乃一时之权宜耳。

正史

"正史"之名，昉于《隋志》，今以《二十四史》当之，《隋志》所录正史三千八十三卷，今《二十四史》三千二百四十卷。历年千余而所增益者无多，此何以故？今之所谓正史，以官定者为准。不颁学官，则不得谓之正史（自明以来，以《十三经》《二十一史》颁发学官）。

而《隋志》所录，则只论其合于正史体裁与否，不问其官定私修也。故《后汉书》录八种，《晋书》亦录八种，皆不嫌重复（今《二十四史》惟唐、五代重复，李延寿南、北《史》略与魏、晋、齐、梁重复，但此系通史，与断代为书者不同）。盖史具五志三长者，皆得称为正史，如必立学官而后谓之正史，则当问去取之间，究以何者为准？假以官修为限，则《范书》是私修之史。《新五代史》亦然。即《史记》亦未纯为官修之书。司马迁为太史令，修史固其职责，惟其成书，乃在为中书令时（后代中书令，士人为之，汉则奄人为之，掌出入奏事。与明司礼监之掌印秉笔随堂太监所掌略同）。迁续父业，未成而下蚕室，故其《报任少卿书》曰："草创未就，惜其不成，是以就极刑而无愠色。"《自序》又云："藏之名山。副在京师。"是其书生时未宣布也。殁后，书稍出。宣帝时，外孙杨恽，祖述其书，遂宣布焉。后代官修之史，须进呈于朝，《史记》则不然，知其本为官史，后则私家著述矣。

《三国志》，陈寿除著作郎时所撰（晋以后太史令为著作郎，不掌修史事）。寿殁，梁州大中正范頵等表请就家写其书，则寿书生时亦未进呈，不得谓为官书也。寿又撰《古国志》五十篇，寿师谯周著《古史考》乃考证之作，非记事之书。寿本之而作《古国志》。《古国志》今佚不见，以意求之，殆与《三国志》同类。《三国志》直称晋武为司马炎，如为官书，焉得不避讳乎？然则，《三国志》亦私史也。

今《二十四史》并取《史记》《三国志》《后汉书》《新五代史》，则所谓"正史"者，岂得以官修为准哉！古代史，自《史记》外，别无他作可代。三国史，当时虽有多种，后皆散佚无存，仅存寿书。《后汉书》谢承、华峤各有著述，然自宋以后，独《范书》具存。《五代史》自金章宗新定学令削薛存欧，而《旧史》遂微。然其书明代尚存，虽体例未善，而本末赅具。故司马温公作《通鉴》，于唐事则多采旧书，于五代则专据《薛史》。欧阳修作《五代史记》，自负上法《春秋》，于唐本纪大书"契丹立晋"，为通人所笑。此学《春秋》而误也。《春秋》书法，本不可学，"卫人立晋"云者，晋为卫宣之名，今契丹所立之晋，国名而非人名。东家之颦，不亦丑乎？《欧书》私家之作，如求官书，当以《薛史》为正，否则亦当二书并列。

明代摒弃《旧史》，过矣（《薛史》至清而亡，《四库》诸臣依

《永乐大典》排纂而成今书。昔皖人汪允中自言家有《五代史》原本。汪殁，不知其书所在。商务印书馆影印百衲本《二十四史》，欲得《薛史》原本，久征未得，人疑已入异域，后乃知在丁乃扬家。丁珍惜孤本，托言移家失去，世遂无有见者，修《四库》时，清政府若以帝王之力，多方访求，何至不获真本哉！惜其不求也）。

清儒以不立学官者为别史，王偁之《东都事略》是也（书述北宋九朝之事，王为南宋时人）。元修《宋史》，繁简失当。卷数之多，几及五百。一人二传，往往而有。自明以来，屡议改修。嘉靖中拟以严嵩为总裁，设局重修，其事未行。时有柯维骐者，作《宋史新编》二百卷。至清陈黄中作《宋史稿》一百七十卷。虽去取未能尽善，然纠谬补遗，足备一格。《元史》仓卒成书，纰漏最多。清末柯劭忞作《新元史》，屠寄作《蒙兀儿史记》。柯书征引繁博，体例似不及屠。屠书不载太祖、太宗等庙号，直称成吉思皇帝、完者笃皇帝、薛禅皇帝，谓元代诏令碑版多如此称。称之曰太祖、太宗者，华人以尊号加之耳，未必合彼意也。应准名从主人之例，改为是称。余谓元人以鼠儿、牛儿纪年，则纪年似亦应改，而屠书未能从也。柯书繁富，屠有笔削，皆视旧史为优。列入正史，可无愧色，至宋史之柯、陈二家，可否列入正史，一时尚难论定。要之，正史范围，当从宽大，如《隋志》之尽量收入，亦无妨耳。

"正史"云云，又有当论述者，"正统"之说是也。《隋志》于正史之外，别有"霸史"，以霸匹正，则"正"言正统，"霸"言僭伪割据也。"正统"之说，论者纷然。北人以北朝为正统，唐初尚尔。而《隋志》则南北朝史并入正史。盖南北朝究竟以何方为正统，未易定也。若依夷夏之辨立论，自当以南朝为正，北朝非华人也。如以正统予元魏，则前之刘渊、石勒、苻坚，皆将以正统归之矣。斥刘、石而予魏、齐，岂持论之平哉！苻坚奄有中原，强逾东晋。而王猛临终语之曰："晋正朔相承，愿不以晋为图。"是猛固视晋为正统也。北魏初亦不敢自大，及魏收作《魏书》，始称东晋为"僭晋"，谥南朝曰"岛夷"（此亦报复之道。沈约作《宋书》，号北朝曰"索虏"。托跋编发为辫，故曰索头虏），助桀为虐，信为秽史！

唐人承隋，不得不以北朝为正。开元时，萧颖士以为南朝正统，至萧梁而绝，作《梁不禅陈论》。实则梁敬帝禅位于陈，不能言陈无所受，而温公有"陈氏何所受"之说，殆为萧氏所误也。案萧颖士为梁鄱阳王恢七世孙。梁氏宗室，自相构难，萧詧至以妻子质魏，道魏兵伐江陵，杀梁元帝。元帝之子敬帝，称帝建业，后禅位于陈，詧亦在襄阳即位，号后梁，至隋开皇七年，国废。党伐之见，萧家子弟锢蔽最深。颖士偏私之言，岂可尽信？

皇甫湜作《东晋元魏正闰论》，亦谓江陵之灭，则为周矣。陈氏自树而夺，无容于言。此盖唐人立言，不得不尔。《资治通鉴》则取宋、齐、梁、陈年号以纪诸国之事，自宋至陈，主国者皆汉人，自宜以正统予之。而朱晦庵作《纲目》，不分主从，并列南、北朝年号。晦庵生当南宋，不知何以昧于夷夏之义如此。温公《通鉴》于三国则正魏闰蜀，《纲目》反之，以蜀为正统，此晦庵长于温公处。温公谓昭烈之于汉，虽云中山靖王之后，而族属疏远，不能记其世数名位，亦犹南唐烈祖之称吴王恪后，不当以光武为比

（自长沙、靖王至光武，世系甚明）。此温公之偏见。徐知诰幼时
为徐温所虏，其世系人无知者。若昭烈之称汉后，为当时敌国所共
认，为汉中王时，群臣表于献帝，称"肺腑枝叶、宗子藩翰"，若
果世次无考，曹操焉有不揭破其诈者！又吴、蜀交恶，诸葛瑾与备
笺云："关羽之亲，何如先帝。"设非汉裔，瑾何为此言哉？故以
昭烈比徐知诰，亦温公之一失也。温公自言正闰之际，非所敢知，
不过假其年号以识事之先后，故五代梁、唐，亦取其年号纪事。而
王船山则以为称"五代"者，宋人之辞。黩卒剧盗，犬羊之长，不
能私之以称代。必不得已，于斯时也，而欲推一人以为之主，其杨
行密、徐温、王建、李昇、钱镠、王潮之犹愈乎？尚有长人之心，
而人或依人以偷安也。

　　周自威烈王以后，七国交争，十二侯画地以待尽。赧王纳土朝
秦，天下后世，固不以秦代周，而名之曰战国。然则天祐以后、建隆
以前，谓之战国焉，允矣，何取于偏据速亡之盗夷而推崇为共主乎？

　　严衍《通鉴补》亦言周社虽亡，秦命未集，昭襄虽强，犹齐、
楚耳。朱温篡唐，毒浮于地。敬塘巨虏，殄歼万民。梁、晋之罪，
甚于黄巢。世有鲁连，必当蹈海。其书以周赧入秦，七雄分据，
改称"前列国"。唐昭陨洛，五代迭兴，改称"后列国"。论甚
公允。惟书之于册，甚不易于纪年。当时十国中称帝者四（吴、南
唐、前蜀、后蜀，又南汉刘龑亦称帝），究以何人之年号为纲而附
之以事乎？严书分注列国年号。按分注之列，始于《纲目》。前之
前、后《汉纪》，皆不分注。《纲目》与《通鉴》体例不同，毕沅
《续通鉴》，于宋代纪年而下，旁注辽、金年号，显然违乱《通

鉴》体例。严之《通鉴补》亦然。故空言甚易，成书则难。史家于此，所当郑重考虑也。

霸史中如马令、陆游《南唐书》，吴任臣《十国春秋》，谢启昆《西魏书》（魏收在北齐作《魏书》，不载西魏，谢纂录故籍成此），皆足以资考订。至何者方可谓之正史，则清代以颁立学官者为限。民国以来，无此限制，亦不能再立范围矣。

《史记》于纪、传、表、志之外，别立"世家"，以纪列国诸侯。一统之朝，不宜有此。记僭伪之国曰"载记"，《晋书》有之，其体昉于《东观汉记》（东汉初年之群雄，如刘玄、公宾就等悉入载记）。《新五代史》立十国世家。十国中，如吴、越、荆南奉中原正朔者列入世家，固无不可，若南唐、孟蜀则帝制自为，不受册命，岂应列入世家？《宋史》亦以"世家"载开国时未灭诸国，实则皆当以"载记"称之，不当列入世家也。今《清史稿》沿前史之例，立叛臣、逆臣二传。其中如郑成功为残明孤忠，洪秀全亦未尝事清，志在光复，安得以"叛逆"目之。此皆当入"载记"者也。

《史记》十表最佳，《汉书》因之。范晔、陈寿已不能为，而宋熊方作《后汉书年表》十卷，补所未备，厥意可师。盖传所不能容者，见之于表，亦严密得中之道。故亲若宗房，贵如宰执，传有所不登，名未可竟灭者，皆可约之以表。《汉书·百官公卿表》所载，多功业低微之辈。后汉政归台阁，三公无权，选举诛赏，一由尚书（台阁者，尚书省也。尚书官小而势尊，出纳王命，敷奏万机，一如帝王之秘书厅矣），三公惟伴食耳。故《范书》立传不多，熊方补之，读者得一览了然，诚快事也。《新唐书》之《宰相世系表》，《汉书》之《古今人表》，皆属无谓（《宰相世系表》，推其始祖，记其后裔，宰相之家谱耳）。记其《新唐书》之《方镇表》，《明史》之《七卿表》（六部尚书及都察院），《清史稿》之《疆臣表》（各省督抚），则增设而得当者也。

《史记》八书，未曾完具。《礼书》录自《荀子》。《乐书》全袭《乐记》。盖十篇有录无书，后人杂取他篇以补之也。其实，太史公时，礼乐已有制作。叔孙通所定之朝仪，可入《礼书》。铙歌楚调，可入《乐书》，不知何以剿袭充数也。《天官书》专载天文。夫星座方位，古今如一，似不必代有其书。然测天历代不同，则又不可省也。《律》《历》二书，亦寡精要，史公所注意者，盖在《河渠》《平准》《封禅》三书耳。《前汉书》之《礼乐》《律历》二志，较《史记》为详，其《天文志》则略同《史记》，加《五行志》以记灾异，则汉人最信五行也（"五行志"后来史书无不有之，均法《汉书》之说怪异。《明史》则但载事物之变异，一无影射之言，斯为优矣）。

后沈约《宋书》增《符瑞志》，斯无谓矣。《沟恤》《食货》二志，亦较《史记》为详，《郊祀》意续《封禅》。《刑法》增而未尽。《地理》《艺文》《史记》不志，而《汉书》增之，沾溉后人不少，此班志之特长也。范蔚宗不能为志，后世以司马彪《续汉书志》补之。《百官》《舆服》二志，彪所新设。《百官》述官制而不详，《舆服》可与礼乐同入一类。自此以后，书志分门，无大变动。兵制为国家要政，而各史阙如。《新唐书》补之，可称特识。

又有"选举志"，亦补前史所未备。"天文"一志，似无所用。惟《晋书》《隋书》之天文志，详备可观，盖李淳风等所定也。又《隋书·律历志》，比较古今度量权衡而详列之，此亦《隋书》之特长，亦李淳风等所定也。《明史》天文、历法参用西术，详列图表，此皆后人特优之处。惟典章制度，史志所记不详。专门之书，则有《通典》《通考》诸书在。

《史记》《刺客》《游侠》诸传，极形容之所事。史公意有不平，故为此激宕之文，非后人所当仿佛者也。《汉书》有《佞幸传》，载外嬖邓通、董贤之流，善柔便佞，虽无奸臣之气魄，而为祸则烈。若清代之和珅，亦可以入"佞幸传"也（初修《清史》时，人谓《清史》不当列"奸臣传"，以无人可当奸臣也。余谓和珅一流，入"佞幸传"可矣）。《史》《汉》有《儒林传》，《后汉书》更益之以《文苑传》，《史记》之《司马相如传》，《汉书》之《扬雄传》，皆无大事可记，仅取其赋篇入传。

晋以后之文人，史传亦往往录其赋篇。是皆可入"文苑传"，举其篇名，不必全载其文。《后汉书》有《列女传》，搜次不行，不专节操（刘向《列女传》善恶兼收，不专崇节操）。宋以后则为"烈女传"，专以激扬风教为事，与前史之旨趣违异。《后汉书》有《党锢传》，《宋史》析《儒林》而别传《道学》，清人颇致讥议。

其实"道学"一传，可改称"党锢"。蔡京立《元祐党人碑》，韩侂胄禁伪学（当时士子应试，须先声明与伪学无关），程、朱皆在党禁之内，可不必分儒林、道学也。《明史》有《阉党传》，载刘瑾之党焦芳，魏忠贤之党魏广征等，皆阉官爪牙，交煽毒焰者。若入《宦者传》，则实非宦者。若入《奸臣传》，则不足名之曰奸臣。号曰"阉党"，亦无可奈何者也。王敦、桓温诸人，逆迹昭著，《晋书》置诸最后，示外之于晋。《新唐书》分《叛臣》《逆臣》为二，自称王号不奉朝命者曰"叛臣"，称兵犯阙者曰"逆臣"。

《明史》记民间揭竿而起如张献忠、李自成辈，为《流寇列传》，此亦无可奈何者也（汉之黄巾无列传。唐之黄巢入《逆臣传》。张、李等未受朝官，不当入《逆臣传》而又不能无传，故曰无可奈何也）。前史于域外诸国，皆为列传，如《匈奴传》《西域传》是。明之土司，在中国境内，不能与外国等视，《明史》因增《土司传》。凡此，皆增补之得当者也。

史传诸体，应增即增，不必限于前例。今若重修清史，应增"幕友""货殖"二传。前代虽有参军一职，实系军府僚属，与清代布衣参地方官之幕者不同（明代只有军幕，职掌奏启文移，无所谓刑名钱榖。至清则地方官多有之）。其始满人出任地方官者，于例案一无所知，不得不延幕友以为辅佐。其后虽非满人，亦延聘幕友。浙江巡抚李卫幕中有邬先生者，雍正曾予密谕，其势焰可以想见，此文幕也。至于军幕，如明季徐文长之参胡宗宪幕，不过笔书记而已。清之军幕则不然。左宗棠初亦为幕友，靳辅幕中有陈潢，皆参与帷幄，自露头角者也。至货殖列传，则清末富商大贾，每足以左右国家财政。列之于策，亦足以使后来者觇国政焉。

编年史

乙部之书，编年与正史并重。《史记》以前，《春秋》为编年之史。《竹书纪年》虽六国人作，亦编年类也。盖史体至汉而备。《史记》《汉书》《东观汉记》三史之外（晋时以《史》《汉》《汉记》为三史，人多习之），又有荀悦《汉纪》（悦与彧、攸同宗，不附曹操，以建安十四年卒）。悦书奉诏而作。献帝以《班书》文繁难省，令悦依《左氏传》为《汉纪》三十篇，则编年体也。

其后有袁宏《后汉记》、孙盛《魏氏春秋》《晋阳秋》（不称"春秋"者，避简文宣太后讳也）、习凿齿《汉晋春秋》。六朝人衍其绪余者，不可悉举。至司马温公之《资治通鉴》而集其大成。踵其后者，有李焘之《通鉴长编》，李心传之《建炎以来系年要录》，陈桱之《通鉴续编》。《长编》纪北宋一代之事，上接《通鉴》。《要录》述高宗一朝之事，与《长编》相接。至陈桱《通鉴续编》，体例不纯，有自为笔削处，当厕诸《通鉴》《纲目》之间。明薛应旂作《宋元通鉴》，清徐乾学作《通鉴后编》、毕沅作《续通鉴》、夏燮作《明通鉴》，其体例皆法《左氏传》，而不法《春秋经》，其兼法《春秋》而意存笔削者，则文中子《元经》、朱晦庵《纲目》是已。

自明以来，作史者喜学《纲目》，清有《通鉴辑览》亦属《纲目》一类，而与《通鉴》体例不同。徐鼐《小腆纪年》，亦效法《纲目》，盖《通鉴》准则《汉纪》，虽有褒贬，无自存笔削之意，与沾沾以衮钺自喜者异也。

荀悦序《汉纪》，言立典有五志：一曰达道义，二曰章法式，三曰通古今，四曰著功勋，五曰表贤能。今案班固之作《汉书》，其义亦不外此。"志"即所以章法式而通古今，"传"即所以著功勋而表贤能。至"达道义"一义，则为华夏史书所同具。袁宏生东晋之季，好发议论（荀《记》议论甚劣），谓荀书足为佳作，然名教之本，帝王高义，则无有也。以余论之，袁书亦未为详尽，特议论甚长耳。盖彦伯所据，有谢承、华峤、司马彪、谢沈诸家之书，点窜抉择，极费苦心，故其自序言"经营八年，疲而不能定也"（荀书只就《班书》旧文剪裁联络成书，较袁书为易）。彦伯之议论，有自相违异处，如《三国名臣赞》称荀彧云："英英文若，灵鉴洞照，始救生人，终明风概。"

而《后汉记》则言魏氏得以代汉者，文若之力也。盖赞主褒美，史须直笔，体例各有所当耳。《后汉记》有可与《范书》比勘者，如一人之言语应对，两书不同，章奏文字，互有增省是也（章奏有案可稽，不应彼此不同，盖史官润色，故生歧异也）。孙、习二家之书，今不可见。

《三国志》裴松之注略有称引。孙于魏氏，无甚卓见，其于晋事，则不可知。习书以蜀汉为正统，所以然者，习氏与桓温同时，见温觊觎非分，故著《汉晋春秋》所正之。然晋受魏禅，外魏则晋无所受。而习氏则以为魏文虽受汉禅，不得免于篡逆，平蜀以后，汉真亡耳，于是晋室始兴，故以晋承汉，不认曹魏，故名其书曰《汉晋春秋》。于司马昭弑高贵乡公，亦用直笔书之。

晦庵《纲目》之正蜀闰魏，即导源于此也。南北朝之史籍，如《三十国春秋》等，至今一字无存，温公之作《通鉴》也，采撷甚广，异同互出，不敢自擅笔削之权，因有《考异》之作。盖传闻每多异辞，正史或有讹谬。温公既取可信者录之，复考校同异，辨正谬误，作《考异》以示来世，真所谓良工心苦也。

至褒贬笔削之说，温公所不为。例之《太史公书》，亦无自存笔削之意也。观史公《自序》答壶遂之言曰："余所谓述故事，整齐其世传，非所谓作也。而君比之《春秋》，谬矣！"盖《春秋》有一定之凡例，而褒贬之释，三传不同。故《春秋》不可妄拟。《通鉴》之志，亦犹史公之志耳。

《通鉴》成书，较袁《记》更难。荀《记》所载，不过二百年事，袁《记》不及二百年。《通鉴》则综贯一千三百六十余年之事。采撷之书，正史而外，杂史多至三百三十二种（华峤《后汉书》，温公恐不及见）。此一千三百六十余年中，事迹纷乱，整齐不易。荀《记》点窜《班书》，无大改异，事固易为。袁《记》略有异同，而当时史籍尚寡，不难考校。

自三国至隋，史家著述，为数綦众，观《三国志》裴注征引者已有十余家。裴尚仅以陈寿为主，其余诸家，不甚依据。温公则兼收并蓄，不遗巨细。两晋南北朝之事，自《晋书》外，有王隐等十余家书，温公多采之。又如五胡十六国事迹最为纷乱，而《通鉴》所叙，条理秩然。皆可以见其书功力之深也。

南北朝史，均病夸大，而《魏书》尤甚。《史通》反对南北朝史最烈。其实南朝之史尚优于北朝。南朝之史有可笑者，如沈约《宋书》，阑入以牛易马之语，于禅让之间，常以忠于前朝者为不知天命，其失仅在文章褒贬之间，不如魏收《魏书》之诬诞。《魏书》志官氏则曰"以鸟名官，远师少皞"，无怪《史通》之斥之也（《史通》之语曰："魏氏始兴边朔，少识典坟，鸟官创置，岂关郯子！"）。又北人不读诗书，而诏令口语，多引经典，亦无怪《史通》之赞王劭《齐志》也（王劭《齐志》多录当时鄙语。《史通》曰："渠们底个，江左彼此之辞。乃若君卿，中朝汝我之义。叱俗有殊，土风不类，劭之所录，弘益多矣"）。《通鉴》于此，不甚别白，殆以为无关宏旨乎？《魏书》之外，周、齐二书，亦为夸大，至李延寿作南、北《史》，稍为减杀。是故整理南、北朝史，殊非易事。

又《新唐书》采摭小说甚多，温公则多依《旧唐书》，删存去取，其难百倍于他书也。统观《通鉴》所采，西汉全采《史》《汉》，东汉采《范书》十之七八。魏晋至隋，采正史者，十之六七，唐则采正史者十不及五（温公于《旧唐书》亦不甚满意）。至五代则全据《薛史》。编辑之时，汉魏属之刘攽，晋至六朝属之刘恕，唐及五代属之范祖禹。三人分修，而笔墨相近，盖温公颇加斟酌于其间也。大事之后，又系以"臣光曰"之论断，较之袁书，此为简易。较之荀书，此为透彻。书成上表，谓"精力尽于此书"，信不诬矣。书以"资治"为名，则无关政治之处，自非所重，是以不甚信"四皓"之事，于严子陵亦仅略著数笔，至于文人，尤为疏略，如欲考究文化，仅读《通鉴》，仍有所不足也。

史家载笔，直书其事，其义自见，本不必以一二字为褒贬。书法固当规定，正统殊不可问，所谓不过假年号以记事耳。《通鉴》视未成一统之局，与列国相等。如以魏为正统，而记载仍与吴、蜀相同，南北朝亦然。凡一统之君，死称"崩"，否则称"殂"。《通鉴》于三国魏主死称"殂"，蜀、吴二主亦称"殂"，南北朝南主称"殂"，北朝亦称"殂"。一统之国，大臣死称"薨"，否则称"卒"，与春秋列国大夫相同。此温公之书法，所以表示一统与否者也。其在一年中改元者，温公以后者为准，若禅受之际，上半年属胜代，下半年为新朝，亦以后者为准。如汉献帝二十五年之冬，禅于曹魏，纪汉则献帝止于二十四年，二十五年即为黄初元年。

南北朝以南朝纪年，至隋开皇九年灭陈，始立"隋纪"。其在汉献未禅位之前，魏称"王"，汉称"帝"。开皇九年前，以陈称"帝"，隋称"主"，灭陈之岁，陈称"主"而隋称"帝"。温公书法如此，其实一年两纪，亦无不可。温公不欲两纪，故以后者为准。后人言温公夺汉太速，实亦逼于书法，无可如何也。

《纲目》以蜀为正统，分注魏、吴二国年号于下，《通鉴》则止有大书，无分注之一法，后陈桱作《通鉴续编》二十四卷（桱生元末，入明为翰林编修），大书、分注，全仿《纲目》。虽曰《通鉴续编》，实《纲目》之流亚也。沈周《客座新闻》载桱著此书时，书宋太祖云"匡胤自立而还"，未辍笔，迅雷击案。陈柽端坐不慑，曰："虽击吾手，终不易也。"柽书颇有存亡继绝之意，如后汉刘知远族裔据太原称北汉，《续编》仍存北汉年号。金哀宗之后，末帝承麟立仅一日，亦为之纪年。西辽传国数十年，《续编》详为分注，宋益王昰、卫王昺在瀛国公降元之后，播迁海岛，《续编》亦皆记之，以存宋统（元修《宋史》附《恭宗本纪》后）。

清代君主对于此事，深恶痛疾，其不愿福、桂、唐三王得称正统，观《御批通鉴辑览》可知。甚至李光地《榕村语录》云："凡历代帝王，均有天命，不得随人私意，尊为正统。蜀汉之尊为正统者，以重视诸葛武侯故耳。"乾隆时更发特谕，谓"元人北去，在汉北称汗，其裔至清初始尽。设国灭统存，则元祚不当尽于至正。武王灭纣，武庚亦将仍为正统"。此不知史为中国之史，胡元非我族类，驱出境外，宁有再系其年号之理。武庚已受周封，备位三恪，岂可与益、卫二王即位岭海者同年而语哉！然戴名世即以《南山集》论二王应称正统而得祸。由今观之，爱新觉罗氏既作此"国亡统绝"之论，则辽东之溥仪，自不得再有统绪之说可以借口也。

薛应旂《宋元通鉴》无所取裁，重沓疏漏，不胜枚举。徐、毕二家之《续通鉴》，亦有误学《纲目》处，如年号之大书、分注是也。宋、元二史，本文不佳，故采摭所得，不足动人。《通鉴》于可以发议论者，著以"臣光曰"之论断，此盖仿《左传》"君子曰"之例，荀、袁两《记》亦然。毕沅《续通鉴》，不著议论。不知既无一字之褒贬，自不得不有论断，而毕书无之，难乎其为续矣。至夏燮之《明通鉴》，未免有头巾气。故谓毕、夏二家之书可以上继《通鉴》者，谬也。

《纲目》本之《资治通鉴》，非晦庵亲著，乃其弟子赵师渊所作。孔子作《春秋》，笔则笔、削则削，游、夏之徒不能赞一词。晦庵则付之弟子，而自居其名。唐乔补阙知之有婢曰碧玉，善歌，知之为之不昏。"不昏"者，不娶妇也。《纲目》去一"不"字，曰："知之为之昏。"纰谬之处，可见一斑。其所褒贬，颇欲与温公立异。三国以正统予蜀，持义固胜，而以南北朝年号并列，则昧夷夏之辨矣。温公推崇扬雄，既为《法言》作法，又言孟、荀不及扬雄。雄阿附巨君，《颜氏家训》已致诽议，苏子瞻鄙其为人。然《纲目》于天凤五年下大书"莽大夫扬雄死"六字，则有意与温公立异。官职卑微者，史不必书其死。史书凡例，蛮夷君长盗贼酋帅曰"死"，大夫则称"卒"称"薨"。故曹操、司马懿之奸恶，其死也，亦不能不书曰"卒"，乃于扬雄特书曰"死"，此晦庵不能自圆其说者也。惟此书出赵师渊手，故有此体例不纯之事。其后尹起莘为之作《发明》，刘益友为之作《书法》。恐亦彼辈逞臆之说，不免村学究之陋习耳。

作史而存《春秋》笔削之意，本非所宜。其谬与《太玄》拟《易》相同。王通作《元经》，大书"帝正月"，传为笑柄。明人作编年史，多法《纲目》。乾隆御批《通鉴辑览》，亦依仿《纲目》，更不足道。盖以一人之私意予夺也。其有自以为无误而适得其反者，如唐狄仁杰，人皆目为良臣（中宗复位，得力于张柬之。柬之，狄所举也），而《辑览》则以为狄仕于周，于"同平章事"上应书"周"字。是非背于大公，即此可见。其夺益王、卫王之纪年，更无论矣。

徐鼒作《小腆纪年》，专纪南明三王之事，自宜以三王纪年，而仍大书分注，以清帝纪年。然则称大清纪年可矣，何谓"小腆"哉！徐鼒生道光时，鸦片战争之后，已无文字之狱，尚有此纰谬，难乎免于刘知几之所谓"党护君亲"矣。笔削之书，孔子而后，世无第二人。太史公、司马温公所不敢为，而后人纷纷为之，不得不叹《纲目》为始作之俑也。

《明史》文章，视《宋史》为胜，惟其书法有不如《宋史》者。《宋史》于益、卫二王附本纪之末，一如《后汉书》之于未逾年之君著之先帝本纪之后者。王鸿绪《明史稿》以福、唐、桂三王列入"宗室诸王传"，尚可谓之特笔。于乾隆时重修《明史》，则以之附于先王传后。须知本纪如经，列传如传，有君而不立本纪，其臣将何所附丽哉！如福王时史可法，唐王时何腾蛟，桂王时瞿式耜、李定国等，读其传者，将不知所事何人，此《明史》荒谬之处也。徐书更不足道矣。

要之，褒贬笔削，《春秋》而后，不可继作。《元经》一书，真伪不可知。《纲目》则晦庵自视亦不甚重。尊《纲目》为圣书者，村学究之见耳。编年之史，较正史为扼要，后有作者，只可效法《通鉴》，不可效法《纲目》，此不易之理也。

政书

正史编年而外，学者欲多识前言往行，则三通尚已。《四库提要》以《通典》《通考》入"政书类"，《通志》入"别史类"。不知《通志》二十略，郑渔仲之创作。本纪列传，则史钞也。《四库》不加辨别，概归之于别史，失其实矣。作《通典》者杜君卿，唐德宗时人。先是，刘知几之子秩，作《政典》三十五卷，分门诠次，大体略具。杜氏以为未备，复博采史志，综贯历代典章制度，而为是书（典章制度之散在列传者，《通典》不备取）。杜氏之意，重在政治，故天文、五行，摈而不录。全书二百卷，分八门，礼占卷帙之半。

《开元礼》原书已佚，杜氏撷其精要，存三十六卷，其隆礼如此。书成，德宗时上之（此书上溯黄、虞，下讫天宝，可谓体大思精之作）。至宋，有宋白作《续通典》，今无可见。马贵与作《文献通考》，盖有因于宋书者。马氏以杜书为未备，故离析增益，而列二十四门。实则《经籍》《象纬》《物异》诸考，无关政治，不过充数而已（《经籍考》尚与文化有关）。然其书出后，继起而无愧色者，亦不可得矣。

《通典》事实多而议论少，《通考》录议论至多。宋人素好议论，固其所也。明王圻作《续通考》二百五十四卷，盖不足上规马氏。清高宗时，辑宋、辽、金、元、明五朝事迹，作《续文献通考》二百五十二卷。高宗好胜好名，以《通典》终天宝之末，复敕修《续通典》一百四十四卷（自唐肃宗至德元年，迄明崇祯末年）。实则既续《通典》，何必又续《通考》？同时，更撰《皇朝通典》一百卷，此其命名已不通。所谓"通"者，贯数代而为言也。事止一代，安得谓之通乎？《通志》二十略，大半本于《通典》。《六书》《七音》二略，是其得意之作。帝纪列传，迳录原史，不合《通典》《通考》之例。《四库提要》不以与杜、马之书并列，殆为此也。然《通志》疏漏殊甚，不仅言天文可笑，言地理亦可笑。《地理略》全钞《通典》之文。所以然者，南宋时两河沦陷，郑氏无从考征，只得钞撮成书耳。故朱晦庵已云，《通志》所载，与北方人所言不合。夫记载地理，本须亲自涉览，郑氏不知而作，纰谬固宜。

至于《六书略》，与《说文》全不相涉，《七音略》则以三十六字母为主。谓三十六字母可以贯一切之音，且矜贵其说，云得之梵书。今按《华严》字母，与梵语无关。《涅槃文字品》四十七字，尚与梵语相近。三十六字母者，唐宋间人摹拟《华严》之作也。然反切之学，中土所固有。世但知起于三国孙炎，实则《经典释文》即有汉儒反语数条。《史记索隐》《集解》，《汉书》颜注，及《文选》李注，皆载反切不少，《玉篇》亦有反切，此皆在创制字母之前，其为先有反切后有字母无疑。反切行世既久，归纳而生字母，此殆必然之理。郑氏考古太疏，妄谓江左之儒知有四声，而不知七音，尊其学出于天竺，谬矣。其《校雠》一略，为章实斋所推崇，实则郑氏校雠之学，不甚精密。其类例一依《七略》《七志》，不欲以四部分类，亦但袭古人成法耳。揆郑氏初志，盖欲作一通史，而载笔之时，不能镕铸剪裁，以致直钞纪传，成为今书耳。

《续通志》无本纪列传，《续通典》《续通考》大体尚佳，惟嫌重复。二者有一已足，不必重规叠矩也。又其所载官制，名实殊不相应。清制，在未设军机处以前，内阁沿袭明代故事，有票拟批答之权（即中外章奏，阁臣拟批签进也）。既设军机处，则此权归军机处，而《续通典》《续通考》仍言内阁掌票拟进呈。

又给事中，自唐至明，职权甚大（宋无此官），制敕诏令，皆须经给事中之手，苟有不合，可以封还。此前代政治之善，可以减杀皇帝之专制。至清，嫌恶此职，以之归入都察院。从前台谏分列，至清而并之。密谕由军机处传发，给事中不得寓目。明代大赦归内阁，由给事中颁发，清亦不然。而《续通典》《续通考》仍载给事中掌封驳之说，此皆名实不相应者也（是否赋之以封驳之权，而给事中者有所不敢封驳，或抑夺其权而但存其名，均不可知。观密谕给事中不得寓目，可知《续通典》《续通考》所载，实自欺欺人语矣）。

《皇朝通志》亦有"六书略"一门。夫六书之法，限于中国文字，而此则以满文、蒙文、回回文充之。见篆书有倒薤、悬针、垂露诸体，亦被满文、蒙文、回回文以倒薤、悬针、垂露之名。又以大写者为大篆，小写者为小篆，称大篆为史籀作，小篆为李斯作，岂非可笑之甚耶！当时若仅续修一部，或《通典》或《通考》，自唐至明，附以清制，固未尝不可。

无如高宗之好夸大，欲多成巨帙，以掩前代所作，不知适以招叠床架屋之讥也（清帝康熙最为聪明，天算、诗文，确有长处。雍正专意政治，不甚留意文学，其《朱批上谕》，宛然讼棍口吻。乾隆天资极钝，而好大喜功，颇思囊括中国全部学问。当时考据之风盛，故《乐善堂集》中亦有考据文。又好作诗，其在苏杭一带石刻者，皆可笑）。要之，清代政书，终以《大清会典》为少疵。《通典》《通考》皆不足观。是故，《九通》之中，独杜氏《通典》最当详究，不仅考史有关，以言经学，亦重要之书也。

章实斋因当时戴东原辈痛诋《通志》，故作斥马申郑之论，谓《通志》示人以体例，本非以考证见长。不知郑氏所志，若果在标举纲领，则作论文可矣，何必抄袭史传，曾不惮烦如此。以此知郑氏之作，正欲以考证见长耳。章氏所言，适得其反。然章氏讥弹《通考》之言，固自不谬。谓天下有比次之书，有独断之学，有考索之功。独断、考索欲其智，比次之书欲其愚。马贵与无独断之学，《通考》不足以成比次之功。其智既无所取，而愚之为道，又有未尽。此论也，切中《通考》之失。然不知官修之书，分门纂辑，比次自不至疏陋。马氏以一人之力，成此巨著，一人之力有限，宜其不能尽比次之愚，又何其论考索之智耶。

《通典》《通考》而外，"会要"亦掌故要籍。《唐会要》，元和时苏冕所作，后杨绍复等奉诏续之。宋王溥复续成今书。溥又撰《五代会要》三十卷，南宋徐天麟更撰《东汉会要》《西汉会要》，取两汉之事，分为若干门，不专记典章制度。《四库》无可归类，入之"政书"，实非纯粹政也。《东汉会要》《西汉会要》，用以搜检两汉书甚便。《五代会要》，学者不之重，然所记政典，颇足补《五代史》之阙。五代《旧史》不全，《新史》亦有所未详也。如经籍镂版，昉之长兴（唐明宗长兴三年校正《九经》，刻板印卖，学者从此不必手抄），《五代会要》详载其事。然明宗不甚识字，《通鉴》载李绍真、孔循请自建国号，明宗问左右何谓国号。愚陋如此，安能阐扬经术。于时冯道当国，可见《九经》镂版，冯道之力为多。宋初儒者，鄙夷冯道，《新史》削而不书（冯之雕印《九经》，与张宗昌之翻刻《唐石经》，后先辉映）。不有《五代会要》，后人何从知冯道之功耶？大抵"会要"一类，只唐、五代二书较为重要，余皆无用。其附于《通典》《通考》之次者，以体例相近故尔。

　　清秦蕙田作《五礼通考》，依《周礼》吉、凶、宾、军、嘉，立为五纲，凡历代典章制度，一一收入。此书由戴东原、钱竹汀、方观承等参酌而成，"观象授时"一门，戴氏之力居多。全书记载详尽，胜于《通志》。曾涤笙尝言，《三通》之外，可益此而为"四通"。然其分门之法实不合。先是，徐乾学作《读礼通考》一百二十卷，特详凶礼。于是秦书于凶独略，名为"五礼"，实止四礼，此一失也。又古今典章制度，本非五礼所能包举，秦书二百六十二卷，吉礼占其大半，且多祭祀一类，考古有余，通今不足，此又一失也（《通典》《通考》所载之礼，今尚有用）。《通考》综朝觐巡狩诸事，称曰"王礼"，选举学校，分门别立，而秦书一皆入之《嘉礼》。其中又设观象授时、体国经野诸题，以统天文舆地，此又极可笑者也。彼以为《周礼》朝觐属于"宾礼"，后世帝王一统，宾礼止行于外藩，臣工入见，无所谓宾礼，故以朝礼入"嘉礼"，巡狩之礼，亦并入焉。不知其为大谬也。夫体国经野，设官分职，《周礼》六官皆然，然吉、凶、军、宾、嘉五礼，为春官大宗伯所掌（此封建时代之礼制，后世有不能沿袭者）。《周礼》大宗伯掌邦礼以佐王和邦国，以吉礼事邦国之鬼神示，以凶礼哀邦国之忧，以宾礼亲邦国（朝觐会同），以军礼同邦国，以嘉礼亲万民（冠、昏、宾、射、飨、燕皆在嘉礼）。以五礼为纲，其目三十有六。周代众建诸侯，礼则宜然。后世易封建为郡县，五礼之名，已不甚合。且嘉礼以亲万民，焉得以政治制度当之？故《五礼通考》之名与其分类皆未当也。《礼记》云："经礼三百，曲礼三千。"郑康成谓，"经礼"者《周礼》也，"曲礼"者《仪礼》也。余以为观象授时、体国经野、设官分职、学校制度、巡狩朝觐，皆可谓之"经礼"，《左传》所谓"礼，经国家，定社稷，序人民，利后嗣"，《孝经》所谓"安上治民，莫善于礼"是也。"经礼"之外，别立"曲礼"一项，然后依五礼分之。如是始秩然不紊。今但以五礼分配，于是"舆地"归体国经野，"职官"归设官分职，一切驱蛇龙而放之菹。不识当时戴东原、钱竹汀辈何以不为纠正也。

就政治而言，《通典》一书为最重要，其言五礼亦备。外此则《通考》亦有用。曾氏家书，命其子熟读《通考序》，可见注重《通考》矣。凡人于所得力，往往不肯明言，曾氏实得力于《通考》，"四通"之说，欺人语也。

民国以还，在官多寡学之徒。叶德辉尝告余："康氏自以为是，不足与言学问。梁氏之徒，尚知谦抑，尝问'欲明典章制度，宜读何书？'则告以'可读《通考》'。"余问"何以不举《通典》？"叶笑曰："尚不配读《通典》也。"余谓应用于政治，读《通考》已足。《五礼通考》之类，政治中人，未有好读之者，读之亦无所用。徒以曾氏一言，遂增其声价。实则此书非但不及《通典》，亦不如《通考》甚远。至于皇朝《三通》，通非所通。《五礼通考》以行政制度归入五礼，亦不通也。今人欲读政书，自以《通典》《通考》为最要。《通志》已无所用。至读皇朝《三通》，则不如读《大清会典》。要之，《九通》之中，有用而须熟读者，只《通典》《通考》二书已耳。

治史明辨

　　余于星期讲习会中，曾言经史实录不应无故怀疑。所谓"无故怀疑"者，矜奇炫异，拾人余唾，以哗众取宠也。若核其同异，审其是非，憭然有得于心，此正学者所见有事也。《太史公》记六国事，两《汉书》记王莽事，史有阙文，语鲜确证。《唐书》记太宗阋墙之变，及开国功业，虽据实录，不无自定之嫌。明初靖难之祸，建文帝无实录可据。举此四者，可见治史者宜冥心独往，比勘群书而明辨之也。

　　《史记·六国表序》言，秦既得意，烧天下《诗》《书》，诸侯史记尤甚，为其有讥刺也。《诗》《书》所以复见者，多藏人家，而史记独藏周室，以故灭。夫诸侯史记既灭，则太史公所恃以秉笔者，惟《秦记》耳。《六国表》凡秦与六国战争之事悉载之，六国自相攻伐，如乐毅破齐等亦载之，此事之可信者也。至列传中琐屑之事，则不可尽信。如苏秦合纵，秦兵不敢窥函谷者十五年，鲁仲连义不帝秦，秦军为却五十里是也。又记载人物，往往奇伟非常，信陵君、蔺相如辈，其行谊皆后人所难能。六国既无史记，史公何从知之？曾涤笙谓《庄子》多寓言，《史记》所载，恐亦太

250

史公之寓言。不知庄子自称"危言日出，和以天倪"，其书固多寓言。至于国史，事须征实，焉得以《庄子》为比！案苏秦、鲁连辈各有著述，《汉志》载《苏子》三十一篇、《鲁连子》十四篇、《魏公子兵法》二十一篇。盖太史公据彼辈自著之书，采摭成文耳。

余观常人立言，每好申己绌人，孟、荀大儒，有所不免。与人辩难，恒自夸饰，见绌于人，则略而弗书。苏子语本纵横，于事实或有增饰。鲁连围城辩难，何由入秦将之耳？却秦军三十里，是李同战死之功，归之鲁连者，必其自夸之辞。公子无忌敬礼侯生，事或有之，朱亥椎杀晋鄙，亦不足怪。独如姬窃符，颇为诡异。一战而胜，战法亦不详言，止于战前略为铺叙，恐亦袭魏公子书之夸辞也。又叙蔺相如奉璧秦廷，怒发冲冠，秦王即为折服，事亦难信。相如有无著述，今不可知，观其为人，盖任侠一流（**史言司马相如好读书，学击剑，慕蔺相如之为人。司马相如之所慕者，当是任侠使气也**）。或当时刺客游侠盛道其事，史公好奇，引以入列传耳。

《左传》人物，皆平实不奇，汉人亦然，独六国时人行谊往往出恒情之外。然扬子云评《左氏》曰品藻、《史记》曰实录。"实录"者，实录当时传记也。苏秦有《苏子》，鲁连有《鲁连子》，魏公子有《兵法》，史公皆取以作传，故曰"实录"，事之确否，史公固不负责，须读者自为分辨耳。

《汉书·王莽传赞》言："莽折节力行，以要名誉，岂所谓色取仁而行违者耶？"又曰："莽既不仁，而有佞邪之材，肆其奸慝，以成篡盗之祸。"今观莽传，莽未篡位前，钓名沽誉，谲诈甚著，既移汉祚，则如顽钝无知之辈，如天下盗贼蜂起，莽仍令太史推三万六千岁历纪，以六岁一改元，布告天下。

夫秦皇一世万世之说，至今人笑其愚。莽之此言，不尤可笑乎！又因叛者日众，率群臣至南郊，陈其符命本末，仰天曰："皇天既命授臣莽，何不殄灭众贼？即令臣莽非是，愿下雷霆诛臣莽。"因搏心大哭，气尽，伏而叩头。此与村妪之诅祝何异？又刘歆、王涉自杀后，殿中钩盾土山仙人掌旁有白头公青衣，郎吏见者，私谓之国师公。衍功侯喜素善卦，莽使筮之，曰："忧兵火。"莽曰："小儿安得此左道！是乃予之皇祖叔父子侨欲来迎我也。"既云莽佞邪，则其容止何其愚也！假六艺以文奸言，事固有之，假神仙以欺天下，其愚恐不至此。

《史通·曲笔篇》言："《后汉书·更始传》称其懦弱也，其初即位，南面立朝鲜臣，羞愧流汗，刮席不敢视。夫以圣公身在微贱，已能结客报仇。避难绿林，名为豪杰。安有贵为人主，而反至于斯者乎？将作者曲笔阿时，独在光武之美，谀言媚主，用雪伯升之怨也。且中兴之史，出自东观，或明皇所定，或马后攷刊，而炎祚灵长，简书莫改，遂使他姓追撰，空传伪录者矣。"余谓草莽之人，初登帝位，羞愧流汗，事所恒有。

《史记·高祖本纪》言诸侯将相尊汉王为皇帝，汉王三让，不得已，曰："诸君必以为便，便国家。"观此一语，当时局促不安之状，居然如画。又袁项城洪宪元年元旦，命妇人贺，项城起立，曰："不敢当，不敢当！"夫以汉高、项城之雄鸷，骤当尊位，犹有此惶愧之状，则无怪乎更始之羞愧流汗，刮席不敢视矣。《后汉书》又称："更始居长乐宫，升前殿，郎吏以次列庭中。更始羞作，俯首刮席不敢视。诸将后至者，更始问虏掠得几何，左右侍官皆宫省久吏，各惊相视。"此又一事也。夫羞愧刮席，事或有之，问虏掠几何，恐不可信。此盖与王莽之愚，同为东汉人所缘饰耳。《通鉴考异》凡事有异同，则于本事之下，明注得失，若无异说，无从考校，则仍而录之，王莽、更始之事是也。

唐太宗之事，《新唐书》《旧唐书》之外，有温大雅之《大唐创业起居注》在。温书称建成为大郎，太宗为二郎，据所载二人功业相等，不若《新唐书》《旧唐书》归功于太宗一人也。案唐高祖在太原，裴寂、刘文静劝高祖起事，太宗赞成之，时建成在河东。击西河时，建成、太宗同时被命进军贾胡堡。天雨粮尽，高祖欲还，建成、太宗苦谏，乃止。在长安攻伐，二人之功亦相等。后太宗出关，平王世充，擒窦建德，建成不安于位，王珪、魏徵劝立功以自封，时刘黑闼尽有窦建德之地，建成率众破灭之。创业之功，彼此既堪为伯仲，自非夷、齐，其谁克让？若玄宗讨平韦氏，宋王宪固辞储副，此因玄宗有定国之功，宋王毫无建树，故涕泣固让，与建成、太宗功业相等者绝异。温公乃谓隐太子有泰伯之贤，则乱何自而生？不悟建成自视功业不让太宗，岂肯遽为吴泰伯乎？且唐初本染胡俗，未必信守立嫡以长之说，但监于隋文之废太子勇而立炀帝（炀帝亦有平陈之功），卒召祸乱，而建成、太宗之功又无高下，所以迟迟不肯废太子耳。《唐书》言建成私募四方骁勇及长安恶少年二千人为宫甲，屯左右长林门，号长林兵，又募幽州突厥兵三百，内宫中，将攻西宫。或告于帝，帝召建成责之。杨文干素凶诐，建成昵之，使为庆州总管，遣募兵送京师，欲为变。尔朱焕等白反状，文干遽发兵反。建成入谒，叩头请死，投手于地，不能起。高祖遣太宗自行讨文干，曰："还，立汝为太子。吾不能效隋文帝自诛其子，当封建成为蜀王。"

刘𫗧《小说》言人妄告东宫。妄告之事，或即太宗为之。盖高祖以隋废太子，语多诬罔，职成乱阶，殷鉴不远，故于废立事极为犹豫。《唐书》又言建成等召秦王夜宴，毒酒而进之。王心中暴痛，吐血数升。今案建成之臣有魏徵、王珪，设计当不至下劣如此，心痛又何尝不可伪作？太宗密奏建成、元吉淫乱后宫，此暧昧之事，难于征信。高祖许太宗明当鞫问，而太宗先命长孙无忌伏兵门侧。建成入参，并未持兵，则建成杀弟之意可知。建成、元吉至临湖殿，觉变，反走。太宗从而呼之，元吉张弓射太宗，再三不彀，太宗射建成杀之，元吉中矢走，尉迟敬德追杀之。既系彼此争讼，则静待鞫治可耳，何必伏兵门侧、推刃同气？可见密告之事，全非事实也。

夫《新唐书》《旧唐书》悉本实录，史载太宗命房玄龄监修国史，帝索观实录，房玄龄以与许敬宗等同作之《高祖今上实录》呈览。太宗见书六月四日事，语多隐讳。谓玄龄曰："周公诛管、蔡以安周，季友鸩叔牙以存鲁，朕之所为，亦类是耳。史官何讳焉？"即命削去浮词，直书其事。观此，则唐初二朝实录，经太宗索观之后，不啻太宗自定之史实矣。开国之事，尚有温大雅《起居注》可以考信，其后则无异可考，温公亦何能再为考校哉！

明人郑晓论建成事，谓中国开创之君，其长子多不得安。今案，夏启嗣禹，而太康失国。太甲，汤之长孙而被放。文王舍伯邑考，而立武王，秦杀太子扶苏。汉惠帝立而无后，主汉祀者为文帝子孙，东汉光武长子东海王强被废。刘禅，昭烈嫡子，而舆榇降魏。孙亮，乃权之少子。晋司马师，无后。惠帝庸劣，怀、愍皆惠帝之子。宋营阳王，被杀。齐郁林王，为明帝所杀。梁昭明太子，早卒，武帝舍长孙而立简文，后为侯景所弑。陈武帝殂时，其子昌殁于长安，兄子文帝入嗣大统，隋文帝废太子勇，而立炀帝。唐太子建成，为太宗所杀。五代多异姓为继，不足论。宋太祖，不得传位于子。明懿文太子早卒，太祖嫡孙为燕王所篡。综观数千年来，自周而后，开国之君，长子每多不利，形家言"震"为长子，方位在东，中国西北高而东南下，故长子屯蹇者多。形法虽不足信，亦甚可怪也。

太宗尝称"房谋杜断"，今观唐人记载，当定天下之初，二人实未尝有所建树。历代开国勋臣，皆有定国大计。萧何入关，首收图籍。高祖封于汉中，心怀不平，何谓犹愈于死，进韩信为大将。居关中，转漕给军，补所不足。刘基佐明，其谋虽秘密，亦有可知者。明祖初奉韩林儿正朔，岁首设御座行礼，基独不拜，曰："牧竖耳，奉之何为！"明祖问征讨大计，时陈友谅据上流，张士诚据下流，基谓先灭陈则张氏势孤，天下可一举而定也。萧、刘二人，有定国大计，彼房、杜何有焉？其所谓谋、断者，恐即为太宗谋夺宗嗣而已。今观房、杜之才，守成有余，开创不足。然气度亦自恢廓。魏徵、王珪人参帷幕，房、杜未尝排挤。马周上书，数年间阶位特进，房、杜亦不嫌忌。玄龄自言最慕袁安，尝集古今家诫，书于屏风，以教诸子。曰："汉袁氏累叶忠节，吾心所尚，尔宜师之。"然玄龄子遗直袭爵，幼子遗爱欲夺之，卒以谋反伏诛，此即效乃父之佐人杀兄也。杜如晦子荷，参太子承乾逆谋，欲废太宗为太上皇，及败坐诛，此亦效乃父子与人家事也。以逆为训，故子姓效尤。王绩（无功，王通之弟）尝上书玄龄，劝其功成身退，否则有灭族之祸。有识之士，见之审矣（绩称玄龄为梁公，则玄龄非文中子弟子可知）。

明成祖兴靖难之师，入都后，革除建文年号，以建文四年为洪武三十五年（洪武讫三十一年）。建文无实录，故事迹可信者少。其初忌讳至深，至嘉靖、万历而稍弛，逊国时事渐见记录，稗官野史亦有记载，言人人殊，莫衷一是。史称建文即位，即兴削藩之议，周、代、湘、岷、齐诸王，相继以罪废黜。此一事也。燕王，建文所深忌，而《明史纪事》则称建文元年，燕王入觐，由皇道入，登陛不拜。御史曾风韵劾以大不敬。帝诏至亲勿问。三月，燕王还国。修《明史》时，朱竹垞备论此事之非（见《史馆上总裁第四书》）。此又一事也。建文之谋主为齐泰、黄子澄，而方孝孺亦建文所深信。理学之徒虽竭力为方氏辩护，实则反间燕王父子者，方氏也。时燕兵掠沛，方氏以燕世子仁厚，其弟高煦狡谲有宠，有夺嫡之谋，因白帝遣人赍玺书往北平赐世子，世子得书不启封，送之燕军。由此观之，削藩之事，与谋者不仅齐、黄诸人矣。

明人小说载成祖待建文诸臣至为惨酷。云："铁铉守济南，突破燕兵，几擒成祖。后被执，成祖烹之。"今南京铁汤池即铉就义地也。又云："戮杀建文臣子之妻，命上元县扛尸至远城与狗子吃。"又云："发建文臣子妻女入教坊，所生儿长大作小龟子。"
又云："程济从建文出为僧。"（案程济事迹，《明史》亦略有记载，谓济本岳池教谕，建文即位，济上书言某月日北方兵起。建文以为非所宜言，逮捕将杀之。济大呼请囚，云："如言不验，诛死未晚。"乃下狱。及燕兵起，释之。改官编修，参北征军。徐州之捷，诸将树碑纪功。济一夜往祭，人莫测。后燕王过徐，见碑大怒，趣左右椎之。再椎，遽曰："止，为我敩来。"已，按碑行诛，无得免者。而济名适在椎脱处。济尝与人书曰："君为忠臣，我为智士。"）凡此所载，其皆可信耶？否耶？吾读《致身录》《从亡录》诸书，终觉其似黎邱眩人。《致身录》为吴江史仲彬所作，潘次耕坚持无此等事，至与史氏子孙互殴。故建文一代，无实录可据，采之野史，失实者多矣。

以上所述，皆非无故怀疑。一则太史公纪六国时事，无所取材，取诸其人自著之书，不免失之浮夸；二则王莽之事，同此一人，而前后愚智悬绝，当出光武诸臣之曲笔；三则建成、元吉之事，有温大雅《起居注》可供参证，房玄龄主修之国史，太宗不无自定之嫌；四则建文逊国之事，世无实录，采之野史，未必可信。孔子曰："多闻阙疑，多见阙殆。"故必博学审问，慎思明辨，方足以言怀疑。若矜奇炫异，抹杀事实，则好学之士不当尔也。

第九章

诸子

诸子流别

讲论诸子，当先分疏诸子流别。论诸子流别者，《庄子·天下篇》《淮南·要略训》、太史公《论六家要指》及《汉书·艺文志》是已。此四篇中，《艺文志》所述最备，而《庄子》所论多与后三家不同。今且比较而说明之。

《天下篇》论儒家，但云"其在于《诗》《书》《礼》《乐》者，邹鲁之士，搢绅先生多能明之"，而不加批判。其论墨家，列宋钘尹文，而《艺文志》以宋钘入小说家，以尹文入名家。盖宋钘以禁攻寝兵以外，以情欲寡浅为内，周行天下，上说下教，故近于小说。而尹文之名学，不尚坚白同异之辨，觭偶不件之辞，故与相里勤、五侯之徒南方之墨异趣。其次论彭蒙、田骈、慎到，都近法家。

《艺文志》则以慎到入法家，以田骈入道家，是道家、法家合流也。田骈当时号为"天口骈"，今《尹文子》又有彭蒙语，是道家、名家合流也。道家所以流为法家者，即老子、韩非同传，可以知之。

《老子》云："鱼不可脱于渊，国之利器不可以示人。"此二语是法家之根本。惟韩非子能解老、喻老，故成其为法家矣。其次论老聃、关尹，同为道家，而己之道术又与异趣。盖老子之言，鲜有超过人格者，而庄子则上与造物者游，下与外死生、无终始者为友，故有别矣。

惠施本与庄周相善，而庄子讥之曰："由天地之道，观惠施之能，其犹一蚊一虻之劳，与物何庸！"即此可知尹文、惠施同属名家，而庄子别论之故。盖尹文之"名"，不过正名之大体，循名责实，可施于为政，与荀子正名之旨相同。若惠施、公孙龙之诡辩，与别墨一派，都无关于政治也。然则庄子之论名家，视《艺文志》为精审矣。其时荀子未出，故不见著录。若邓析者，变乱是非，民献襦袴而学讼，殆与后世讼师一流，故庄子不屑论及之欤？

《要略》首论太公之谋为道家，次论周、孔之训为儒家，又次论墨家，又次论管子之书为道家，晏子之谏为儒家，又次论申子刑名之书、商鞅之法为法家。比于《天下篇》，独少名家一流。

太史公《论六家要旨》，于阴阳、儒、墨、名、法五家，各有短长，而以黄老之术为依归。此由身为史官，明于成败利钝之效，故独有取于虚无因循之说也。昔老聃著五千言，为道家之大宗，固尝为柱下史矣，故曰："道家者流，出于史官。"

《艺文志》列九流，其实十家。其纵横家在七国力政之际，应运而起，统一之后，其学自废。农家播百谷，勤耕桑，则《吕览》亦载其说，至于君臣并耕，如孟子所称许行之学，殆为后出，然其说亦不能见之实事。杂家集他人之长，以为己有，《吕览》是已。此在后代，即《群书治要》之比，再扩充之，则《图书集成》亦是也。小说家街谈巷议，道听途说，固不可尽信，然宋钘之流，亦自有其主张，虞初九百，则后来方志之滥觞。是故纵横、农、杂、小说四家，自史公以前，都不数也。

虽然，"纵横"之名，起于七国。外交专对，自春秋已重之。又氾胜之区田之法，本自伊尹，是伊尹即农家之发端。田蚡所学盘盂书，出自孔甲，是孔甲即杂家之发端。方志者，《周官》土训、诵训之事。今更就《艺文志》所言九流所从出而推论之。

《艺文志》云："儒家出于司徒之官。"此特以《周官》司徒掌邦教，而儒者主于明教化，故知其源流如此。又云"道家出于史官"者，老子固尝为柱下史，伊尹、太公、管子，则皆非史也。惟管子下令如流水之原，令顺民心，论卑而易行，此诚合于道家南面之术耳。又云"墨家出于清庙之守"者，墨家祖尹佚，《洛诰》言："烝祭文王、武王，逸祝册。"逸，固清庙之守也。

又《吕览》云："鲁惠公使宰让请郊庙之礼于天子，桓王使史角往，惠公止之。其后在于鲁，墨子学焉。"是尤为墨学出于清庙之确证。又云"名家出于礼官"，此特就名位礼数推论而知之。又云"法家出于理官"者，理官莫尚于皋陶。皋陶曰："余未有知，思曰赞赞襄哉。"此颇近道家言矣，"赞"者，老子所称"辅万物之自然而不敢为也"。"襄"者，因也，即老子所称"圣人无常心，以百姓心为心"也。庄子称"慎到无用贤圣、块不失道"，此即理官引律断案之法矣。

然《艺文志》法家首列李悝，以悝作《法经》，为后来法律之根本。自昔夏刑三千，周刑二千五百，皆当有其书。子产亦铸刑书，今悉不可见。独《法经》六篇，萧何广之为九章，遂为历代刑法所祖述。后世律书，有名例，本于曹魏之刑名法例，其原即《法经》九章之具律也。持法最重名例，故法家必与名家相依。又云："阴阳家出于羲和之官。"

今案《管子》称述阴阳之言颇多，《左传》载苌弘之语，亦阴阳家言也。又云："农家出于农稷之官。"此自不足深论。又云"纵横家出于行人之官"者，此非必行人著书传之后代，特外交成案，有可稽考者尔。《张仪传》称仪与苏秦俱事鬼谷先生学术。《风俗通》云："鬼谷先生，六国时纵横家。"更不知鬼谷之学何从受之。又云："杂家出于议官"者，汉官有议郎，即所谓"议官"也，于古无征。又云"小说家出于稗官"者，如淳曰："王者欲知闾巷风俗，故立稗官，使称说之。"是稗官为小官近民者。

诸子之起，孰先孰后，史公、刘、班都未论及，《淮南》所叙，先后倒置，亦不足以考时代。今但以战国诸家为次，则儒家宗师仲尼，道家传于老子，此为最先。墨子或曰并孔子时，或曰在其后。案墨子亟说鲁阳文子，当楚惠王时，惠王之卒，在鲁悼公时，盖墨子去孔子亦四五十年矣。观墨子之论辨，大抵质朴迟钝，独经说为异。意者，经说别墨所传，又出墨子之后。法家李悝，当魏文侯时。名家尹文，当齐宣王时。阴阳家邹衍，当齐湣王、燕昭王时。皆稍稍晚出。纵横家苏秦，当周显王时，小说家淳于髡，当梁惠王时，此皆与孟子并世者。杂家当以《吕览》为大宗，《吕览》集诸书而成，备论天地万物古今之事。盖前此无吕氏之权势者，亦无由办此。

然更上征之春秋之世，则儒家有晏子，道家有管子，墨家则鲁之臧氏近之。观于哀伯之谏，首称"清庙"，已似墨道。及文仲纵逆祀、祀爰居，则明鬼之效也。妾织蒲，则节用之法也。武仲见称圣人，盖以巨子自任矣。至如师服之论名，即名家之发端。子产之铸刑书，得法家之大本，其存郑于晋楚之间，则亦尽纵横之能事。若烛之武之退秦师，是纯为纵横家。梓慎、裨灶，皆知天道，是纯为阴阳家。蔡墨之述畜龙，盖近于小说矣。惟农家、杂家，不见于春秋。

　　以上论九流大旨。今复分别论之，先论儒家。

儒家

　　《汉书·艺文志》谓儒家出于司徒之官，大旨是也。《周礼·大司徒》："以乡三物教万民六德、六行，六艺。""六德"者，智、仁、圣、义、中、和，此为普遍之德，无对象。"六行"者，孝、友、睦、姻、任、恤，此为各别之行，有对象（如孝对父母、友对兄弟、睦姻对戚党、任恤对他人）。"六艺"者，礼、乐、射、御、书、数。礼乐不可斯须去身，射御为体育之事，书数则寻常日用之要，于是智育、德育、体育俱备。又师氏以"三德"教国子，曰："至德以为道本，敏德以为行本，孝德以知逆恶。"盖以六德、六行概括言之也。

　　又大司徒以五礼防万民之伪而教之中，以六乐防万民之情而教之和；大司乐以乐德教国子，中和祗庸孝友。大宗伯亦称中礼和乐。可知古人教士，以礼乐为重。后人推而广之，或云中和，或云中庸。孔子曰："中庸之为德，其至矣乎！民鲜能久矣！"中庸联称，不始于子思，至子思乃谓"喜怒哀乐之未发谓之中，发而皆中节谓之和"，其始殆由"中和祗庸孝友"一语出也。

　　儒者之书，《大学》是"至德以为道本"（明明德止于至善，至德也），《儒行》是"敏德以为行本"，《孝经》是"孝德以知逆恶"。此三书实儒家之总持。刘、班言儒家出于司徒之官，固然，然亦有出于大司乐者，"中庸"二字是也。以儒家主教化，故谓其源出于教官。

《荀子·儒效》称周公为大儒，然则儒以周公为首。《周礼》云："师以贤得民，儒以道得民。"师之与儒，殆如后世所称经师人师。"师以贤得民"者，郑注谓以道行教民；儒以道得民者，郑注谓以六艺教民。此盖互言之也。

儒之含义綦广。《说文》："儒，柔也。术士之称。""术士"之义亦广矣，草昧初开，人性强暴，施以教育，渐渐摧刚为柔。"柔"者，受教育而驯扰之谓，非谓儒以柔为美也。受教育而驯扰，不惟儒家为然，道家、墨家未尝不然，等而下之，凡宗教家莫不皆然，非可以专称儒也。又《庄子·说剑》："先生必儒服而见王，事必大逆。"庄子道家，亦服儒服。司马相如《大人赋》："列仙之儒，居山泽间，形容甚臞。"仙亦可称为儒。而《宏明集》复有"九流皆儒"之说，则宗教家亦可称儒矣。今所论者，出于司徒之儒家，非广义之术士也。

周公、孔子之间有儒家乎？曰：有，晏子是也。柳子厚称晏子为墨家，余谓晏子一狐裘三十年，尚俭与墨子同，此外皆不同墨道。春秋之末，尚俭之心，人人共有。孔子云："礼，与其奢也，宁俭。"老子有三宝，二曰俭。盖春秋时繁文缛礼，流于奢华，故老、墨、儒三家，皆以俭为美，不得谓尚俭即为墨家也。且晏子祀其先人，豚肩不掩豆。墨家明鬼，而晏子轻视祭祀如此，使墨子见之，必蹙蹙而去。墨子节葬，改三年服为三月服，而晏子丧亲尽礼，亦与墨子相反。可见晏子非墨家也。又儒家"慎独"之言，晏子先发之。所谓"独立不惭于影，独寝不惭于魂"是也。当时晏子与管子并称，晏子功不如管，而人顾并称之，非晏以重儒学而何？故孔子以前，周公之后，惟晏子为儒家。蘧伯玉虽似儒家，而不见有书，无可称也。

孔子之道，所包者广，非晏子之比矣。夫儒者之业，本不过大司徒之言，专以修己治人为务。《大学》《儒行》《孝经》三书，可见其大概。然《论语》之言，与此三书有异。孔子平居教人，多修己治人之言，及自道所得，则不限于此。修己治人，不求超出人格，孔子自得之言，盖有超出人格之外者矣。"子绝四：毋意、毋必、毋固、毋我。""毋意"者，意非意识之意，乃佛法之"意根"也。有生之本，佛说谓之阿赖耶识。阿赖耶无分彼我，意根执之以为我，而其作用在恒审思量。有意根即有我，有我即堕入生死。颠狂之人，事事不记，惟不忘我。常人作止语默，绝不自问谁行谁说，此即意根之力。欲除我见，必先断意根。"毋必"者，必即恒审思量之审。"毋固"者，固即意根之念念执著。无恒审思量，无念念执著，斯无我见矣。然则绝四，即是超出三界之说。六朝僧人好以佛、老、孔比量，谓老、孔远不如佛，玄奘亦云。皆非知言之论也（然此意以之讲说则可，以之解经则不可。何者？讲说可以通论，解经务守家法耳）。

儒者之业，在修己治人，以此教人，而不以此为至。孔门弟子，独颜子闻克己之说。"克己"者，破我执之谓。孔子以四科设教，德行，颜渊、闵子骞、冉伯牛、仲弓。然孔子语仲弓，仅言"出门如见大宾，使民如承大祭"而已，可知超出人格之语，不轻告人也。颜子之事不甚著，独《庄子》所称"心斋坐忘"，能传其意。然《论语》记颜子之语曰："仰之弥高，钻之弥深。瞻之在前，忽焉在后。"盖颜子始犹以为如有物焉，卓然而立。经孔子之教，乃谓"如有所立卓尔。虽欲从之，末由也已"（如当作假设之辞，不训似）。此即本来无物，无修无得之意。然老子亦见到此，故云"上德不德，是以有德。下德不失德，是以无德"。"德"者，得也。有所得非也，有所见亦非也。扬子云则见不到此，故云"颜苦孔子卓"。实则孔、颜自道之语，皆超出人格也。孟子亦能见到，故有"望道而未之见"语。既不见则不必望，而犹曰望者，行文不得不尔也。孔子曰："吾有知乎哉？无知也。"此亦非谦辞。张横渠谓"洪钟无声，待叩乃有声。圣人无知，待问乃有知。"其实答问者有依他心，无自依心。待问而知之知，非真知也，依他而为知耳。

佛法谓"一念不起"，此即等于无知。人来问我，我以彼心照我之心，据彼心而为答，乌得谓之有知哉！横渠"待问有知"之语，犹未谛也。佛法立人我、法我二执，觉自己有主宰，即为人我执；信佛而执着佛，信圣人而执着圣人，即为法我执。推而至于信道而执着道，亦法我执也。"绝四"之说，人我、法我俱尽，"如有所立卓尔，虽欲从之，末由也已"者，亦除法我执矣。此等自得之语，孔、颜之后，无第三人能道（佛、庄不论）。

子思之学，于佛法入天趣一流。超出人格而不能断灭，此之谓天趣。其书发端即曰"天命之谓性",结尾亦曰"与天地参,上天之载,无声无臭"。佛法未入中土时,人皆以天为绝顶。佛法既入,乃知天尚非其至者。谢灵运言:成佛生天,居然有高下。如佛法衡量,子思乃中国之婆罗门。"婆罗门"者,崇拜梵天王者也。然犹视基督教为进。观基督教述马利亚生耶稣事,可知基督教之上帝,乃欲界天,与汉儒所称感生帝无别。(佛法所谓三界者,无色界天、色界天、欲界天。欲界天在人之上,而在色界天之下)。而子思所称之"无声无臭",相当于佛法之色界天,适与印度婆罗门相等。子思之后有孟子,孟子之学,高于子思。孟子不言天,以我为最高,故曰"万物皆备于我"。孟子觉一切万物,皆由我出。如一转而入佛法,即三界皆由心造之说,而孟子只是数论,数论立神我为最高。一切万物,皆由神我流出。孟子之语,与之相契。又曰"反身而诚,乐莫大焉"者,反观身心,觉万物确然皆备于我,故为可乐。孟子虽不言天,然仍入天界。盖由色界而入无色界天。较之子思,高出一层耳。夫有神我之见者,以我为最尊,易起我慢。孟子生平夸大,说大人则藐之。又云:"我善养吾浩然之气,至大至刚,以直养而无害,塞乎天地之间。"其我慢如此。何者,有神我之见在,不自觉其夸大耳,以故孟子之学,较孔、颜为不逮。

要之,子思、孟子均超出人格,而不能超出天界,其所得与婆罗门、数论相等。然二家于修己治人之道,并不抛弃,则异于婆罗门、数论诸家。子思作《中庸》,孟子作七篇,皆论学而及政治者也。子思、孟子既入天趣,若不转身,必不能到孔、颜之地。惟庄子为得颜子之意耳。

荀子话语平实，但务修己治人，不求高远。论至极之道，固非荀子所及。荀子最反对言天者。《天论》云："圣人不求知天。"又云："星坠木鸣，日月有蚀，怪星常见，牛马相生，六畜为妖，怪之可也，畏之非也。"揆荀子之意，盖反对当时阴阳家一流（邹衍之说及后之《洪范五行传》一流），其意以为天与人实不相关。

《非十二子》云："案往旧造说，谓之五行，子思唱之，孟轲和之。"今案孟子书不见"五行"语，《中庸》亦无之。惟《表记》《坊记》《中庸》《淄衣》皆子思作。有"水尊而不亲，土亲而不尊，天尊而不亲，命亲而不尊，鬼尊而不亲"诸语。子思五行之说，殆即指此。（《汉书·艺文志》：《子思》二十三篇。今存四篇，见戴记。余十九篇不可见，其中或有论五行语。）

孟子有"外书"今不可见，或亦有五行语。荀子反对思、孟，即以五行之说为其的。盖荀子专以人事为重，怪诞之语（五行之说，后邹衍辈所专务者），非驳尽不可也。汉儒孟、荀并尊，余谓如但尊荀子，则《五行传》、纬书一流，不致嚣张。今人但知阴阳家以邹衍为首。察荀子所云，则阴阳家乃儒家之别流也（《洪范》陈说五行，而不及相生相克。《周本纪》："武王问箕子殷所以亡。箕子不忍言殷恶，武王亦丑，故问以天道。"据此知《洪范》乃箕子之闲话耳。汉文帝见贾生于宣室，不问苍生问鬼神。今贾生之言不传，或者史家以为无关宏旨，故阙而不书。当时武王见箕子心情惭疚，无话可说，乃问天道。箕子本阳狂，亦妄称以应之。可见《洪范》在当时并不着重，亦犹贾生宣室之对也。汉儒附会，遂生许多怪诞之说。如荀子之说早行，则《五行传》不致流衍）。

墨子时，子思已生，邹衍未出。《墨经》有"五行无常胜，说在宜"一语。而邹衍之言，以五胜为主。"五胜"者，五行相胜，水胜火，火胜金，金胜木，木胜土，土胜水也。然水火间承之以釜，火何尝不能胜水？水大则怀山襄陵，土又何尝能胜水？墨子已言五行无常胜，而孟子、邹衍仍有五行之说，后乃流为谶纬。如荀子不斥五行，墨家必起而斥之。要之荀子反对思、孟，非反对思、孟根本之学，特专务人事，不及天命，即不主超出人格也。

荀子复言隆礼乐（或作仪），杀《诗》《书》。此其故由于孟子长于《诗》《书》，而不长于礼。（《孟子》曰：诸侯之礼，吾未之学也。）《墨子》时引《诗》《书》（引书多于《孟子》），而反对礼乐。荀子偏矫，纯与墨家相反，此其所以隆礼乐、杀《诗》《书》也（《非十二子》反对墨家最甚。宁可少读《诗》《书》，不可不尊礼乐，其故可知）。其所以反对子思、孟子者，子思、孟子皆有超出人格处，荀子所不道也。

若以政治规模立论，荀子较孟子为高。荀子明施政之术，孟子仅言"五亩之宅，树之以桑，使民养生送死无憾"而已。由孟子此说，乃与龚遂之法相似，为郡太守固有余，治国家则不足。以其不知大体，仅有农家之术尔。又《孟子》云："尧舜性之也、汤武反之也、五霸假之也。"又谓："仲尼之门，无道桓文之事者。"于五霸甚为轻蔑。荀子则不然，谓"义立而王、信立而霸、权谋立而亡"，于五霸能知其长处。又《议兵》云："齐之技击，不可以遇魏氏之武卒；魏氏之武卒，不可以遇秦之锐士；秦之锐士，不可以当桓文之节制；桓文之节制，不可以敌汤武之仁义。"看来层次分明，不如《孟子》一笔抹杀。余谓《议兵》一篇，非孟子所能及。

至于性善、性恶之辩，以二人为学入门不同，故立论各异。荀子隆礼乐而杀《诗》《书》。孟子则长于《诗》《书》。孟子由诗入，荀子由礼入。诗以道性情，故云人性本善。礼以立节制，故云人性本恶。又孟子邹人，邹鲁之间，儒者所居，人习礼让，所见无非善人，故云"性善"。荀子赵人，燕赵之俗，杯酒失意，白刃相仇，人习凶暴，所见无非恶人，故云"性恶"。且孟母知胎教，教子三迁，孟子习于善，遂推之人性以为皆善。荀子幼时教育殆不如孟子，自见性恶，故推之人性以为尽恶。

孟子论性有四端：恻隐为仁之端、羞恶为义之端、辞让为礼之端、是非为智之端。然四端中独"辞让之心"为孩提之童所不具，野蛮人亦无之。荀子隆礼，有见于辞让之心，性所不具，故云性恶。以此攻击孟子，孟子当无以自解。然荀子谓礼义辞让，圣人所为。圣人亦人耳，圣人之性亦本恶，试问何以能化性起伪，此荀子不能自圆其说者也。反观孟子既云性善，亦何必重视教育，即政治亦何所用之。是故二家之说俱偏，惟孔子"性相近、习相远"之语，为中道也。

扬子云迂腐，不如孟、荀甚远，然论性谓"善恶混"，则有独到处。于此亦须采佛法解之。若纯依儒家，不能判也。佛法阿赖耶识本无善恶，意根执着阿赖耶为我，乃生根本四烦恼，我见、我痴、我爱、我慢是也。我见与我痴相长，我爱与我慢相制。由我爱而生恻隐之心，由我慢而生好胜之心。孟子有见于我爱，故云性善，荀子有见于我慢，故云性恶，扬子有见于我爱我慢交至为用，故云善恶混也。

孟、荀、扬三家，由情见性，此乃佛法之四烦恼。佛家之所谓性，浑沌无形，则告子所见无善无不善者是矣。扬子生孟、荀之后，其前尚有董仲舒。仲舒谓人性犹谷，谷中有米，米外亦有糠。是善恶混之说，仲舒已见到，子云始明言之耳。子云之学，不如孟、荀，惟此一点，可称后来居上。

然则论自得之处，孟子最优，子思次之，而皆在天趣。荀子专主人事，不务超出人格，则但有人趣。若论政治，则荀子高于思孟。子云投阁，其自得者可知。韩昌黎谓孟子醇乎醇，荀与扬子大醇而小疵。其实扬不如荀远甚。孟疏于礼，我慢最重，亦未见其醇乎醇也。司马温公注《太玄》《法言》，欲跻扬子于孟、荀之上。夫孟、荀著书，不事摹拟，扬则摹拟泰甚，绝无卓然自立之处，若无善恶混一言，乌可与孟、荀同年而语哉！温公所云，未免阿其所好。至于孔、颜一路，非惟汉儒不能及，即子思、孟子亦未能步趋，盖邈乎远矣。以上略论汉以前之儒者。

论汉以后之儒家，不应从宋儒讲起，六朝隋唐亦有儒家也。概而言之，须分两派：一则专务修己治人，不求高远，一则顾亭林所讥"明心见性"之儒是矣（明心见性，亭林所以讥阳明学派者，惟言之太过，不如谓"尽心知性"为妥）。修己治人之儒不求超出人格，明心见性，则超出人格矣。

汉以后专论修己治人者，隋唐间有文中子王通（其人有无不可知，假定为有），宋有范文正（仲淹）、胡安定（瑗）、徐仲车（积），南宋有永嘉派之薛士龙（季宣）、陈止斋（傅良）、叶水心

（适）。金华派之吕东莱（祖谦），明有吴康斋（与弼。白沙阳明，均由吴出）、罗一峰（伦），清有顾亭林（炎武）、陆桴亭（世仪，稍有谈天说性语）、颜习斋（元）、戴东原（震）。此数子者，学问途径虽不同（安定修己之语多，治人之语少。仲车则专务修己，不及治人。永嘉诸子偏重治人，东莱亦然。习斋兼务二者，东原初意亦如此，惟好驳斥宋人，致入棘丛），要皆以修己治人为归，不喜高谈心性。此派盖出自荀子，推而上之，则曾子是其先师。

明心见性之儒，首推子思、孟子。唐有李习之（翱），作《复性书》，大旨一依《中庸》。习之曾研习禅宗。一日，问僧某："'黑风吹堕鬼国'，此语何谓？"僧诃曰："李翱小子，问此何为！"习之不觉怒形于色。僧曰："此即是'黑风吹堕鬼国'。"

今观《复性书》虽依《中庸》立论，其实阴袭释家之旨。宋则周濂溪（敦颐）开其端。濂溪之学本于寿涯。濂溪以为儒者之教，不应羼杂释理。寿涯教以改头换面，又授以一偈云："有物先天地，无形本寂寥。能为万象主，不逐四时凋。"（此诗语本《老子》"有物混成，先天地生。寂兮寥兮，独立而不改，周行而不殆，可以为天下母，吾不知其名，强字之曰道"一章。"有物先天地"，即有物混成先天地生也。"无形本寂寥"，即寂兮寥兮也。"能为万象主，不逐四时凋"，即独立不改，周行不殆，可以为天下母也。寿涯不以佛法授濂溪，而采《老子》，不识何故）后濂溪为《太极图说》《通书》，更玄之又玄矣。

张横渠（载）《正蒙》之意，近于回教。横渠陕西人，唐时景教已入中土，陕西有大秦寺，唐时立，至宋嘉祐时尚在，故横渠之言，或有取于彼。其云"清虚一大之谓天"，似回教语。其云"民吾同胞，物吾与也"，则似景教。人谓《正蒙》之旨，与《墨子》"兼爱"相同，墨子本与基督教相近也。然横渠颇重礼教，在乡拟兴井田，虽杂景教、回教意味，仍不失修己治人一派之旨。此后有明道（程颢）、伊川（程颐），世所称二程子者。伊川天资不如明道。明道平居燕坐，如泥塑木雕（此非习佛家之止观，或如佛法所称有宿根耳），受濂溪之教，专寻孔、颜乐处，一生得力，从无忧虑，实已超出人格，著《定性书》，谓不须防检力索，自能从容中道。

以佛法衡之，明道殆入四禅八定矣。杨龟山（时）、李延平（侗）传之，数传而为朱晦庵（熹）。龟山取佛法处多，天资高于伊川，然犹不逮谢上蔡（良佐）。上蔡为二程弟子天资最高者。后晦庵一派，不敢采取其说，以其近乎禅也。龟山较上蔡为有范围，延平范围渐小，迨晦庵出，争论乃起。时延平以"默坐澄心、体认天理"教晦庵（此亦改头换面语，实即佛法之止观）。晦庵读书既多，言论自富，故陆象山（九渊）、王阳明（守仁）讥为支离。阳明有"朱子晚年定论"之说，据《与何叔京》一书（书大意谓但因良心发现之微，猛省提撕，使心不昧，即为学者下工夫处）。

由今考之，此书乃晦庵三十四岁时作，非真晚年。晚年定论，乃阳明不得已之语。而东原非之，以为堕入释氏。阳明以为高者，东原反以为岐。实则晦庵恪守师训，惟好胜之心不自克，不得不多读书，以资雄辩，虽心知其故，而情不自禁也。至无极、及极之争，非二家学问之本，存而不论可矣（象山主太极之上无无极，晦庵反之。二人由是哄争。晦庵谓如日未然，则各尊所闻，各行所知。象山答云："通人之过，虽微箴药，久当自悟。"盖象山稍为和平矣）。

宋儒出身仕宦者多，微贱起家者少。惟象山非簪缨之家（象山家开药肆），其学亦无师承。常以为二程之学，明道疏通，伊川多障。晦庵行辈，高出象山，论学则不逮。象山主先立乎其大者（宋人为学，入手之功，各有话头。濂溪主静，伊川以后主敬，象山则谓先立乎其大者），不以解经为重，谓"六经"注我，我不注"六经"。顾经籍烂熟，行文如汉人奏议，多引经籍。虽不如晦庵之尽力注经，亦非弃经籍而不读也。其徒杨慈湖（简。慈湖成进士，为富阳主簿时，象山犹未第，至富阳，慈湖问何谓本心？象山曰："君今日所断扇讼，彼讼扇者必有一是、有一非，若见得孰是孰非，即决定为某甲是、某乙非，非本心而何？"慈湖亟问曰："止如斯耶？"象山厉声答曰："更何有也！"慈湖退，拱坐达旦。质明，纳拜，遂称弟子），作《绝西记》，多参释氏之言。然以意为意识，不悟其为意根，则于佛法犹去一间。又作《己易》，以为《易》之消息，不在物而在己，己即是《易》。又谓衣冠礼乐、取妻生子，学周公、孔子。知其余不学周孔矣。既没，弟子称之曰圆明祖师（不知慈湖自称，抑弟子尊之云尔）。宋儒至慈湖，不讳佛如此，然犹重视礼教，无明人猖狂之行。盖儒之有礼教，亦犹释之有戒律。禅家呵佛骂祖，猖狂之极，终不失僧人戒律。象山重视礼教，弟子饭次交足，讽以有过。慈湖虽语言开展，亦守礼惟谨，故其流派所衍，不至如李卓吾辈之披猖也。

明儒多无师承，吴康斋与薛敬轩（瑄）同时，敬轩达官，言语谨守矩矱，然犹不足谓为修己治人一流。英宗复辟，于谦凌迟处

276

死，敬轩被召入议，但谓三阳发生，不可用重刑。诏减一等。凌迟与斩，相去几何？敬轩于此固当力争，不可则去，乌得依违其间如此哉（此事后为刘蕺山所斥）！康斋父溥，与解缙、王艮、胡广比舍居，燕兵薄京城，城陷前一夕皆集溥舍，缙陈说大义，广亦奋激慷慨，艮独流涕不言。三人去，康斋尚幼，叹曰："胡叔能死是大佳事。"溥曰："不然，独王叔死耳。"语未毕，隔墙闻广呼："外喧甚，谨视豚。"溥顾曰："一豚尚不能舍，肯舍生乎？"然己亦未尝死节。康斋之躬耕不仕，殆以此故。

敬轩之学不甚传，而康斋之传甚广（陈白沙献章即其弟子。又有娄一斋谅，以其学传阳明。白沙之学传湛甘泉若水。其后，王、湛两家之传最广，皆自康斋出也）。康斋安贫乐道，无超过人格语。白沙讲学，不作语录，不解经，亦无论道之文。惟偶与人书，或托之于诗，常称曾点浴沂风雩之美，而自道工夫，则谓"静中养出端倪"（端倪一语，刘蕺山谓为含胡。其实孟子有四端之说，四端本不甚著，故须静中养之）。亦复时时静坐，然犹不足以拟佛法，盖与四禅八定近耳。弟子湛甘泉（若水），与阳明同时。

阳明成进士，与甘泉讲学甚相得，时阳明学未成也。阳明幼时，尝与铁柱宫道士交契。三十服官之后，入九华山，又从道士蔡蓬头问道。乃为龙阳骚丞，忧患困苦之余，忽悟"知行合一"之理。谓宋儒先知后行，于事未当。所谓如恶恶臭、如好好色，即知即行，非知为好色而后好之，知为恶臭而后恶之也。其"致良知"之说，在返自龙场之后。以为昔人之解"致知格物"，非惟朱子无当，司马温公辈亦未当（温公以格为"格杀勿论"之格。然物来即格之，惟深山中头陀不涉人事者为可，非所语于常人也），朱子以穷知事物之理为格物（宋人解格物者均有此意，非朱子所创也），阳明初信之，格竹三日而病，于是斥朱子为非是。朱子之语，包含一切事物之理。一切事物之理，原非一人之知所能尽，即格竹不病，亦与诚意何关，以此知阳明之斥朱子为不误。然阳明以为"格"当作"正"字解。"格物"者，致良知以正物。物即心中之念，致良知，则一转念间，知其孰善孰恶，去其恶，存其善，斯意无不诚。余谓阳明之语虽踔，顾与《大学》原文相反。《大学》谓物格而后致知，非谓致知而后物格。朱子改窜《大学》，阳明以为应从古本。至解格物致知，乃颠倒原文，又岂足以服朱之心哉（后朱派如吕泾野枏辈，谓作止语默皆是物，实袭阳明之意而引申之。顾亭林谓为人君止于仁，为人臣止于敬，为人子止于孝，为人父止于慈，与国人交止于信，斯即格物。皆与阳明宗旨不同，而亦不采朱子穷至事物之理之说。然打破朱子之说，不可谓非阳明之力也）。

格物致知之说，王心斋（艮）最优。心斋为阳明弟子（心斋初为盐场灶丁，略语《四书》，制古衣冠大带笏板服之，曰："言尧之言、行尧之行，而不服尧之服可乎？"或闻其论曰："此绝类王巡抚之谈学也。"时阳明巡抚江西，心斋即往谒，古服举笏立于中门。阳明出迎于门外，始入，据上坐辩难久之，心折，移坐于侧。论毕，下拜称弟子。明日复见，告之悔，复上坐，辩难久之，乃大服，卒为弟子。本名银，阳明为改曰艮）。读书不多，反能以经解经，义较明白。谓《大学》有"物有本末，事有始终，知所先后，则近道矣"语。

"致知"者，知事有终始也，"格物"者，知物有本末也。

格物致知，原系空文，不必强为穿凿。是故诚意是始，平天下是终，诚意是本，平天下是末。知此即致知矣。刘蕺山（宗周）等崇其说，称之曰"淮南格物论"，谓是致知格物之定论。盖阳明读书多，不免拖沓，心斋读书少（心斋入国子监，司业问治何经。曰："我治总经。"又作《大成歌》，亦有寻孔颜乐处之意。有句云："学是学此乐，乐是乐此学"），故能直截了当，斩除葛藤也。心斋解"在止于至善"，谓"身名俱泰，乃为至善，杀身成仁，便非至善"，其语有似老子。而弟子颜山农（钧）、何心隐辈，猖狂无度，自取戮辱之祸，乃与师说相反。清人反对王学，即以此故。

颜山农颇似游侠，后生来见，必先享以三拳，能受乃可为弟子。心隐本名梁汝元，从山农时，亦曾受三拳而终不服。知山农狎妓，乃伺门外。山农出，以三拳报之。此诚非名教所能羁络矣。山农笃老而下狱遣戍，心隐卒为张江陵所杀（江陵为司业，心隐问曰："公居太学，知《大学》道乎？"江陵目摄之曰："尔意时时欲飞，却飞不起。"江陵去，心隐曰："是夫异日必当国，必杀我。"时政由严氏，而世宗幸方士蓝道行，心隐侦知嵩有揭贴，嘱道行假乩神降语："今日当有一奸臣言事。"帝迟之，而嵩揭贴至。由此疑嵩。御史邹应龙避雨内侍家，侦知其事，因抗疏极论嵩父子不法，严氏遂败，江陵当国，以心隐术足以去宰相，为之心动，卒捕心隐下狱死）。盖王学末流至颜、何辈，而使人怖畏矣。

阳明破宸濠，弟子邹东廓（守益）助之，而欧阳南野（德）、聂双江（豹）辈，则无事功可见。双江主兵部，《明史》赞之曰："豹也碌碌，弥不足观。"盖皆明心见性，持位保宠，不以政事为意。湛甘泉为南京吏部尚书亦然。罗念庵（洪先）辞官后，入山习静，日以晏坐为事。谓理学家辟佛乃门面语，周濂溪何尝辟佛哉！阳明再传弟子万思默（廷言）、王塘南（时槐）、胡正甫（直）、邓定宇（以赞）官位非卑，亦无事功可见。思默语不甚奇，日以晏坐为乐。塘南初曾学佛，亦事晏坐，然所见皆高于阳明。塘南以为一念不动，而念念相续，此即生生之机不可断之意（一念不动，念念相续，即释家所谓阿赖耶识，释家欲传阿赖耶以成涅槃，而王学不然，故仅至四禅四空地）。

思默自云静坐之功，若思若无思，则与佛法中"非想非非想"契合，即四空天中之非想非非想天耳。定宇语王龙溪（畿）曰："天也不做他，地也不做他，圣人也不做他。"张阳和（元忭）谓此言骇听。定宇曰："毕竟天地也多动了一下。此是不向如来行处行手段。"正甫谓，天地万物，皆由心造，独契释氏旨趣。前此理学家，谓天地万物与我同体，语涉含混，不知天地万物与我孰为宾主，《孟子》"万物皆备于我"之说亦然，皆不及正甫之明白了当。梨洲驳之，反为支离矣。

甘泉与阳明并称。甘泉好谈体认天理，人有不成寐者，问于甘泉。甘泉曰："君恐未能体认天理耳。"阳明讥甘泉务外，甘泉不服，谓心体万物而无遗，何外之有？后两派并传至许敬庵（孚远），再传而为刘蕺山（宗周）。蕺山绍甘泉之绪，而不甚心服。三传而为黄梨洲（宗羲）。梨洲余姚人，蕺山山阴人。梨洲服膺阳明而不甚以蕺山为然，盖犹存乡土之见。蕺山以常惺惺为教。"常惺惺"者，无昏愦时之谓也，语本禅宗，非儒家所有。又蕺山所以不同于阳明者，自阳明之徒王心斋以致知为空文，与心、意二者无关，而心、意之别未明也。心斋之徒王一庵（栋），以为意乃心之主宰（即佛法意根），于是意与心始别。蕺山取之，谓诚意者，诚其意根，此为阳明不同者也。然蕺山此语，与《大学》不合。

《大学》语语平实，不外修己治人。明儒强以明心见性之语附会，失之远矣。诚其意根者，即堕入数论之神我，意根愈诚，则我见愈深也。余谓《中庸》"诚者物之终始，不诚无物"二语甚确。盖诚即迷信之谓，迷信自己为有，迷信世界万物为有，均迷信也。"诚"之为言，无异佛法所称"无明"。信我至于极端，则执一切为实有。无无明则无物，故曰不诚无物。

《中庸》此言，实与释氏之旨符合。惟下文足一句曰"是故君子诚之为贵"，即与释氏大相径庭。盖《中庸》之言，比于婆罗门教，所谓"参天地、赞化育"者，是其极致，乃入摩醯首罗天王一流也。儒、释不同之处在此，儒家虽采佛法，而不肯放弃政治社会者亦在此。若全依释氏，必至超出时间，与中土素重世间法者违反，是故明心见性之儒，谓之为禅，未尝不可。惟此所谓禅，乃禅八定，佛家与外道共有之禅，不肯打破意根者也。昔欧阳永叔谓"孔子罕言性，性非圣人所重"，此言甚是。儒者若但求修己治人，不务谈天说性，则譬之食肉不食马肝，亦未为不知味也。

儒者修己之道，《儒行》言之甚详，《论语》亦有之，曰"行己有耻"，曰"见利思义，见危授命。"修己之大端，不过尔尔。范文正开宋学之端，不务明心见性而专尚气节，首斥冯道之贪恋。《新五代史》之语，永叔袭文正耳。其后学者渐失其宗旨，以气节为傲慢而不足尚也，故群以极深研几为务。于是风气一变，国势之弱，职此之由。宋之亡，降臣甚多，其明证也。

明人之视气节，较宋人为重。亭林虽诮明心见性之儒，然入清不仕，布衣终身，信可为百世师表。夫不贵气节，渐至一国人民都无豪迈之气，奄奄苟活，其亡岂可救哉？清代理学家甚多，然在官者不可以理学论。汤斌、杨名时、陆陇其辈，江郑堂《宋学渊源记》所不收，其意良是。何者？炎黄之胄，服官异族，大节已亏，尚得以理称哉？若在野而走入王派者，则有李二曲（颙）、黄梨洲（宗羲）。其反对王派者，今举顾亭林、王船山（夫之）、陆桴亭、颜习斋、戴东原五家论之。此五家皆与王派无关，而又非拘牵朱派者也。梨洲、二曲虽同祖阳明，而学不甚同。梨洲议论精致，修养不足，二曲教人以悔过为始基，以静坐为入手，李天生（因笃，陆派也）之友欲从二曲学，中途折回，天生问故，曰："人谓二曲王学之徒也。"二曲闻之叹曰："某岂王学乎哉？"盖二曲虽静坐观心，然其经济之志，未曾放弃。其徒王心敬（尔缉），即以讲求区田著称。此其所以自异于王学也。梨洲弟子万季野（斯同）治史学，查初白（慎行）为诗人，并不传其理学。后来全谢山（祖望）亦治史学，而于理学独推重慈湖，盖有乡土之见焉。

阳明末流，一味猖狂，故清初儒者皆不愿以王派自居。顾亭林首以"明心见性"为诟病。亭林之学，与宋儒永嘉派不甚同，论其大旨，亦以修己治人为归。亭林研治经史最深，又讲音韵、地理之学，清人推为汉学之祖。其实后之为汉学者仅推广其《音学五书》以讲小学耳，其学之大体，则未有步趋者也。惟汪容甫（中）颇有绍述之意，而目力未及。观容甫《述学》，但考大体，不及琐碎，此即亭林矩镬。然亭林之学，枝叶蔚为大国，而根本不传者，亦因种族之间，言议违禁，故为人所忌耳（《四库提要》称其音韵之学，而斥经世之学为迂阔，其意可知）。种族之见，亭林胜于梨洲。梨洲曾奉鲁王命乞师日本，后遂无闻焉。亭林则始终不渝。

今通行之《日知录》，本潘次耕（未）所刻，其中"胡"字、"虏"字，或改作"外国"，或改作"异域"；"我朝"二字，亦被窜易；"素夷狄行乎夷狄"一条，仅存其目。近人发现雍正时抄本，始见其文，约二千余言。大旨谓，孔子云"居处恭、执事敬、与人忠，虽之夷狄不可弃也"，此之谓"素夷狄行乎夷狄"，非谓臣事之也。又言，管仲大节有亏而孔子许之者，以管仲攘夷，过小而功大耳。以君臣之义，较夷夏之防，则君臣之义轻，而夷夏之防重，孔子所以亟称之也。又"胡服"一条，刻本并去其目。忌讳之深如此，所以其学不传。

亭林于夷夏之防，不仅腾为口说，且欲实行其志，一生奔驰南北，不遑宁居，到处开垦，隐结贤豪。凡为此故也，山东、陕西、山西等处，皆有其屯垦之迹。观其意殆欲于此作发展计。汉末田子泰（或作田子春，名畴）躬耕徐无山（今河北玉田县），百姓归之者五千余家。子泰为定法律，制礼仪，兴学校，众皆便之。乌丸、鲜卑，并遣译致贡。常忿乌丸贼杀冠盖，有欲讨之意，而曹操北征，子泰为向导，遂大斩获，追奔逐本。使当时无曹操，则子泰必亲自攘夷矣。亭林之意，殆亦犹是。

船山反对王学，宗旨与横渠相近，曾为《正蒙》作注。盖当时王学猖狂，若以程朱之学矫之，反滋纠纷，惟横渠之重礼教乃足以惩之。船山之书，自说经外，只有钞本，得之者什袭珍藏，故《黄书》流传甚广，而免于禁网也。船山论夷夏之防，较亭林更为透澈，以为六朝国势不如北魏远甚，中间又屡革命，而能支持三百年之久者，以南朝有其自立精神故也。南宋不及百六十年，未经革命，而亡于异族，即由无自立精神故也。此说最中肯綮，然有鉴于南宋之亡，而谓封建藩镇，可以抵抗外侮，此则稍为迂阔。特与六朝人主封建者异趣。六朝人偏重王室，其意不过封建亲戚以为藩屏而已。船山之主封建，乃从诸夏夷狄着想，不论同姓异姓，但以抵抗外侮为主，此其目光远大处也。要之，船山之学，以政治为主，其理学亦不过修己治人之术，谓之骈枝可也。

陆桴亭《思辨录》，亦无过修己治人之语，而气魄较小。其论农田水利，亦尚有用，顾足迹未出江苏一省，故其说但就江苏立论，恐不足以致远。

北方之学者，颜（习斋）、李（刚主）、王（昆绳）、刘（继庄）并称，而李行辈略后。习斋之意，以为程、朱、陆、王都无甚用处，于是首举《周礼》"乡三物"以为教，谓《大学》"格物"之物，即"乡三物"之物，其学颇见切实。盖亭林、船山但论社会政治，却未及个人体育。不讲体育，不能自理其身，虽有经世之学，亦无可施。习斋有见于此，于礼乐射御书数中，特重射御，身能盘马弯弓，抽矢命中，虽无反抗清室之语，而微意则可见也。昆绳、刚主，亦是习斋一流，惟主张井田，未免迂腐。继庄精舆地之学。《读史方舆纪要》之作，继庄周游四方，观察形势，顾景范考索典籍，援古证今，二人联作，乃能成此巨著。此后徐乾学修《一统志》，开馆洞庭山，招继庄纂修。继庄首言郡县宜记经纬度，故《一统志》每府必记北极测地若干度。此事今虽习见，在当时实为创获。

大概亭林、船山，才兼文武。桴亭近文，习斋近武，桴亭可使为地方官，如省长之属。习斋可使为卫戍司令。二人之才不同，各有偏至，要皆专务修己治人，无明心见性之谈也。

东原不甘以上列诸儒为限，作《原善》《孟子字义疏证》。其大旨有二：一者，以为程、朱、陆、王均近禅，与儒异趣。一者，以为宋儒以理杀人，甚于以法杀人。盖雍乾间，文字之狱，牵累无辜，于法无可杀之道，则假借理学以杀之。东原有感于此，而不敢正言，故发愤为此说耳。至其目程、朱、陆、王均近禅，未免太过。

象山谓"六经"注我，我不注"六经"，乃扫除文字障之谓，不可谓之近禅。至其驳斥"以意见为理"，及以理为"如有物焉得于天而具于心"之说，只可以攻宋儒，不足以攻明儒。阳明谓理不在心外，则非如有物焉，凑拍附著于气之谓也。罗整庵（钦顺）作《困知记》，与阳明力争"理气"之说，谓宋人以为理之外有气，理善，气有善有不善。夫天地生物，惟气而已，人心亦气耳。所谓理者，气之流行而有秩序者也，非气之外更有理也。理与气不能对立。东原之说，盖有取于整庵。然"天理""人欲"，语见《乐记》。《乐记》本谓穷人欲则天理灭，不言人欲背于天理也，而宋儒则谓理与欲不能并立。于是东原谓天理即人欲之有节文者，无欲则亦无理，此言良是，亦与整庵相近。惟谓理在事物而不在心，则矫枉太过，易生流弊。夫能分析事物之理者，非心而何？安得谓理在事物哉！依东原之说，则人心当受物之支配，丧其所以为我，此大谬矣。

至《孟子》"性善"之说，宋儒实未全用其旨。程伊川、张横渠皆谓，人有义理之性，有气质之性。义理之性善，气质之性不善。东原不取此论，谓《孟子》亦以气质之性为善，以人与禽兽相较而知人之性善，禽兽之性不善（《孟子》有"人之所以异于禽兽者几希"语）。余谓此实东原之误。古人论性，未必以人与禽兽比较。详玩《孟子》之文，但以五官与心对待立论。

《孟子》云："从其大体为大人，从其小体为小人。耳目之官不思而蔽于物，物交物，则引人而已矣。心之官则思，思则得之，不思则不得也。"其意殆谓耳目之官不纯善，心则纯善。心纵耳目之欲，是养其小体也。耳目之欲受制于心，是养其大体也。今依生理学言之，有中枢神经，有五官神经。五官不能谓之无知，然仅有欲而不知义理，惟中枢神经能制五官之欲，斯所以为善耳。

《孟子》又云："口之于味，目之于色，耳之于声，鼻之于臭，四肢之于安佚，性也，有命焉，君子不谓性也。"是五官之欲固可谓之性，以有心为之主宰，故不以五官之欲为性，而以心为性耳。由此可知，《孟子》亦不谓性为纯善，惟心乃纯善。东原于此不甚明白，故不取伊川、横渠之言，而亦无以解《孟子》之义。由今观之，孟、荀、扬三家论性虽各不同，其实可通。《孟子》不以五官之欲为性，此乃不得已之论。如合五官之欲与心而为言，亦犹扬子所云善恶混矣。《孟子》谓恻隐、羞恶、辞让、是非四端，性所具有。

《荀子》则谓"人生而有好利焉，顺是则争夺生而辞让亡矣"。是荀子以辞让之心非性所本有，故人性虽具恻隐、羞恶、是非三端，不失其为恶。然即此可知《荀子》但云性不具辞让之心，而不能谓性不具恻隐、羞恶、是非之心，是其论亦同于善恶混也。且《荀子》云："途之人皆可以为禹。"《孟子》云："人皆可以为尧舜。"是性恶、性善之说，殊途同归也。《荀子》云："人皆有可以知仁义法正之质，皆有可以能仁义法正之具。"

《孟子》云："乃若其情则可以为善矣，乃所谓善也。"此其语趣尤相合（《孟子》"性善"之说，似亦略有变迁。可以为善曰性善，则与本来性善不同矣）。虽然，《孟子》曰："仁义礼知，非由外铄我也，我固有之也。"荀子则谓礼义法度，圣人所生，必待圣人之教，而后能化性起伪。此即外铄之义，所不同者在此。

韩退之《原性》有上中下三品说。前此，王仲任《论衡》记周人世硕之言，谓人性有善有恶。举人之善性，养而致之则善长，举人之恶性，养而致之则恶长，故作《养书》一篇。又言宓子贱、漆雕开、公孙尼子之徒，亦论情性，与世子相出入。又孔子已有"生而知之者上，学而知之者次，困而学之又其次，困而不学民斯为下"语。如以性三品说衡荀子之说，则谓人性皆恶可也。不然，荀子既称人性皆恶，则所称圣人者，必如宗教家所称之圣人，然后能化性起伪尔。是故荀子虽云性恶，当兼有"三品"之义也。

告子谓"性无善无不善"，语本不谬。阳明亦以为然。又谓"生之谓性"，亦合古训。此所谓性，即阿赖耶识。佛法释阿赖耶为无记性（无善无恶），而阿赖耶之义即生理也。古人常借"生"为"性"字，《孝经》"毁不灭性"，《左传》"民力凋尽，莫保其性"皆是。《庄子》云："性者，生之质也。"则明言"生"即

"性"矣。故生之谓性一语，实无可驳。而孟子强词相夺，驳之曰："犬之性犹牛之性，牛之性犹人之性欤？"若循其本，性即生理。则犬之生与牛之生，牛之生与人之生，有何异哉？至杞柳桮棬之辨，孟子之意谓贼杞柳以为桮棬可，贼人以为仁义不可。此因告子不善措辞，致受此难。如易其语云，性犹金铁也，义犹刀剑也，以人性为仁义，犹以金铁为刀剑，则孟子不能谓之贼矣。

东原以孟子举犬性、牛性、人性驳告子，故谓孟子"性善"之说，据人与禽兽比较而为言。余谓此非孟子本旨，但一时口给耳。后人视告子如外道，或曰异端，或曰异学。其实儒家论性，各有不同。赵邠卿注《孟子》，言告子兼治儒、墨之学。邠卿见《墨子》书亦载告子（《墨子》书中之告子与孟子所见未必为一人，以既与墨子同时，不得复与孟子同时也），故为是言。不知《墨子》书中之告子，本与墨子异趣，不得云兼治儒、墨之学也。宋儒以告子为异端，东原亦目之为异端，此其疏也。

《孟子字义疏证》一书，惟说"理气"语不谬（大旨取罗整庵），论理与欲亦当。至阐发"性善"之言，均属难信。其后承东原之学者，皆善小学、说经、地理诸学，惟焦里堂（循）作《孟子正义》，不得不采《字义疏证》之说（近黄式三亦有发挥东原之言）。要之东原之说，在清儒中自可卓然成家，若谓可以推倒宋儒（段若膺作挽词有"孟子之功不在禹下"语，太过），则未敢信也。

道咸间方植之（东树）作《汉学商兑》，纠弹东原最力。近胡适尊信东原之说，假之以申惟物主义。然"理在事物而不在心"一语，实东原之大谬也。

道家

数道家当以老子为首。《汉书·艺文志》"道家"首举伊尹、太公。然其书真伪不可知，或出后人依托。《管子》之书，可以征信，惟其词意繁富，杂糅儒家、道家，难寻其指归。太史公言其善因祸而为福，转败而为功，盖《管子》之大用在此。黄、老并称，始于周末，盛行于汉初。如史称环渊学黄老道德之术，陈丞相少时，好黄帝、老子之术，胶西有盖公善治黄老言，窦太后好黄帝、老子言，王生处土善为黄老言。然黄帝论道之书，今不可见。《儒林传》："黄生与辕固争论汤武革命，曰，冠虽敝必加于首，履虽新必贯于足。"其语见《太公六韬》。然今所传《六韬》不可信，故数道家当以老子为首。

《庄子·天下篇》，自言与老聃、关尹不同道。老子多政治语，庄子无之。庄子多超人语，老子则罕言。虽大旨相同，而各有偏重，所以异也。《老子》书八十一章，或论政治，或出政治之外，前后似无系统。今先论其关于政治之语。

老子论政，不出"因"字。所谓"圣人无常心，以百姓心为心"是也。严几道（复）附会其说，以为老子倡民主政治。以余观之，老子亦有极端专制语，其云"鱼不可脱于渊，国之利器不可以示人"，非极端专制而何？凡尚论古人，必审其时世。老子生春秋之世，其时政权操于贵族，不但民主政治未易言，即专制政治亦未易言。故其书有民主语，亦有专制语。即孔子亦然。在贵族用事之时，惟恐国君之不能专制耳。国君苟能专制，其必有愈于世卿专政之局，故曰："鱼不可脱于渊，国之利器不可以示人。"然此二语，法家所以为根本。

太史公以老子、韩非同传，于学术源流最为明了。韩非解老、喻老而成法家，然则法家者，道家之别子耳。余谓老子譬之大医，医方众品并列，指事施用，都可疗病。五千言所包亦广矣，得其一术，即可以君人南面矣。

汉文帝真得老子之术者，故太史公既称孝文好道家之学，以为繁礼饰貌无益于治，又称孝文帝本好刑名之言。盖文帝貌为玄默躬化，其实最擅权制。观夫平、勃诛诸吕，使使迎文帝。文帝入，即夕拜宋昌为卫将军，领南北军，以张武为郎中令、行殿中。其收揽兵权，如此其急也。

其后贾谊陈《治安策》，主以众建诸侯而少其力。文帝依其议，分封诸王子为列侯。吴太子入见，侍皇太子饮博，皇太子引博局提杀之。吴王怨望不朝，而文帝赐之几杖，盖自度能制之也。且崩时，诫景帝："即有缓急，周亚夫真可任将兵。"盖知崩后，吴楚之必反也，盖文帝以老、庄、申、韩之术合而为一，故能及此。然谓周云成康，汉言文景，则又未然。成康之世，诸侯宗周。文帝之世，诸侯王已有谋反者。非用权谋，乌足以制之。知人论世，不可同年而语矣。

后人往往以宋仁宗拟文帝。由今观之，仁宗不如文帝远甚。虽仁厚相似，而政术则非所及也。仁宗时无吴王叛逆之事，又文帝之于匈奴，与仁宗之于辽、西夏不同。仁宗一让之后，即议和纳币，无法应付。文帝则否，目前虽似让步，却能养精蓄锐，以备大举征讨，故后世有武帝之武功。周末什一而税，以致颂声。然汉初但十五而取一（高帝、惠帝皆然），文帝出，常免天下田租，或取其半，则三十而税一矣。又以缇萦上书，而废肉刑。此二事可谓仁厚。然文帝有得于老子之术。老子之术，平时和易，遇大事则一发而不可当，自来学老子而至者，惟文帝一人耳。

《老子》书中有权谋语，"将欲歙之，必固张之；将欲弱之，必固强之；将欲废之，必固兴之；将欲夺之，必固与之"是也。凡用权谋，必不明白告人。而老子笔之于书者，以此种权谋，人所易知故尔。亦有中人权谋而不悟者，故书之以为戒也。

历来承平之世，儒家之术，足以守成。戡乱之时，即须道家，以儒家权谋不足也。凡戡乱之傅佐，如越之范蠡（与老子同时，是时《老子》书恐尚未出），汉初之张良、陈平（二人纯与老子相似。张良尝读《老子》与否不可知，陈平本学黄老），唐肃宗时之李泌，皆有得于老子之道。盖拨乱反正非用权谋不可，老子之真实本领在此。然即"无为而无不为"一语观之，恐老子于承平政事亦优为之，不至如陈平之但说大话（文帝问左丞相周勃，天下一岁决狱几何？勃谢不知。问天下钱谷一岁出入几何？勃又谢不知，惶愧汗出浃背。帝问左丞相陈平，平曰：有主者。帝曰：君所主者何事？平曰：

"宰相上佐天子理阴阳，顺四时，下遂万物之宜，外镇抚四夷诸侯，内亲附百姓，使卿大夫各得任其职焉。"盖周勃武夫，非所能对，陈平粗疏，亦不能对也）。承平而用老子之术者，文帝之前曹参曾用盖公，日夜饮酒而不治事。以为法令既明，君上垂拱而臣下守职，此所谓无为而无不为也。至于晋人清谈，不切实用，盖但知"无为"，而不知"无不为"矣。

至于老子之道最高之处，第一看出"常"字，第二看出"无"字，第三发明"无我"之义，第四倡立"无所得"三字，为道德之极则。《老子》首章云："道可道，非常道；名可名，非常名。"常道、常名，王注不甚明白，韩非《解老》则言之憭然，谓"物之一存一亡，乍死乍生，初盛而后衰者，不可谓常。惟与天地之剖判也俱生，至天地之消散也不死不衰者谓常"。盖常道者，不变者也。

《庄子·天下篇》称"老聃建之以常无有，主之以太一"，"常无有"者，"常无常有"之简语也。老子曰："常无欲以观其妙，常有欲以观其徼。"又云："无名天地之始，有名万物之母。"无名，故为常。有名，故非常。"徼"者边际界限之意。夫名必有实，实非名不彰。撤去界限，则名不能立，故云"常有欲以观其徼也"。圣人内契天则，故常无以观其妙。外施于事，故常有以观其徼。"建之以常无有"者，此之谓也。

《老子》云："天下万物生于有，有生于无。"后之言佛法者，往往以此斥老子为外道，谓无何能生有。然非外道也。《说文》："无，奇字无也，通于元者。虚无，道也。"《尔雅》：

292

"元，始也。"夫万物实无所始。《易》曰："大哉乾元，首出庶物。"是有始也。又曰："见群龙无首，天德不可为首。"则无始也。所谓"有始"者，毕竟无始也。《庄子》论此更为明白，云："有始也者，有未始有始也者，有未始有夫未始有始也者。"《说文系传》云："无通于元者，即未始有始之谓也。"又佛法有"缘起"之说，惟识宗以阿赖耶识为缘起，《起信论》以如来藏为缘起。二者均有始。而《华严》则称"无尽缘起"，是无始也。其实缘起本求之不尽，无可奈何，乃立此名耳。本无始，无可奈何称之曰"始"，未必纯是，无可奈何又称之曰"无始"，故曰"无通于元"。儒家无极、太极之说，意亦类是。故《老子》曰："天下万物生于有，有生于无。"语本了然，非外道也。

"无我"之言，《老子》书中所无，而《庄子》详言之。太史公《孔子世家》："老子送孔子曰：'为人臣者毋以有己，为人子者毋以有己。'"二语看似浅露，实则含义宏深。盖空谈无我，不如指切事状以为言，其意若曰一切无我，固不仅言为人臣、为人子而已。所以举臣与子者，就事说理，《华严》所谓"事理无碍"矣，于是孔子退而有"犹龙"之叹。夫惟圣人为能知圣，孔子耳顺心通，故闻一即能知十。其后发为"毋意、毋必、毋固、毋我"之论，颜回得之而克己。此如禅宗之传授心法，不待繁词，但用片言只语，而明者自喻。然非孔子之聪明睿智，老子亦何从语之哉（老子语孔子之言，《礼记·曾子问》篇载三条，皆礼之粗迹，其最要者在此。至无我、克己之语，则《庄子》多有之）。

《德经》以上德、下德开端（是否《老子》原书编次如此，今不可知），云："上德不德，是以有德。下德不失德，是以无德。""德者"，得也。"不德"者，无所得也，无所得乃为德。其旨与佛法归结于"无所得"相同，亦与文王"视民如伤""望道而未之见"符合。盖道不可见，可见即非道。"望道而未之见"者，实无有道也。所以望之者，立文不得不如此耳，其实何尝望也。佛家以有所见为所知障，又称"理障"。有一点智识，即有一点"所知障"。纵令理想极高，望去如有物在，即所知障也。今世讲哲学者不知此义，无论剖析若何精微，总是所知障也。

老子谓"玄之又玄，众妙之门"，"玄"之一字，于老子自当重视。然老子又曰"涤除玄览"，玄且非扫除不可，况其他哉！亦有极高极深之理，自觉丝毫无谬，而念念不舍，心存目想，即有所得，即所谓所知障，即不失德之"下德"也。孔子云："吾有知乎哉？无知也。"无知故所知障尽。颜子语孔子曰："回益矣，忘仁义矣。"孔子曰："可矣，犹未也。"它日复见曰："回益矣，忘礼乐矣。"孔子曰："可矣，犹未也。"它日复见曰："回益矣，坐忘矣。"孔子乃称"而果其贤乎！丘也请从而后。"盖"坐忘"者，一切皆忘之谓，即无所得之"上德"也。

此种议论，《老子》书所不详，达者观之立喻，不达者语之而不能明，非如佛书之反复申明，强聒而不舍。盖儒以修己治人为本，道家君人南面之术，亦有用世之心。如专讲此等玄谈，则超出范围，有决江救涸之嫌。政略示其微而不肯详说。否则其流弊即是清谈，非惟祸及国家，抑且有伤风俗，故孔、老不为也。印度地处热带，衣食之忧，非其所急。不重财产，故室庐亦多无用处，自非

294

男女之欲，社会无甚争端。政治一事，可有可无，故得走入清谈一路而无害。中土不然，衣食居处，必赖勤力以得之，于是有生存竞争之事。团体不得不结，社会不得不立，政治不得不讲。目前之急，不在乎有我、无我，乃在衣食之足不足耳。故儒家、道家，但务目前之急，超出世间之理，不欲过于讲论，非智识已到、修养已足者，不轻为之语。此儒、道与释家根本虽同而方法各异之故也。

六朝人多以老、庄附佛法（如僧祐《宏明集》之类），而玄奘以为孔、老两家，去佛甚远，至不肯译《老子》，恐为印度人所笑。盖玄奘在佛法中为大改革家，崇拜西土，以为语语皆是，而中国人语都非了义。以玄奘之智慧，未必不能解孔子、老子之语，特以前人注解未能了然，虽或浏览，不足启悟也。

南齐顾欢谓孔、老与佛法无异，中国人只须依孔、老之法、不必追随佛法。虽所引不甚切当，而大意则是（《南齐书》五十四载欢之论曰：“国师道十，无过老、庄。儒林之宗，孰出周、孔。若孔、老非佛，谁则当之。二经所说，如合符契。道则佛也，佛则道也。其圣则符，其迹则反。”又云：“理之可贵者道也，事之可贱者俗也，舍华效夷，义将安取？”）至“老子化胡”，乃悠谬之语。人各有所得，奚必定由传授！

道士与老子无关，司马温公已见及此。道士以登仙为极则，而《庄子》有齐死生之说，又记老聃之死，正与道士不死之说相反也。汉武帝信少翁、栾大、李少君之属，以求神仙，当时尚未牵合神仙、老子为一。《汉书·艺文志》以神仙、医经、经方同入“方技”，可证也。汉末张道陵注《老子》（《宏明集》引），其孙鲁亦注《老子》（曰《想余注老子》。"想余"二字不可解），以老子牵入彼教，殆自此始。后世道士，乃张道陵一派也。然少翁辈志在求仙，道陵亦不然，仅事祈祷，或用符箓捉鬼，谓之"劾禁"。

盖道士须分两派：一为神仙家，以求长生觊登仙为务；一为劾禁家，则巫之余裔也。北魏寇谦之出，道士之说大行。近代天师打醮、画符、降妖而不求仙，即是劾禁一派。前年，余寓沪上，张真人过访。余问炼丹否？真人曰："炼丹须清心寡欲。"盖自以不能也。梁陶弘景为《本草》作注，又作《百一方》，而专务神仙。医家本与神仙家相近。后世称陶氏一派曰"茅山派"，张氏一派曰"龙虎山派"。二派既不同，而炼丹又分内丹、外丹二派。《抱朴子》载炼丹之法，唐人信之，服"大还"而致命者不少。后变而为内丹之说，《悟真篇》即其代表。然于古有汉人所作《参同契》，亦著此意。元邱处机（即长春真人，作《西游记》者）亦与内丹相近，白云观道士即此派也，此派又称"龙门派"。是故今之道士，有此三派，而皆与老子无关者也。

神仙家、道家，《隋志》犹不相混，清修《四库》，始混而为一。其实炼丹一派，于古只称神仙家，与道家毫无关系。宋元间人集《道藏》，凡诸子书，自儒家之外，皆被收录。余谓求仙一派，本属神仙家，前已言之。劾禁一派，非但与老子无关，亦与神仙家无关。求之载籍，盖与《墨子》为近。自汉末至唐，相传墨子有《枕中五行记》（其语与《墨子》有无关系不可知）。

《后汉书·刘根传》："根隐居嵩山，诸好事者就根学道。太守史祈以根为妖妄，收而数之曰：'汝有何术，而诬惑百姓。'

根曰：'实无他异，颇能令人见鬼耳。'于是左顾而啸，祈之亡父祖及近亲数十人皆反缚在前，向根叩头。祈惊惧，顿首流血。根默然，忽俱去不知所在。"余按，其术与《墨子·明鬼》相近。刘根得之何人不可知，张道陵之术与刘根近似，必有所受之也。盖劾禁一派虽于《老子》无关，要非纯出黄巾米贼。故能使晋世士大夫若王羲之、殷仲堪辈皆崇信之也。

庄子自言与老聃之道术不同，"死与生与，天地并与，神明往与"，此老子所不谈，而庄子闻其风而悦之。盖庄子有近乎佛家轮回之说，而老子无之。《庄子》云："若人之形者，万化而未始有极也，其为乐可胜计邪？"此谓虽有轮回而不足惧，较之"精气为物，游魂为变"二语，益为明白。《老子》但论"摄生"，而不及"不死不生"，《庄子》则有"不死不生"之说。

《大宗师》篇："南伯子葵问乎女偊，女偊称卜梁倚守其道三日，而后能外天下，又守之七日，而后能外物。又守之九日，而后能外生。已外生矣，而后能朝彻。朝彻，而后能见独，见独而后能无古今。无古今，而后能入于不死不生。"天下者，空间也。外天下则无空间观念。物者，实体也，外物即一切物体不足撄其心。先外天下，然后外物者，天下即佛法所谓地水火风之器世间，物即佛法所谓有情世间也。已破空间观念，乃可破有情世间，看得一切物体与己无关，然后能外生。外生者犹未能证到不死不生，必须朝彻而见独。朝彻犹言顿悟，见独则人所不见，己独能见，故先朝彻而后能见独。人为时间所转，乃成生死之念。无古今者，无时间观念，死生之念因之灭绝，故能证知不死不生矣。佛家最重现量，阳明亦称留得此心常现在。

《庄子》云无古今而后能入于不死不生者，亦此意也。南伯子葵、女偊、卜梁倚，其人有无不可知。然其言如此，前人所未道，而庄子盛称之，此即与老聃异趣。

老子讲求卫生，《庚桑楚》篇，老聃为南荣趎论卫生之经可见。用世涉务必先能卫生。近代曾国藩见部属有病者辄痛诃之，即是此意。《史记·老子列传》称老子寿一百六十余，卫生之效，于此可见。然庄子所以好言"不死不生"，以彭祖、殇子等量齐观者，殆亦有故。

《庄子》书中，自老子而外最推重颜子，于孔子尚有微辞，于颜子则从无贬语。颜子之道，去老子不远，而不幸短命，是以庄子不信卫生而有"一死生、齐彭殇"之说也。

内篇以《逍遥》《齐物》开端，浅言之，"逍遥"者，自由之义；"齐物"者，平等之旨。然有所待而逍遥，非真逍遥也。大鹏自北冥徙于南冥，经时六月，方得高飞，又须天空之广大，扶摇、羊角之势，方能鼓翼。如无六月之时间，九万里之空间，斯不能逍遥矣。列子御风，似可以逍遥矣，然非风则不得行，犹有所待，非真逍遥也。

禅家载黄龙禅师说法，吕洞宾往听，师问道服者谁，洞宾称云水道人。师曰："云干水涸，汝从何处安身？"此袭《庄子》语也。无待，今所谓"绝对"。惟绝对乃得真自由，故"逍遥"云者，非今通称之"自由"也。如云法律之内有自由，固不为真自由。即无政府，亦未为真自由。在外有种种动物为人害者，在内有饮食男女之欲，喜怒哀乐之情，时时困其身心，亦不得自由。必也一切都空，才得真自由。故后文有外天下、外物之论，此乃自由之极至也。

"齐物论"三字，或谓"齐物之论"，或谓"齐观物论"。二义俱通。《庄子》此篇，殆为战国初期，学派纷歧，是非蜂起而作。彼亦一是非，此亦一是非，庄子则以为一切本无是非。不论人物，均各是其所是，非其所非，惟至人乃无是非。必也思想断灭，然后是非之见泯也。其论与寻常论平等者不同，寻常论平等者仅言人人平等，或一切有情平等而已。是非之间，仍不能平等也。庄子以为至乎其极，必也泯绝是非，方可谓之平等耳。

揆庄子之意，以为凡事不能穷究其理由，故云恶乎然，然于然；恶乎不然，不然于不然。然之理即在于然，不然之理即在于不然。若推寻根源，至无穷，而然、不然之理终不可得，故云"然于然""不然于不然"，不必穷究是非之来源也。《逍遥》《齐物》之旨，大略如是。

《养生主》为常人说法，然于学者亦有关系。其云："生也有涯，知也无涯，以有涯随无涯殆已。"斯言良是。夫境界无穷，生命有限，以有限求无穷，是夸父逐日也。《养生主》命意浅显，颇似老子卫生之谈。然不以之为七篇之首，而次于第三，可知庄子之意，卫生非所重也。世间惟愚人不求知，稍有智慧，无不竭力求知。然所谓"一物不知，儒者之耻"，天下安有此事。如此求知，所谓殆已。其末云："指穷于为薪，火传也，不知其尽也。"以薪喻形骸，以火喻神识，薪尽而火传至别物。薪有尽，而火无穷，喻形体有尽，而神识无尽，此佛家轮回之说也。

《人世间》论处世之道，颜子将之卫、叶公问仲尼二段可见，其中尤以心斋一语为精。宋儒亦多以晏坐为务。余谓心斋犹坐也。古者以《诗》《书》《礼》《乐》教士，《诗》《书》属于智识，《礼》《乐》属于行为。古人守礼，故能安定。后人无礼可守，心常扰扰。《曲礼》云："坐如尸，立如斋。"此与晏坐之功无大异。常人闲居无事，非昏沉，即掉举。欲救此弊，惟有晏坐一法。古人礼乐不可斯须去身，非礼勿动（动者非必举手投足之谓，不安定即是动），非礼勿言（心有思想即言也），自不必别学晏坐。"子之燕居，申申如也，夭夭如也。"申申，挺直之意。夭夭，屈申之意。申申、夭夭并举，非崛强、亦非伛偻，盖在不申、不屈之间矣。古有礼以范围，不必晏坐，自然合度。此须观其会通，非谓佛法未入之时，中土绝无晏坐法也。

心斋之说，与"四勿"语（非礼勿视，非礼勿听，非礼勿言，非礼勿动）相近。故其境界，亦与晏坐无异。向来注《庄子》者，于"瞻彼阕者，虚室生白，吉祥止止"十二字多不了然，谓"室"比喻心，心能空虚，则纯白独生，然"阕"字终不可解。按《说文》，"事已闭门"为阕，此盖言晏坐闭门，人从门隙望之，不见有人，但见一室白光而已。此种语，佛书所恒道，而中土无之，故非郭子玄所知也。

《德充符》言形骸之不足宝，故以兀者王骀发论，至谓王骀之徒与孔子中分鲁国，则其事有无不可知矣。中有二语，含意最深，自来不得其解，曰："以其知得其心，以其心得其常心。"余谓此王骀之绝诣也。"知"者，佛法所谓意识。"心"者，佛法所谓阿赖耶。阿赖耶恒转如瀑流，而真如心则无变动。"常心"者，真如心之谓。以止观求阿赖耶，所得犹假，直接以阿赖耶求真如心，所得乃真。此等语与佛法无丝毫之异。世间最高之语，尽于此矣。

《大宗师》篇有不可解处，"如真人之息以踵，众人之息以喉"。喉、踵对文，自当训为实字，疑参神仙家言矣。至乎其极，即为卜梁倚之不死不生，如此方得谓之大宗师。

《应帝王》言变化不测之妙。列子遇季咸而心醉，归告其师壶子。季咸善相人，壶子使之相，示之以地文，示之以天壤，示之以太冲，最后示之以虚而委蛇，季咸无从窥测，自失而走。此如《传镫录》所载忠国师事，有西僧能知人心事。师往问之，僧曰："汝何以在天津桥上看猢狲耶？"师再问之，僧又云云。最后一无所念而问之，僧无从作答，此即壶子对季咸之法矣。

要之，内篇七首，佛家精义俱在。外篇、杂篇与内篇稍异。盖《庄子》一书有各种言说，外篇、杂篇，颇有佛法所谓天乘（四禅四空）一派。《让王篇》主人事，而推重高隐一流。盖庄子生于乱世，用世之心，不如老子之切，故有此论。郭子玄注反薄高隐而重仕宦。此子玄之私臆，未可轻信。子玄仕于东海王越，招权纳贿，素论去之，故其语如此，亦其所也，惟大致不谬耳。外篇、杂篇为数二十六，更有佚篇，郭氏删去不注，以为非庄子本旨。杂篇有孔子见盗跖及渔父事，东坡以为此二篇当删。其实《渔父篇》未为揶揄之言，《盗跖篇》亦有微意在也。七国儒者，皆托孔子之说以糊口，庄子欲骂倒此辈，不得不毁及孔子，此与禅宗呵佛骂祖相似。

禅宗虽呵佛骂祖，于本师则无不敬之言。庄子虽揶揄孔子，然不及颜子，其事正同。禅宗所以呵佛骂祖者，各派持论，均有根据，非根据佛，即根据祖，如用寻常驳辨，未必有取胜之道，不得已而呵佛骂祖耳。

孔子之徒，颜子最高，一生从未服官，无七国游说之风。自子贡开游说之端，子路、冉有皆以从政终其身。于是七国时仕宦游说之士，多以孔子为依归，却不能依傍颜子，故庄子独称之也。东坡生于宋代，已见佛家呵佛骂祖之风，不知何以不明此理，而谓此二篇当删去也。

太史公谓庄子著书十余万言，剽剥儒、墨。今观《天下篇》开端即反对墨子之道。谓墨子虽独能任，奈天下何？则史公之言信矣。惟所谓儒者乃当时之儒，非周公、孔子也。其讥弹孔子者，凡以便取持论，非出本意，犹禅宗之呵佛骂祖耳。

老子一派，传者甚众，而《庄子》书，西汉人见者寥寥。史公而外，刘向校书，当曾见之。桓谭号为博览，顾独未见《庄子》。班嗣家有赐书，谭乞借《庄子》，而嗣不许。《法言》曾引《庄子》，殆扬子云校书天禄阁时所曾见者。班孟坚始有解《庄子》语，今见《经典释文》。此外则无有称者。至魏晋间，《庄子》始见重于世，其书亦渐流传。自《庄子》流传，而清谈之风乃盛。由清谈而引进佛法，魏晋间讲佛法者，皆先究《庄子》（东晋支遁曾注《庄子》）。

《宏明集》所录，皆庄、佛并讲者也。汉儒与佛法扞格，无沟通之理。明帝时佛经虽入中土，当时视之，不过一种神教而已。自

《庄子》之说流行，不啻为研究佛法作一阶梯，此亦犹利玛窦入中国，传其天算之学，而中国人即能了悟。所以然者，利玛窦未入之前，天元、四元之术，已研究有素，故易于接引也。

清儒谓汉称黄老，不及老庄。黄老可以致治，老庄惟以致乱。然史公以老、庄、申、韩同传，老子有治天下语。汉文兼参申韩，故政治修明。庄子政治语少，似乎遗弃世务。其实，庄在老后，政治之论，老子已足，高深之论，则犹有未逮，故庄子偏重于此也。漆园小吏，不过比今公安局长耳，而庄子任之。官愈小，事愈繁剧，岂庄子纯然不涉世务哉！清谈之士，皆是贵族，但借庄子以自高，故独申其无为之旨。然不但清谈足以乱天下，讲理学太过，亦足以乱天下。亭林谓今之心学，即昔之清谈，比喻至切。此非理学之根本足以乱天下，讲理学而一切不问，斯足以乱天下耳、以故，黄老治天下、老庄乱天下之语，未为通论也。

墨家

墨子，据高诱《吕览注》谓为鲁人。《史记·孟荀列传》"或曰并孔子时，或曰在其后。"盖墨子去孔子不远，与公输般同时。据《礼记·檀弓》，季康子之母死，公输般请以机封，事在哀公之末，或悼公之初。墨子见楚惠王时，盖已三四十岁，是时公输般已老，则墨子行辈，略后于般也。《亲士篇》言吴起之裂。考吴起车裂，在周安王二十一年，上去孔子卒已逾百年。墨子虽寿考，当不及见。至《所染篇》言宋康染于唐鞅田不礼。宋康之灭，在周赧王二十九年，去吴起之裂又九十余年，则决非墨子所及见矣。是知《墨子》书有非墨子自著而后人附益之者。

《韩非·显学篇》称："孔子墨之后，儒分为八，墨离为三。有相里氏之墨、相夫氏之墨、邓陵氏之墨。"《庄子·天下》篇亦云："相里勤之弟子五侯之徒，南方之墨者，苦获己齿、邓陵子之属，俱诵《墨经》，而倍谲不同，相谓别墨。"今观墨子《尚贤》《尚同》《兼爱》《非攻》《节用》《节葬》《天志》《明鬼》《非乐》《非命》，皆有上中下三篇，文字虽小异，而大体则同。一人所著，决不如此重沓，此即"墨离为三"之证。三家所传不同，而集录者兼采之耳。《汉书》称《墨子》七十一篇，今存五十三篇。

墨子之学，以兼爱、尚同为本。兼爱、尚同，则不得不尚贤。至于节用，其旨专在俭约，则所以达兼爱之路也。节葬、非乐，皆由节用来。要之，皆尚俭之法耳。明鬼之道，自古有之，墨子传之，以为神道设教之助，亦有所不得已。依墨子之道，强本节用，亦有用处，而孟子、荀子非之。孟子斥其兼爱（攻其本体），荀子斥其尚俭（攻其办法）。夫兼爱之道，乃人君所有事，墨子无其位而有其行，故孟子斥为无父。汪容甫谓孟子厚诬墨子，实非知言。近世治墨学者，喜言《经上》《经下》，不知墨子本旨在兼爱、尚同，而尚贤、节用、节葬、非乐是其办法，明鬼则其作用也。

明鬼自是迷信。春秋战国之间，民智渐启，孔子无迷信之语，老子语更玄妙，何以墨子犹有尊天明鬼之说？近人以此致疑老子不应在墨子之前，谓与思想顺序不合。不知老子著书，关尹所请，关尹自当传习其书。《庄子·达生篇》有列子问关尹事，则老子传之关尹，关尹传之列子矣。今《列子》书虽是伪托，《庄子》记列子事则可信。

《让王篇》言郑子阳遗粟于列子，据《史记·六国表》《郑世家》，子阳之死在周安王四年，是时上去孔子之卒八十一年。列子与子阳同时，遗粟之时，盖已年老，问关尹事当在其前，关尹受老子之书又在其前，如此上推，则老、孔本同时，列子与墨子同时。然老子著书传关尹，关尹传列子，此外有无弟子不可知。齐稷下先生盛言老子，则在墨子之后五六十年。近人以为思想进步必须有顺序，然必须一国之中交通方便，著书易于流布，方足言此。何者？一书之出，人人共见，思想自不致却退也。若春秋之末，各国严分疆界，交通不便。著书则传诸其人，不若后世之流行，安得以此为论。且墨子足迹，未出鲁、宋、齐、楚四国。宋国以北，墨子所未至。老子著书在函谷关，去宋辽远，列子郑人，与宋亦尚异处，故谓墨子未见老子之书可也。墨子与孔子同为鲁人，见闻所及，故有"非儒"之说。然《论语》一书，恐墨子亦未之见。《论语》云："曾子有疾，孟敬子问之。"而《礼记》："悼公之丧，孟敬子食食。"可见《论语》之成，在鲁悼之后，当楚简王之世。是时墨子已老，其说早已流行，故《论语》虽记孔子"天何言哉"之言，而墨子犹言天志也。

又学派不同，师承各别，墨子即见老孔之书，亦未必遽然随之而变。今按儒家著书在后（儒家首《晏子》），道、墨著书在前。《伊尹》《太公》之书，《艺文志》所不信，《辛甲》二十九篇则可信也（辛甲道家，见《左传》襄四年）。墨家以《尹佚》二篇开端，尹佚即史佚也。《艺文志》所称某家者流出于某官，多推想之辞。惟道家之出史官，墨家之出清庙之守，确为事实。道家辛甲为周之太史，墨家不但史角为清庙之守，尹佚亦清庙之守。《洛诰》逸祝册可证也。师承之远，历五百余载，学派自不肯轻易改变。故公孟以无鬼之论驳墨子，墨子无论如何不肯信也。春秋之前，道家有辛甲，墨家有尹佚。《左传》引尹佚之语五，《国语》引之者一，而辛甲则鲜见称引。可见尹佚之学流传甚广，而辛甲之学则不甚传。老子本之辛甲，墨子本之尹佚，二家原本不同。以故墨子即亲见老子之书，亦不肯随之而变也。

《礼记》孔子语不尽可信，而《论语》及《三朝记》，汉儒皆以为孔子之语，可信。《三朝记·千乘篇》云："下无用则国家富，上有义则国家治，长有礼则民不争，立有神则国家敬。兼而爱之，则民无怨心，以为无命，则民不偷。昔者先王立此六者，而树之德，此国家所以茂也。"

今按孔子所言，与墨子相同者五。"无用"即不奢侈之意，墨子所谓"节用"也。"上有义"即墨子所谓尚同也，立有神即墨子所谓"明鬼"也，"以为无命"，即墨子所谓"非命"也。盖尹佚有此言，而孔子引之。其中不及节葬、非乐者，据《礼记·曾子问》："下殇，土周，葬于园，遂舆机而往。史佚有子而殇，棺敛于宫中。"于此可见史佚不主节葬。周用六代之乐，史佚王官，亦断不能非之。节葬、非乐，乃墨子量时度势之言。尹佚当太平时，本无须乎此。墨子经春秋之乱，目睹厚葬以致发冢（《庄子》有"诗礼发冢"语可证），故主节葬。

春秋之初，乐有等级，及季氏僭用八佾，三家以雍彻，后又为女乐所乱（齐人馈女乐可见），有不得不非之势。盖节葬、非乐二者，本非尹佚所有，乃墨子以意增加者也。其余兼爱、尚同、明鬼、节用，自尹佚以来已有之。尚贤老子所非，其名固不始于墨子。墨子明鬼，但能称引典籍而不能明言其理，盖亦远承家法，非己意所发明也。

孔老之于鬼神，措辞含蓄，不绝对主张其有，亦不绝对主张其无。老子曰："以道往天下，其鬼不神。"韩非解之曰："夫内无痤疽瘅痔之害，而外无刑罚法诛之祸者，其轻恬鬼也甚，故曰以道往天下，其鬼不神。"盖天下有道，祸福有常，则鬼神不足畏矣。孔子曰："敬鬼神而远之。"然《中庸》曰："鬼神之为德，视之而弗见，听之而弗闻，体物而不可遗，洋洋乎如在其上，如在其左右。"如此旁皇周浃，又焉能远，盖孔、老之言，皆谓鬼神之有无，全视人之信不信耳，至公孟乃昌言无鬼之论，此殆由孔、老皆有用世之志，不肯完全摧破迷信，正所谓"不信者吾亦信之"也。

公孟在野之儒，无关政治，故公然论无鬼矣。凡人类思想，固由闭塞而渐进于开明，然有时亦未见其然，竟有先进步而后却退者。如鬼神之说，政治衰则迷信甚，信如老子之言。然魏有王弼、何晏崇尚清谈，西晋则乐广、王衍大扇玄风，于是迷信几于绝矣。

至东晋而葛洪著《抱朴子》内、外篇，外篇语近儒家，内篇则专论炼丹。尔时老庄"一生死、齐彭殇"之论已成常识，而《抱朴子》犹信炼丹，以续神仙家之绪。又如阳明学派，盛行于江西，而袁了凡亦江西人，独倡为"功过格"，以承道教之风。夫清谈在前，而后有葛洪，阳明在前，而后有袁黄。皆先进步而后却退也。一人之思想，决不至进而复退。至于学说兴替，师承不同，则进退无常。以故老子之言玄妙，孔子之言洒落，而墨子终不之信也。且墨子明鬼，亦有其不得已者在。墨子之学，主于兼爱、尚同，欲万民生活皆善，故以"节用"为第一法。节用则家给人足，然后可成其兼爱之事实，以节用故反对厚葬，排斥音乐。然人由俭入奢易，由奢反俭难。

《庄子》云："以裘褐为衣，以跂蹻为服，墨子虽独能任，奈天下何？"墨子亦知其然，故用宗教迷信之言诱之，使人乐从，凡人能迷信，即处苦而甘。苦行头陀，不惮赤脚露顶，正以其心中有佛耳。南宋有邪教，曰"吃菜事魔"，其始盖以民之穷困，故教之吃菜，然恐人之不乐从也，故又教之事魔，事魔则人乐吃菜矣。于是从之者，皆渐饶益，论者或谓家道之丰，乃吃菜之功，非事魔之报，当禁事魔，不禁吃菜，其言似有理，实可笑也。夫不事魔，焉肯吃菜？墨子之明鬼，犹此志矣。人疑墨子能作机械，又《经上》《经下》辨析精微，明鬼之说，与此不类。不知其有深意存焉。

"节用"之说，孔、老皆同。老子以俭为宝，孔子曰"宁俭"。事俭有程度，孔子饭疏饮水，而又"割不正不食"，固以时为转移也。墨子无论有无，壹以自苦为极。其徒未必人人穷困，岂肯尽听其说哉？故以尊天明鬼教之，使之起信。此与吃菜事魔，雅无二致。若然，则公孟之论，宜乎不入耳矣。

《墨经》上、下所载，即"坚白同异"之发端。坚白同异，《艺文志》称为"名家"。名家之前，孔子有"正名"之语，《荀子》有《正名》之篇，皆论大体，不及琐细。其后《尹文子》亦然。独《墨子》有坚白同异之说，惠施、公孙龙辈承之，流为诡辩，与孔子、荀子不同。鲁哀公欲学小辩，孔子云："奕固十棋之变，由不可既也，而况天下之言乎？"小辩，盖即坚白同异之流。小事诡辩，人以为乐。如云"火不热""犬可为羊"，语异恒常，耸人听闻，无怪哀公乐之也。

《经》上下又近于后世科学之语，如："平，同高也""圜，一中同长也"。解释皆极精到。然物之形体，有勾股者，有三角者，有六觚者，但讲平、圆二种，一鳞一爪，偏而不全，总不如几何学事事俱备。且其书庞杂，无系统可寻。今人徒以其保存古代思想，故乐于研讨耳。其实不成片段，去《正名》篇远矣。

墨子数称"道禹"（《庄子·天下》篇），禹似为其教祖。《周髀算经》释"矩"字云："禹之所以治天下者，此数之所生也。"赵注云："禹治洪水，望山川之形，定高下之势，乃勾股之所由生。"《考工记》："有虞氏上陶，夏后氏上匠。"禹明于勾股测量之术，匠人世守其法以营造宫室，通利沟洫（《考工记》："匠人建国，水地以县，置以县，眡以景，为规，识日出之景与日入之景。昼参诸日中之景，夜考之极星，以正朝夕。"又："匠人为沟洫，凡行奠水，磬折以参伍。欲为渊，则勾于矩。"匠人明勾股测量之理，如能建国行水。而行水奠水，即禹治水之方也）。墨子既以禹为祖，故亦尚匠，亦擅勾股测量之术。公输般与之同时，世为巧匠。公输子削竹木以为鹊，成而飞之，三日不下。而墨子亦能作飞鸢。惟墨子由股术进求其理，故有"平，同高也""圆，一中同长也""端，体之无序而最前者也"诸语，此皆近于几何。所与远西不同者，远西先有原理，然后以之应用，中国反之，先应用然后求其理耳。

墨子、公输般皆生于鲁，皆能造机械，备攻守。其后楚欲攻宋，二人解带为城，以牒为械，试于惠王之前。般九设攻城之机变，墨子九距之。般之攻械尽，墨子之守圉有余。此虽墨子夸饰之辞，亦足征二人之工力相敌矣。

法家

《艺文志》称"法家者流，盖出于理官"，余谓此语仅及其半。法家有两派：一派以法为主，商鞅是也；一派以术为主，申不害、慎到是也。惟韩非兼擅两者，而亦偏重于术。出于理官者，任法一派则然，而非所可语于任术一流。《晋书·刑法志》："魏文侯师李悝，撰次诸国法，著《法经》六篇，商君受之以相秦。"此语必有所本。今案，商鞅本事魏相公叔座，为中庶子。秦孝公下令求贤，乃去魏之秦。

《秦本纪》载其事在孝公元年，当梁惠王十年，上距魏文侯之卒，仅二十六年，故商鞅得与李悝相接。商鞅不务术，刻意任法，真所谓出于理官者（《法经》即理官之书也）。其余申不害、慎到，本于黄老而主刑名，不纯以法为主。韩非作《解老》《喻老》，亦法与术兼用者也。太史公以老、庄、申、韩同传，而商君别为之传，最为卓识。大概用法而不用术者，能制百姓小吏之奸，而不能制大臣之擅权，商鞅所短即在于是。主术者用意最深，其原出于道家，与出于理官者异。春秋时世卿执政，国君往往屈服。反对世卿者，辛伯谏周桓公云："并后匹嫡，两政耦国，乱之本也。"（《左传》桓十八年）辛伯者，辛甲之后，是道家渐变而为法家矣。

管子亦由道家而入法家，《法法》篇（虽云"法法"，其实仍是术也）谓："人君之势，能杀人、生人、富人、贫人、贵人、贱人。人主操此六者以畜其臣，人臣亦望此六者以事其君。六者在臣期年，臣不忠，君不能夺。在子期年，子不孝，父不能夺。故《春秋》之记，臣有弑其君，子有弑其父者。"其惧大权之旁落如此。《老子》则云："鱼不可脱于渊，国之利器不可以示人。"语虽简单，实最扼要。盖老子乃道家、法家之枢转矣。其后慎到论"势"（见《韩非子·难势》），申不害亦言术。势即权也，重权即不得不重术，术所以保其权者也。至韩非，渐以"法"与"术"并论，然仍重术。

《奸劫弑臣篇》所论，仅防大臣之篡夺，而不忧百姓之不从令，其意与商鞅不同。夫大臣者，法在其手，徒法不足以为防，必辅之以术，此其所以重术也。《春秋》讥世卿（三传相同。《左传》曰："是以为君，慎器与名，不可以假人"），意亦相同。春秋之后，大臣篡弑者多。故其时论政者，多主专制。主专制者，非徒法家为然，管子、老子皆然，即儒家亦未尝不然。盖贵族用事，最易篡夺，君不专制，则臣必擅主。是故孔子有"不可以政假人"之论。而孟子对梁惠王之言，先及弑君。惟孟子不主用术，主用仁义以消弭乱原，此其与术家不同处耳。庄子以法术、仁义都不足为治，故云："窃钩者诛，窃国者侯。""绝圣弃知，大盗乃止。"然其时犹无易专制为民主之说，非必古人未见及此，亦知即变民主，无益于治耳。试观民国以来，选举大总统，无非藉兵力贿赂以得之。古人深知其弊，故或主执术以防奸，或主仁义以饵乱。要使势位尊于上，觊觎绝于下，天下国家何为而不治哉！

后世学管、老、申、慎而至者，惟汉文帝。学商鞅而至者，惟诸葛武侯。文帝阳为谦让，而最能执术以制权臣，其视陈平、周勃，盖如骨在口矣。初即位，即令宋昌、张武收其兵权，然后以微词免勃，而平亦旋死。《史》《汉》皆称文帝明申、韩之学，可知其不甚重法以防百姓。武侯信赏必罚，一意于法，适与文帝相反，虽自比管仲，实则取法商鞅（《魏氏春秋》记司马宣王问武侯之使，使对：诸葛公夙兴夜寐，罚二十以上皆亲览焉，是纯用商君之法）。

惟《商君书》列六虱，曰礼乐，曰诗书，曰修善，曰孝弟，曰诚信，曰贞廉，曰仁义，曰非兵，曰羞战。名为"六虱"，实有九事。商鞅以为六虱成群，则民不用，去其六虱，则兵民竞劝。而武侯《出师表》称"郭攸之、费祎、董允等，此皆良实，志虑忠纯"，可见武侯尚诚信贞廉为重，非如商鞅之极端用法，不须亲贤臣远小人也。

《商君书》云："善治者使跖可信，而况伯夷乎？不能治者使伯夷可疑，而况盗跖乎？势不能为奸，虽跖可信也。势得为奸，虽伯夷可疑也。"独不念躬揽大柄、势得犯上，足以致人主之疑乎？夫教人以可疑之道，而欲人之不疑之也，难矣。作法自毙，正坐此论。及关下求舍，见拒而叹，不已晚乎？

《韩非·定法》云："申不害言术，公孙鞅为法。二者不可相无。然申不害徒术而无法。韩者，晋之别国也，晋之故法未息，而韩之新法又生。先君之令未收，而后君之令又下。申不害不擅其法，不一其宪令，则奸多。故利在故法前令则道之，利在新法后令则道之，利在故新相反、前后相悖，则申不害虽十使昭侯用术，而奸臣犹有所谲其辞矣。故托万乘之劲韩、十七年而不至于霸王者，虽用术于上，法不勤饰于官之患也。公孙鞅徒法而无术，其治秦也，设告相坐而责其实，连什伍而同其罪，赏厚而信，刑重而必。是以其民用力劳而不休，逐敌危而不却，故其国富而兵强。然而无术以知奸，则以其富强资人臣而已矣。

"及孝公、商鞅死，惠王即位，秦法未败也，而张仪以秦殉韩、魏。惠王死，武王即位，甘茂以秦殉周。武王死，昭襄王即位，穰侯越韩、魏而东攻齐，五年而秦不益尺土之地，乃成其陶邑之封。应侯攻韩八年，成其汝南之封。""故战胜则大臣尊，益地则私封立，主无术以知奸也。商君虽十饰其法，人臣反用其资，故乘强秦之资，数十年而不至于帝王者，法不勤饰于官，主无术于上之患也。"其言甚是。

以三国之事证之，魏文帝时兵力尚不足，明帝时兵力足矣，末年破公孙渊，后竟灭蜀，而齐王被废、高贵乡公被弑。魏室之强，适以成司马氏奸劫弑臣之祸，其故亦在无术以制大臣也。是故韩非以术与法二者并重。申不害之术，能控制大臣，而无整齐百姓之法，故相韩不能致富强。商鞅之法，能致富强，而不能防大臣之擅权。然商鞅之法，亦惟可施于秦国耳。何者？春秋时，秦久不列诸侯之会盟，故《史记·六国表》云："秦始小国僻远，诸夏宾之，比于戎翟。"商君曰："始秦戎翟之教，父子无别，同室而居。今我更制其教，而为其男女之别，大筑冀阙，营如鲁卫。"可见商鞅未至之时，秦民之无化甚矣。惟其无化，故可不用六虱，而专任以法。如以商君之法施之关东，正恐未必有效。公叔痤将死，语惠王曰："公孙鞅年虽少，有奇才，愿王举国而听之。即不听用，必杀之，无令出境。"假令惠王用公叔之言，使商鞅行法于魏，魏人被文侯教化之后，宜非徒法之所能制矣。是故武侯治蜀，虽主于法，犹有"亲贤臣、远小人"之论，盖知国情时势不同，未可纯用商君之法也。

其后学商鞅者，唐有宋璟，明有张居正。宋璟行法，百官各称其职，刑赏无私，然不以整齐百姓。张居正之持法，务课吏职，信赏罚，一号令，然其督责所及，官吏而外，则士人也，犹不普及氓庶。于时阳明学派，盛行天下，士大夫竞讲学议政，居正恶之，尽毁天下书院为公廨。又主沙汰生员，向时童子每年入学者，一县多则二十，少亦十人，沙汰之后，大县不过三四人，小县有仅录一人者，此与商鞅之法相似（沙汰生员，亭林、船山亦以为当然）。然于小民，犹不如商君持法之峻也。盖商君、武侯所治，同是小国，以秦民无化，蜀人柔弱，持法尚不得异。江陵当天下一统之朝，法令之行，不如秦蜀之易。其治百姓，不敢十分严厉，固其所也。

商鞅不重孝弟诚信贞廉，老子有"不尚贤，使民不争"之语，慎到亦谓"块不失道，无用贤圣"。后人持论与之相近而意不同者，梨洲《明夷待访录》所云"有治法无治人"是也（梨洲之言颇似慎到）。慎到语本老子。老子目睹世卿执政，主权下逮，推原篡夺之祸，始于尚贤。

《吕氏春秋·长见篇》云："太公望封于齐，周公旦封于鲁，二君甚相善也，相谓曰：'何以治国？'太公望曰：'尊贤尚功。'周公旦曰：'亲亲上恩。'太公望曰：'鲁自此削矣。'周公旦曰：'鲁虽削，有齐者亦必非吕氏也。'其后齐日以大，至于霸，二十四世而田成子有齐国。鲁日以削，至于覲存，三十四世而亡。"盖"尊贤上功"，国威外达，主权亦必旁落，不能免篡弑之祸。"亲亲尚恩"，以相忍为国，虽无篡弑之祸，亦不能致富强也。老子不尚贤，意在防篡弑之祸，而慎到之意又不同。

汉之曹参、宋之李沆，皆所谓"块不失道"者。曹参日夜饮醇酒，来者欲有言，辄饮以醇酒，莫得开说。李沆接宾客，常寡言，致有"无口匏"之消。而沆自称，居重位，实无补，惟中外所陈利害，一切报罢之，少以此报国尔。盖曹、李之时，天下初平，只须与民休息，庸人扰之，则百姓不得休息矣。慎到之言，不但与老子相近，抑亦与曹、李相近。

庄子学老子之术，而评田骈、慎到为"不知道"。慎到明明出于老子，而庄子诋之者，庄子卓识，异于术法二家，以为有政府在，虽不尚贤，犹有古来圣知之法，可资假借。王莽一流，假周、孔子道，行篡弑之事，固已为庄子所逆料。班孟坚曰："秦燔《诗》《书》，以立私议，莽诵六艺，以文奸言。殊途同归。"是故《诗》《礼》可以发家，仁义适以资盗。必也绝圣弃知，大盗乃止。

有国者欲永免篡弑之祸，恐事势有所不能。日本侈言天皇万世一系，然试问大将军用事时，天皇之权何在？假令大将军不自取其咎，即可取天皇而代之，安见所谓万世一系耶？辛伯忧两政耦国，《公羊》讥世卿擅主，即如其说，遏绝祸乱之本，亦岂是久安长治之道？老子以为不尚贤则不争，然曹操、司马懿、刘裕有大勋劳于王室，终于篡夺，固为尚贤之过。若王莽无功，起自外戚，亦竟篡汉，不尚贤亦何救于争哉！若民主政体，选贤与能，即尚贤之谓。尚贤而争宜矣。

是故论政治者，无论法家、术家，要是苟安一时之计，断无一成不变之法。至于绝圣弃知，又不能见之实事。是故政治比于医药，医家处方，不过使人苟活一时，不能使人永免于死亡也。

名家

《汉书·艺文志》：“名家者流，出于礼官。古者名位不同、礼亦异数。”余谓此乃局于一部之言，非可以概论名家也。《荀子·正名篇》举刑名、爵名、文名、散名四项。刑名、爵名、文名，皆有关于政治，而散名则普及社会一切事务，与政治无大关系。《艺文志》之说，仅及爵名，而名家多以散名为主。荀子因孔子“正名”之言，作《正名篇》，然言散名者多，言刑名、爵名者少。《墨子·经上》《墨子·经下》以及惠施、公孙龙辈，皆论散名，故名家不全出于礼官也。

名家最得大体者荀子，次则尹文。尹文之语虽简，绝无诡辨之风。惠施、公孙龙以及《墨子·经上》《墨子·经下》皆近诡辨一派，而以公孙龙为最。《法言》称公孙龙诡辞数万以为法，而不及尹文、惠施。《荀子》讥“惠施蔽于辞而不知实”，其实惠施尚少诡辨之习也。名家本出孔子“正名”一语，其后途径各别，遂至南辕北辙。

孔子“正名”之言有所本乎？曰：有。《礼记·祭法》云：“黄帝正名百物，以明民共财”，《国语》作“成命百物”。韦

注："命，名也。"郑注《论语》："正名，谓正书字也。古者曰名，今世曰字。"《礼记》曰："百名以上则书之于策。"然则黄帝"正名"，即仓颉造字矣。《易》曰："上古结绳而治，后世圣人易之以书契。"项籍云："书足以记姓名。"造字之初，本以记姓名，造契约。故曰"明民共财"。《易》曰"理财正辞"，其意亦同。《管子·心术篇》曰："物固有形，形固有名。此言不得过实，实不得延名。姑形以形，以形务名，督言正名。"延，即"延长"之意，过也。形不能定形，故须以名定之。此谓名与实不可相爽。然则"正名"之说，由来已久，孔子特采古人之说尔。

名家主形名，形名，犹言"名实"。孔子之后，名家首推尹文。尹文谓"名有三科：一曰命物之名，方员白黑是也；二曰毁誉之名，善恶贵贱是也。三曰况谓之名，贤愚爱憎是也"（《大道上》）。其语简单肤廓，不甚切当。又云："有形者必有名，有名者未必有形（如墨子所称之鬼，何有于实，只存名耳）。形而不名，未必失其方圆白黑之实。名而不可寻名，以检其差，故亦有名以检形。形以定名，名以定事，事以检名。察其所以然，则形名之与事物，无所隐其理矣。"（《大道上》）

盖尹文是循名责实一派，无荒诞琐屑之病，惟失之泰简，大体不足耳。《荀子·正名》，颇得大体。其时惠施、公孙龙辈已出，故取当时诸家之说而破之。惠施、公孙龙二人之术，自来以为一派，其实亦不同。《庄子·天下篇》载惠施之说十条，其他辩者之说二十二条。今观惠施之说，尚少诡辩，与其他辩者之说卵有毛、鸡三足者不同。盖公孙龙辈未服官政，故得以诡辩欺人。而惠施身为卿相（惠施为梁惠王相，并见《庄子》《吕览》），且庄子称其"多方"。"多方"者，方法多也，知其不但为名家而已。黄缭问天地所以不坠不陷、风雨雷霆之故，惠施不辞而应，不虑而对，偏为万物说，说而不休，多而无已，犹以为寡，益之以怪。惠施之博学于此可见。叶水心尝称惠施之才高于孟子。今案，梁惠王东败于齐，长子死焉，西丧地于秦七百里，南辱于楚。意欲报齐，以问孟子。孟子不愿魏之攻齐，故但言可使制梃以挞秦楚之坚甲利兵。于是惠王问之惠施。惠施对以王若欲报齐，不如因变服折节而朝齐，楚王必怒。王游人而合其斗。则楚必伐齐。以休楚而伐疲齐，则必为楚禽，是王以楚毁齐也。惠王从之，楚果伐齐，大败于徐州。于此知惠施之有权谋，信如水心之言矣。

今就《庄子》所载惠施之说而条辨之，无非形名家言也。一曰"至大无外谓之大一，至小无内谓之小一"，"小一"即几何学之点，点无大小长短可言，是其"小无内"也。"大一"即几何学之体，引点而为线，则有长短，引线而为面，则有方圆，引面而为体，是其大可以"无外"也。点为无内，故曰至小。体可无外，故曰至大。

二曰"无厚不可积也，其大千里"（《墨子》亦有"无厚"语）。无厚者，空间也，故"不可积"空间无穷，"千里"甚言其大耳。

三曰"天与地卑、山与泽平"。"卑"当作"比"。《周髀算经》云："天象盖笠，地法覆槃。"如其说，则天与地必有比连之处矣。大戴《礼记·曾子天圆篇》云："如诚天圆而地方，则是四

320

角之不掩也。"曾子之意，殆与惠施同。山高泽下，人所知也。山上有泽，《咸》之象也。黄河大江，皆出昆仑之巅，松花江亦自长白山下注，故云"山与泽平"也。

四曰"日方中方睨，物方生方死"，今之常言，时间有过去、现在、未来三者，其实无现在之时间，方见日中，而日已睨矣。生理学者谓人体新陈代谢，七年而血肉骸骨都非故我之物，此与佛法刹那、无常之说符合。故曰"物方生方死"，生死，犹佛言"生灭"尔。

五曰"大同而与小同异，此之谓小同异。万物毕同毕异，此之谓大同异"。此义亦见《荀子·正名篇》。同者，荀子谓之"共"。异者，荀子谓之"别"。其言曰："万物虽众，有时而欲偏举之，故谓之物。物也者，大共名也。推而共之，共则有共，至于无共然后止。有时而欲别举之，故谓之鸟兽。鸟兽也者，大别名也。推而别之，别则有别，至于无别然后止。"鸟兽，皆物也，别称之曰鸟兽，此之谓"小同异"。动物、植物、矿物同称之曰物，是"毕同"也。物与心为对待，由心观物，是"毕异"也，此之谓"大同异"。

六曰"南方无穷而有穷"。此言太虚之无穷，而就地上言之则有穷也。四方皆然，言"南方"者，举一隅耳。

七曰"今日适越而昔来"（《齐物论》"来"作"至"）。谓之"今日"，其为时有断限。谓之"昔"，其为时无断限。就适越一日之程言之，自昧旦至于日入，无非今日也。就既至于"越"言之，可云"昔至"也。

八曰"连环可解也"。案《国策》秦昭王尝遣使者遗君王后连环，曰："齐多智，解此环不？"君王后以示群臣，群臣不知解。君王后引椎椎破之，谢秦使曰："谨以解矣。"杨升庵《丹铅录》尝论此事，以为连环必有解法，非椎破之也。今湖南四川颇有习解连环者。然惠施之意，但谓既能贯之，自能解之而已，其时有无解连环之法则不可知。

九曰"我知天下之中央，燕之北、越之南是也"。此依旧注固可通，然依实事亦可通。据《周髀算经》，以北极为中央，则燕之北至北极，越之南亦至南极，非天之中央而何？

十曰"泛爱万物，天地一体也"。此系实理，不待繁辞。综上十条观之，无一诡辨。其下二十二条，虽有可通者，然用意缴绕，不可不谓之诡辨。惠施与庄子相善，而公孙龙闻庄子之言，口呿而不合，舌举而不下（见《秋水》篇）。盖公孙龙纯为诡辨，故庄子不屑与为伍也。

惠施遗书，《汉志》仅列一篇。今欲考其遗事，《庄子》之外，《吕览》《国策》皆可资采撷。庄子盛称惠施。惠施既殁，庄子过其墓，顾谓从者曰："自夫子之死，吾无以为质，吾无与言之。"（《徐无鬼篇》）其推重之如此。然又诋之曰："由天地之道，观惠施之能，犹一蚊一虻之劳"（《天下篇》），则自道术之大处言之尔。至于惠子相梁，庄子往见之。或谓惠子曰："庄子来，欲代子相。"于是惠子恐，搜于国中三日三夜（《秋水篇》）。此事可疑。

案《史记·魏世家》称惠王卑礼厚币以招贤者，其时惠施为相，令自己出，宜无拒绝庄子之事。意者鹓雏、腐鼠之喻，但为寓言，以自明其高尚而已。《吕览·不屈篇》云："魏惠王谓惠子曰：'寡人不若先生，愿得传国。'惠子辞。"以子之受燕于子哙度之，《吕览》之言可信。以此可知惠施之为名家，非后世清谈废事者比。要而论之，尹文简单，而不玄远。惠施玄远矣，尚非诡辨。《墨子·经上》《墨子·经下》以及公孙龙辈，斯纯为诡辨矣。自此辈出，而荀子有《正名》之作。

《荀子·正名》，本以刑名、爵名、文名、散名并举，而下文则专论散名。其故由于刑名随时可变，爵名易代则变。文名从礼，如《仪礼》之名物，后世改变者亦多矣。惟散名不易变。古今语言，虽有不同，然其变以渐，无突造新名以易旧名之事，不似刑名、爵名、文名之随政治而变也。有昔无而今有，昔微而今著者，自当增作新名。故荀子云："若有王者起，必有循于旧名，有作于新名。"散名之在人者，荀子举性、情、虑、伪、事、行、智、能、病、命十项。名何缘而有同异？荀子曰："缘天官。"此语甚是。人之五官，感觉相近，故言语可通，喜怒哀乐之情亦相近，故论制名之缘由曰"缘天官"也。其云"单足以喻则单，单不足以喻则兼"，此可以破"白马非马"之论。盖总而名之曰"马"，以色别之曰"白马"。"白马非马"之论，本无由成立也。至"坚白同异"之论，坚中无白，白中无坚。白由眼识，坚由身识。眼识有白而无坚，身识有坚而无白。由眼知白，由身知坚，由心综合而知其为石，于是名之曰石。故坚白同异之论，无可争也。如此则诡辨之说可破（公孙龙辈所以诡辨者，以其无"缘天官"一语为限制，得荀子之说而诡辩自破）。大概草昧之民，思想不能综合，但知牛之为牛，马之为马，不知马与牛之俱为兽。知鸡之为鸡，鹜之为鹜，不知鸡与鹜之俱为鸟。稍稍进步，而有鸟兽之观念，再进步而有物之观念。有物之观念，斯人类开化矣（其于石也，先觉其坚与白，然后综合而名之曰"石"，由石而综合之曰"矿"，由草木鸟兽矿而一切包举之曰"物"）。荀子又曰："名无固宜，约之以命，约定俗成谓之宜，异于约则谓之不宜。"盖物之命名，可彼可此。犬不必定谓之犬，羊不必定谓之羊，惟既呼之为犬、为羊，则约定俗成，犬即不可以为羊也。制名之理，本无甚高深。然一经制定，则不可以变乱。孔子谓"名不正则言不顺，言不顺则事不成，事不成则礼乐不兴，礼乐不兴则刑罚不中，刑罚不中则民无所措手足"，此推论至极之说。施于政治、文牍最要。若指鹿为马，则循名不能责实，其弊至于无所措手足矣。

要之，形与名，务须切合，儒家正名之旨在此（《管子》已有此语）。为名家者，即此已定。惠施虽非诡辩，然其玄远之语，犹非为政所急，以之讲学则可，以之施于政治则无所可用。至其他缴绕之论，适足乱名实耳。

第十章

文学

文学分三项论之：一论著作之文与独行之文有别。二论骈体、散体各有所施，不可是丹非素。三论周秦以来文章之盛衰。

著作与独行之分

"著作之文"云者，一书首尾、各篇互有关系者也。"独行之文"云者，一书每篇各自独立，不生关系者也。准是论之，则《周易》《春秋》《周官》《仪礼》诸子，著作之文也（《仪礼》虽分十七篇，而互有关系）。《诗》《书》，独行之文也。孔子删《诗》，如后世之总集，惟商初、周初诸篇偶有关系，然各篇不相接者多，与《春秋》编年者异撰，或同时并列三篇，或旷数百年而仅存一篇。自尧至秦，一千七百年中，商书残缺，夏书则于后羿、寒浞之事，一无记载。盖书本各人各作，不相联系。

孔子删而集之，亦犹夫《诗》矣。后人文集，多独行之文，惟正史为著作之文耳。以故著作之文，以史类为主，而周末诸子说理者为后起，老、墨、庄、申、韩、孟、荀是也。惟《吕览》是独行之文，编集而为著作者也。著作之盛，周末为最，顾独在诸子，史部不能相抗。至汉，《太史公》继《春秋》而作，史部始盛。此后子书，西汉有陆贾《新语》（真伪不可知）、贾谊《新书》、董仲舒《春秋繁露》（后人归入经部）、桓宽《盐铁论》（集当时郡国贤良商论盐铁榷酤事）、扬雄《法言》，东汉有王充《论衡》、王符

《潜夫论》、仲长统《昌言》（全书不可见）、荀悦《申鉴》、徐干《中论》。持较周秦诸子，说理固不逮，文笔亦渐逊矣。然魏文帝《论文》，不数宴游之作，而独称徐干为不朽者，盖犹视著作之文尊于独行者也。

著作之文，本有史部、子部二类。王充谓"司马子长累积篇第，文以万数，然而因成前纪，无胸中之造。扬子云作《太玄经》，造于助思，极窈冥之深，非庶几之才，不能成也"（《论衡·超奇》篇）。此为抑扬泰过。《史记》虽袭前文，其为去取，亦甚难矣。充又数称桓君山，谓说论之徒，君山为甲。今桓谭书不可见，惟《群书治要》载数篇，亦无甚高深处。而充称为"素丞相"者，盖王、桓气味相投，能破坏不能建立，此即邱光庭《兼明书》之发崇也（东汉人皆信阴阳五行，王充独破之，故蔡中郎得其书秘之帐中。中郎长于碑版，能为独行之文，而不能著作者）。

至于三国，《典论》全书不可见。刘劭《人物志》论官人之法，行文精炼，汉人所不能为，《隋志》入之名家，以其书品评人物，综核名实，于名家为近也。其论英雄，谓"张良英而不雄，韩信雄而不英。体分不同，以多为目，故英雄异名，皆偏至之材，人臣之任也。故英可为相，雄可为将。若一人之身兼有英雄，则能长世，高祖、项羽是也。然英之分以多于雄，而英不可以少也。英分少则智者去之，故项羽气力盖世，明能合变，而不能听采奇异，有一范增不用，是以陈平之徒，皆亡归高祖。英分多故群雄服之，英材归之，两得其用，故能吞秦破楚，宅有天下。然则英雄多少，能自胜之数也。徒英而不雄，则雄才不服也。徒雄而不英，而智者不归一也。故雄能得雄，不能得英，英能得英，不能得雄。故一人之身兼有英雄，乃能役英与雄。能役英与雄，故能成大业也"。语似突梯，而颇合当时情理。晋世重清谈，宜多著作之文，然而无有者，盖清谈务简，异于论哲学也。乐广擅清言，而不著书。

《世说新语》云："客问乐令旨不至者，乐亦不复剖析文句，直以麈尾柄确几曰：'至不？'客曰：'至'。乐因又举麈尾曰：'若至者，那得去！'于是客乃悟服。广辞约而旨达，皆此类。"故无长篇大论。其时子书有《抱朴子》等（《抱朴子》外篇论儒术，内篇论炼丹），颜之推讥之，以为"魏晋以来，所著诸子，理重事复，递相模教，犹屋下架屋、床上施床尔"。《颜氏家训》言处世之方，不及高深之理。精于小学，故有《音辞篇》。信奉释氏，故有《归心篇》。其书与今敦煌石室所出《太公家教》类似。之推文学之士，多学问语。太公不知何人，或为隋唐间老农。学问有深浅，故文笔异雅俗耳。李习之谓《太公家教》与《文中子》为一类，不知《文中子》夸饰礼乐，而《家教》则否，余故谓是《家训》之类也。唐人子部绝少，后理学家用禅宗语录体著书，亦入子部，其文字鄙俚，故顾亭林讥之曰："夫子之文章，不可得而闻矣。"

史部之书，范晔《后汉书》、陈寿《三国志》，皆一手所作。《宋书》《齐书》《梁书》《陈书》亦然。《隋书》，魏徵等撰，本纪、列传，出颜师古、孔颖达手（自来经学家作史，惟孔颖达一人），天文、律历、五行三志，出李淳风手。《新唐书》宋祁撰列传，欧阳修撰志。虽出两人，文笔不甚相远。

《晋书》出多人之手。《旧唐书》，号称刘昫撰，昫实总裁而已。《旧五代史》，薛居正撰，恐亦非一人之作。欧阳修《新五代史》，固出一手，然见闻不广，遗漏太多。辽、金、元三史，皆杂凑而成。惟《东都事略》乃王偁一人之作。《明史》本万斯同所作，但有列传，无本纪表志。余弟子朱逖先在北京购得稿本，体裁工整，而纸色如新，未敢决然置信。然文笔简炼，殆非季野不能为。王鸿绪《横云山人明史稿》，纪表志传具备，而删去万历以后列传。乾隆时重修《明史》，则又出多人之手矣。

编年史如《汉纪》《后汉纪》《十六国春秋》，皆一手所作（《十六国春秋》，真伪不可知）。《通鉴》一书，周秦两汉为刘奉世所纂，六朝为刘恕所纂，隋、唐为范祖禹所纂，虽出众手，而温公自加刊正。"臣光曰"云云，皆温公自撰，亦可称一手所成者也。大抵事出一手者为著作之文（史部、子部应分言之），反之则非著作之文。宋人称《新五代史》可方驾《史记》，《史记》安可几及，以后世史部独修者少，故特重视之耳。

《左》《国》《史》《汉》中之奏议书札，皆独行之文也。西汉以前，文集未著。《楚辞》一类，为辞章之总集。汉人独行之文，皆有为而作，或为奏议，或为书札，鲜有以"论"为名者。其析理论事，仅延笃《仁孝先后论》一篇耳，其文能分析而未臻玄妙，徒以《解嘲》《非有先生论》之属皆是设论，非论之正，故不得不以延笃之论为论之首也。

魏晋六朝，崇尚清谈。裴颜《崇有》，范缜《神灭》，斯为杰构、清谈者宗师老子，以无为贵，故裴颜作论以破其说。《宏明集》所收，多扬玄虚之旨，范缜远承公孟（太史公云：学者多言无鬼神），近宗阮瞻，昌论无鬼，谓"形之于神，犹刀之于利，未闻刀去而利存，安有人亡而神在"。是仍以清谈破佛法也。此种析理精微之作，唐以后不可见。

近世曾涤笙言古文之法，无施不可，独短于说理（方望溪有"文以载道"之言，曾氏作此说，是所见过望溪已）。夫著作之文，原可以说理。古人之书，《庄子》奇诡，《孟》《荀》平易，皆能说理。《韩非·解老》《韩非·喻老》，说理亦未尝不明。降格以求，犹有《崇有》《神灭》之作，何尝短于说理哉！后人为文，不由此道，故不能说理耳。然而宗派不同、门户各别，彼所谓古文，非吾所谓古文也。

彼所谓古文者，上攀秦汉，下法唐宋，中间不取魏晋六朝。秦汉高文，本非说理之作，相如、子云，一代宗工，皆不能说理。韩、柳为文，虽云根柢经子，实则但摹相如、子云耳。持韩较柳，柳犹可以说理，韩尤非其伦矣（柳遭废黜，不能著成一书，年为之限，深可惜也）。

盖理有事理、名理之别。事理之文，唐宋人尚能命笔，名理之文，惟晚周与六朝人能为之。古文家既不敢上规周秦，又不愿下取六朝，宜其不能说理矣。要之文各有体，法律条文，自古至今，其体不变。汉律、唐律，如出一辙。算术说解，自《九章》而下，亦别自成派。良以非此文体，无以说明其理故也，律算如此，事理、名理亦然。上之周秦诸子，下之魏晋六朝，舍此文体不用，而求析理之精，论事之辨，固已难矣。然则古人之文，各类齐备，后世所学，仅取一端，是故非古文之法独短于说理，乃唐宋八家下逮归、方之作，独短于说理耳。

史部之文，班马最卓。后世学步，无人能及。传之于碑，文体攸殊。传纯叙事，碑兼文质。而宋人造碑，宛然列传。昌黎以二千余字作《董晋行状》，其他碑志，不及千字，宋人所作神道墓志，渐有长者。子由作《东坡墓志》，字近七千，而散漫冗碎，不能收束。晦庵作《韩魏公志》，文成四万，亦不能收束。持较《史》《汉》千余字之《李斯列传》，七八千字之《项羽本纪》，皆收束得住，不可同年而语矣。后人无作长篇之力量，则不能不学韩、柳之短篇，以求收束得住。所谓起伏照应之法。凡为作长篇不易收束而设也（此法宋人罕言，明人乃常言尔）。是故即论单篇独行之作，亦古今人不相及矣。

后世史须官修，不许私撰。学成班马，技等屠龙。惟子书无妨私作，然自宋至今，载笔之士，率留意独行之文，不尚著作。理学之士，创为语录，有意子部，而文采不足。余皆单篇孤行，未有巨制，岂不以屠龙之技为不足学耶？今吴江有宝带桥，绵亘半里，列洞七十，传为胡元时造。福建泉州有万安桥，长及二里，传为蔡襄所造。此皆绝技，后人更无传者。何者？师不以传之弟子，弟子亦不愿受之于师，以学而无所用也。著作之文，每况愈下，亦犹此矣。

骈散之分

骈文散文各有体要。

骈文、散文，各有短长。言宜单者，不能使之偶。语合偶者，不能使之单。《周礼》《仪礼》，同出周公，而《周礼》为偶，《仪礼》则单。盖设官分职，种别类殊，不偶则头绪不清，入门上阶，一人所独，为偶则语必冗繁。又《文言》《春秋》，同出孔子，《文言》为偶，《春秋》则单。以阴阳刚柔，非偶不行，年经月纬，非单莫属也。同是一人之作，而不同若此，则所谓辞尚体要矣。

骈、散之分，实始于唐，古无是也。晋宋两代，骈已盛行。然属对自然，不尚工切。晋人作文，好为迅速。《兰亭序》醉后之作，文不加点，即其例也。昭明《文选》则以沉思翰藻为主，《兰亭》速成，乖于沉思，文采不艳，又异翰藻，是故屏而弗录。然魏晋佳论，譬如渊海，华美精辨，各自擅场。但取华美，而弃精辨，一偏之见，岂为允当，顾《文选》所收对偶之文，犹未极其工切也。

降及隋唐，镂金错采，清顺之气，于焉衰歇，所以然者，北入南学（如温子升辈是），得其皮毛，循流忘返，以至斯极。于是初唐四杰廓清之功，不可没也（颜师古作《等慈寺塔记铭》，有意为文，即不能工。杨盈川作《王子安文集序》，以为当时之文皆楺之金玉龙凤，乱之青黄朱紫，子安始革此弊）。降及中叶，李义山始专力于对仗，为宋人四六之先导。王子安"落霞""孤鹜"二语，本写当时眼前景物，而宋人横谓"落霞"，飞蛾之号以对"孤鹜"，乃为甚工（宋人笔记中多此语），其可笑有如此者。骈文本非宋人所工，徒以当时表奏皆用四六，故上下风行耳。欧阳永叔以四六得第。虽宗韩柳，不非骈体（永叔举进士，试《左氏失之诬论》有"石言于晋，神降于莘，内蛇斗而外蛇伤，新鬼大而故鬼小"语，颇以自矜）。

东坡虽亦作四六，而常讥骈体。平心论之，宋人四六，实有可议处也。清乾隆时，作骈体者规摹燕、许，斐然可观。李申耆选《骈体文钞》（申耆，姚姬传之弟子，肆业钟山书院，反对师说，乃作是书），取《过秦论》《报任少卿书》，一切以为骈体，则何以异于桐城耶？阮芸台妄谓古人有文、有辞，辞即散体、文即骈体，举孔子《文言》以证文必骈体。不悟《系辞》称"辞"，亦骈体也。

刘申叔文本不工，而雅信阮说。余弟子黄季刚初亦以阮说为是，在北京时，与桐城姚仲实争，姚自以老耄，不肯置辩，或语季刚：诃斥桐城，非姚所惧，诋以末流，自然心服。其后白话盛行，两派之争，泯于无形。由今观之，骈、散二者，本难偏废。头绪纷繁者当用骈，叙事者止宜用散，议论者，骈散各有所宜。不知当时何以各执一偏，如此其固也！

邹阳，纵横家也。观其上书（《邹阳》七篇，《汉志》入纵横家。《史记》，邹阳与鲁仲连同传。周、孔之作不论，论汉人之作，相如、子云之文非有为而作，故特数邹阳），行文以骈。而文气之盛，异于后之四六。是故谓"骈体气弱"，未为笃论。

宋子京《笔记》谓，作史不应用骈语。刘子玄亦云："史文用骈，似箫笛杂鼙鼓，脂粉饰壮士。"此谓叙事不宜用骈也。不仅宋子京、刘子玄如此，六朝人作史，亦无用骈语者。《唐诏令》皆用骈体，而欧阳永叔撰《新唐书》，一切削去，此则泰过。夫诏令以骈而不可录，罪人供状，词旨鄙俚，莫此为甚，何为而可录耶？后人不愿为散体者，谓散体短于说理，不知《崇有》《神灭》之作，亦匪易为。

若夫桐城派导源震川（尧峰亦然），阳湖略变其法，而大旨则同。震川之文，好摇曳生姿，一言可了者，故作冗长之语。曾涤笙讥之曰："神乎味乎，徒辞费耳。"此谓震川未脱八股气息也。至于散之讥骈，谓近徘优，此亦未当。玉谿而后，雕绘满眼，弊固然矣。若《文选》所录，固无黫积臃肿之病也。今以口说衡之，历举数事，不得不骈，单述一理，非散不可。二者并用，乃达神旨。以故，骈散之争，实属无谓。若立意为骈，或有心作散，比于削趾适履，可无须尔。

骈、散合一之说，汪容甫倡之，李申耆和之。然晋人为文，如天马行空，绝无依傍，随笔写去，使人难分段落。今观容甫之文，句句锻炼，何尝有天马行空之致，容甫讥呵望溪，而湘绮并诮汪、方。湘绮之文，才高于汪，取法魏晋，兼宗两汉。盖深知明七子之弊，专学西汉，有所不逮，但取晋宋，又不甘心。故其文上取东汉，下取魏晋，而自成湘绮之文也。若论骈、散合一，汪、李尚非其至，湘绮乃成就耳。然湘绮列传碑版，摹拟《史记》，袭其成语，往往有失检之处。如《邹汉勋传》云："如邹汉勋者，又何以称焉。"此袭用《史记·伯夷列传》语而有误也。夫许由、卞随、务光之事，太史疑其非实，故作此问。若邹汉勋者，又何疑焉？

历代文章盛衰

周秦以来文章之盛衰。

论历代文学，当自周始。孔子曰："郁郁乎文哉！吾从周。"周初之文，厥维经典，不能论其优劣。春秋而后，始有优劣可言。春秋时文体未备，综其所作，记事、叙言多而单篇论说少。七国时文体完具，但无碑版一体。钟鼎虽与碑版相近，然其文不可索解。故正式碑版，断自秦后起也（任昉《文章缘起》，其书真伪不可知，所论亦未可信据）。概而论之，文章大体备于七国，若其细碎，则在六朝。六朝之后，亦有新体，如墓志，本为不许立碑者设，后世碑与墓志并用，其在六朝，墓志不为正式文章也。又如寿序，宋以前犹未著。然论文学之盛衰，固不拘于文体之损益。

自唐以来，论文皆以气为主。气之盛衰，不可强为。大抵见理清、感情重，自然气盛。周秦之作，未有不深于理者，故篇篇有气。论感情，亦古人重于后人。《颜氏家训》谓："别易会难，古人所重，江南饯送，下泣言离。"梁武帝送弟王子侯出为东郡，云："我年已老，与汝分张，甚以恻怆。"数行泪下。非独爱别离如此，即杯酒失意，白刃相仇，亦惟深于感情者为然。何者？爱深者恨亦深，二者成正比例也。今以《诗经》观之，好贤如《缁衣》，恶恶如《巷伯》，皆可谓甚矣。至于《楚辞》，《离骚》之忠怨，《国殇》之严杀，皆各尽其致。汉人叙战争者，如《项羽本纪》《李陵列传》，有如目睹，非徒其事迹之奇也，乃其文亦极描写之能事矣。此在后世文人为之，虽有意描写，亦不能几及。何也？其情不至也。大抵抒情之作，往往宜于小说。然自唐以降，小说家但能叙鬼怪，而不能叙战争攻杀。此由实情所无，想像亦有所不逮。惟有男女之情，今古不变，后世小说，类能道之。然人之爱情，岂仅限于男女？君臣、父子、兄弟、朋友，无不有爱情焉。而后世小说之能事，则尽于述男女而已。

汉人之文，后世以为高，然说理之作实寡。魏晋渐有说理之作，但不能上比周秦。今人真欲上拟周秦两汉，恐贻举鼎绝膑之诮。明七子李空同辈，高谈秦汉，其实邯郸学步耳。后七子如李沧溟文，非其至者，而诗尚佳，王凤洲文胜于沧溟，颇能叙战争及奇伟之迹，此亦由于情感激发尔。如杨椒山之事，人人愤慨，故凤洲所作行状，有声有色。顾持较《史》《汉》，犹不能及。以《史》《汉》文出无心，凤洲则有意摹拟，着力与不着力，自有间也。

抒情、说理之作如此，其非抒情亦非说理如《七发》之类者亦然（《七发》亦赋类）。《七发》气势浩瀚，无堆垛之迹，拟作者《七启》《七命》，即大有径庭。相如、子云之赋，往往用同偏旁数字堆垛以成一句，然堆垛而不觉其重。何也？有气行乎其间，自然骨力开张也。降及东汉，气骨即有不逮。然《两都》《两京》以及《三都》，犹粗具规模，后此则无能为之者矣。此类文字，不关情之深、理之邃，以余度之，殆与体气有关。汉人之强健，恐什佰于今人，故其词气之盛，亦非后世所及。今人发古墓，往往见古人尸骨大于今人，此一证也。武梁祠画像，其面貌虽不可细辨，然鼻准隆起，有如犹太、回回人，此又一证也。汉世尚武之风未替，文人为将帅者，往往而有。又汉行征兵制，而其时歌谣，无道行军之苦者。

唐代即不然，杜诗《兵车行》《石壕吏》之属可征也。由此可见，唐人之体气已不逮汉人，此又一证也。以汉人坚强好勇，故发为文章，举重若轻，任意堆垛而不见堆垛之迹，此真古今人不相及矣。不特文章为然，见于道德者亦然。道德非尽出于礼，亦生于情。情即有关于体气。体气强则情重，德行则厚，体气弱，情亦薄，德行亦衰。孔子曰："仁者必有勇。"知无勇不能行仁也。《吕氏春秋·慎大览》称"孔子之劲，举国门之关，而不肯以力闻"。

《史记·仲尼弟子传》云：子路性鄙，少孔子九岁，好勇力，志伉直，冠雄鸡，佩豭豚，陵暴孔子。孔子设礼诱之，乃儒服委质，因门人请为弟子。今观孝堂山石刻子路像，奋袖抽剑，雄鸡之冠，与《史记》所言符合。知孔子之服子路，非仅用礼，亦能以力胜矣。后世理学家不取粗暴之徒，殆亦为无孔子之力故耳（澹台灭明之斩蛟，亦好勇之征也）。夫并生一时代者，体格之殊，当不甚远。孔子、墨子时代相接。孔子之勇如此，则墨子之以自苦为极，若救宋之役，百舍重茧而不息，亦可信矣。自两汉以迄六朝，文气日以衰微者，其故可思也。

《世说新语》记王子猷、子敬俱坐一室，上忽发火，子猷遽走避，不惶取屐，子敬神色恬然，徐唤左右，扶凭而出，不异平常。

尔时膏粱子弟，染于游惰如此，体气之弱可知矣。有唐国势，虽不逮两汉，犹胜于六朝。故燕、许大手笔，文虽骈体，气骨特健，自此一变而为韩、柳之散文。宋代尚文，讳言武事，欧、曾、王、苏之作，气骨已劣于韩、柳。余常谓文不论骈散，要以气骨为主。

曾涤笙倡阴阳刚柔之说，合于东人所谓壮美、优美者。以历代之作程之，周秦两汉之文刚，魏晋南朝之文柔，唐代武功犹著，故其文虽不及两汉，犹有两汉遗风，宋代国势已弱，故欧、苏、曾、王之文，近于六朝，南宋及元，中国既微，文不成文，洪武肇兴，驱逐胡虏，国势虽不如汉唐，优于赵宋实远。其异于汉唐者，汉唐自然强盛，明则有勉强之处耳。明人鉴于宋人外交之卑屈，故特自尊大。凡外夷入贡，表章须一律写华文，朝鲜、安南文化之国，许其称臣，南洋小国及满洲之属，则降而称奴。天使册封，不可径入其国城，须特建大桥，逾城而入，贡使之入中国者，官秩虽高，见典史不可不用手本，不可不称大人。外夷称中国曰"天朝"者，即始于此。

诸如此类，即可见明代国势之盛，出于勉强。国势如此，国人体气恐亦类此。其见于文事者，台阁体不足为代表，归震川闲情冷韵之作，亦不足为代表，所可代表者，为前后七子之作。彼等强学秦汉，力不足以赴之，譬如举鼎绝膑，不自觉其面红耳赤也。归震川生长昆山，王凤洲生长太仓，籍贯同隶苏州，而气味差池。震川与凤洲争名，二人皆自谓学司马子长，然凤洲专取《史记》描摹之笔及浓重之处，震川则以为《史记》佳处在闲情冷韵。盖苏州人好作冷语，震川之文，苏州人之文也。震川殆知秦汉不易学，而又不甘自谓不逮秦汉，故专摹《史记》之冷语欤？由此遂启桐城派之先河。桐城派不皆效法震川，顾其主平淡、不主浓重则同。姚姬传学问之博，胜于方望溪，而文之气魄则更小，谋篇过六七百字者甚罕。梅伯言修饰更精，而气体尤不逮矣。曾涤笙以为学梅伯言而以为未足，颇有粗枝大叶之作，气体近于阳刚。此其故关于国势、体力。

清初国势之盛，乃满洲之盛，非汉族之盛。夫不习戎事，则体力弱，及其为文，自然疲苶矣。曾涤笙自办团练，以平洪杨之乱，国势既变，湘军亦俨然一世之雄，故其文风骨遒上，得阳刚之气为多。虽继起无人，然并世有王湘绮，亦可云近于阳刚矣。湘绮与涤笙路径不同，涤笙自桐城入而不为八家所囿，湘绮虽不明言依附七子，其路径实与七子相同，其所为诗，宛然七子作也。

惟明人见小欲速，文章之士，不讲其他学问。昌黎云："作文宜略识字。"七子不能，故虽高谈秦汉，终不能逮。湘绮可谓识字者矣，故其文优于七子也。由上所论，历代文章之盛衰，本之国势及风俗，其彰彰可见者也。

文之变迁，不必依骈散为论，然综观尚武之世，作者多散文，尚文之世，作者多骈文。秦汉尚武，故为散文，骈句罕见。东汉崇儒术，渐有骈句。魏晋南朝，纯乎尚文，故骈俪盛行。唐代尚武，散体复兴（唐人散体，非始于韩柳。韩柳之前，有独孤及、梁肃、萧颖士、元结辈，其文渐趋于散。惟魄力不厚。至昌黎乃渐厚耳。譬之山岭脉络，来至独孤、萧、梁，至韩柳乃结成高峰也）。宋不尚武，殆其文通行四六。作散文者，仅欧曾王苏数人而已（姚姬传云：论文章，虽朱子亦未为是。大抵南宋之文，为后世场屋之祖。吕东莱、陈止斋、叶水心，学问虽胜，文则不工。《东莱博议》纯乎场屋之文。陈止斋、叶水心之作，当时所谓"对策八面锋"，亦仅可应试而已）。余波及于明清。桐城一派，上接秦汉，下承韩、柳固不足，以继北宋之轨则有余，胜于南宋之作远矣。

唐宋以来之散文，导源于独孤及、萧颖士辈，是固然矣。然其前犹可推溯，人皆不措意耳。《文中子》书，虽不可信，要不失为初唐人手笔。其书述其季弟王绩（字无功，号东皋子），作《五斗先生传》（见《事君篇》），其文今不可见。以意度之，殆拟陶渊明之《五柳先生传》。其可见者，《醉乡记》《负苓传》，皆散漫而不用力，于陶氏为近，不可不推为唐代散文之发端。又马、周所作章奏，摹拟贾太傅《治安策》，于散体中为有骨力。唐人视周为策士一流，不与文学之士同科，实亦散文之滥觞也。大凡文品与当时国势不符者，文虽工而人不之重。燕许庙堂之文，当时重之，而陆宣公论事明白之作，见重于后世者，当时反不推崇。萧颖士之文，平易自然。元结始为谲怪，独孤及、梁肃变其本而加之厉。至昌黎，始明言"词必己出"，凡古人已用之语，必摒弃不取，而别铸新词。昌黎然，柳州亦然，皇甫湜、孙樵，无不皆然。风气既成，宜乎宣公《奏议》之不见崇矣。然造词之风，实非始于昌黎。

唐《阙史》云："左将军吐突承璀（昌黎同时人），方承恩顾，及将败之岁，有妖生所居。先是，承璀尝华一室，红梁粉壁，为谨诏敕藏机务之所。一日，晨启其户，有毛生地，高二尺许，承璀大恶之，且恐事泄，乃躬执箕帚，芟除以瘗。虽防口甚固，而亹亹有知者。承璀尤不欲达于班列。一日，命其甥尝所亲附者曰：

'姑为我微行省闼之间，伺其丛谈，有言者否。'甥禀教敛躬而往，至省寺，即词诘守卫，辄不许进。方出安上门，逢二秀士，自贡院回，笑相谓曰：'东广坤毳，可以为异矣。'甥驰告曰：'醋大知之久矣（原注：中官谓南班，无贵贱皆呼醋大），且易其名呼矣。谓左军为东广，地毛为坤毳矣。'"易"左军地毛"曰"东广坤毳"则与称"龙门"曰"虬户"无异，以言之者无碍，闻之者立悟。知唐人好以僻字易常名，乃其素习。故樊宗师作《绛守居园池记》，而昌黎称为文从字顺也。今观其文，代东方以"丙"，西方以"庚"，亦"东广坤毳"之类。昌黎称之者，以其语语生造，合于己意也。盖造词为当时风尚，而昌黎则其杰出者耳。

欧阳永叔号称宗师韩、柳，其实与韩、柳异辙。惟以不重四六为学韩、柳耳。永叔《题绛守居园池记》，诋诃樊氏，不遗余力，可知其与昌黎异趣矣。宋子京与永叔同时，皆以学昌黎为名，而子京喜造词，今《新唐书》在，人以"涩体"称之，可证也。夫自作单篇，未尝不可造词，作史则不当专务生造。子京之文，有盛名于时，及永叔之文行，趋之者皆崇自然，于是子京之文不复见称道。故知文品不合于时代，虽工亦不行也。

唐末迄于五代，文之衰弊已极。北宋初年，柳河东（开）、穆伯长（修）稍为杰出。河东文实不工，伯长才力薄弱，而故为诘屈聱牙。于时王禹偁所作，实较柳穆为胜，惟才力亦薄弱耳。禹偁激赏丁谓、孙何，《宋史·丁谓传》云："谓与何同袖文谒禹偁，禹偁重之，以为自唐韩愈、柳宗元后，三百年始有此作。"二人之文，今不可见。穆伯长弟子尹师鲁（洙），文颇可观。苏子美（舜钦）亦佳，师鲁之文，永叔所自出，惟师鲁简炼，永叔摇曳为异。永叔之文，震川一派所自昉也。苏子美仕不得志，颇效柳州之所为，永叔亟称之。此二家较柳穆王三家为胜。

又永叔同时有刘原父（敞），才力宏大，司马温公文亦醇美。今人率称八家，以余论之，唐宋不止八家。唐有萧颖士、独孤及、梁肃、韩愈、柳宗元、李翱六家（皇甫湜、孙樵不足数），宋则尹洙、苏舜钦、刘敞、宋祁、司马光、欧阳修、曾巩、王安石、苏洵父子，合十一家（柳、穆、王不必取，苏门如秦观之《淮海集》、苏过之《斜川集》，文非不佳，惟不出东坡之窠臼，故不取。元结瑰怪，杜牧粗豪，亦不取），合之可称唐宋十七家。茅鹿门之所以定为八家者，盖韩柳以前之作，存者无多，宋初人文亦寡。六家之文，于八股为近，韩柳名高，不得不取，故遂定为八家耳。

权德舆年辈高于昌黎，文亦不恶，惟少林下风度耳。明台阁体即自此出。杜牧之文为侯朝宗、魏叔子所自出。惟粗豪太过耳。近桐城、阳湖二派，拈"雅健"二字以为论文之准。然则权德舆雅而不健，杜牧之健而不雅。雅健并行，二家所短。若依此选文，唐可八家（合权、杜数之），宋可十六家（合柳、穆、王、秦、苏过数之），允为文章楷则矣（雅健者，文章入门之要诀，不仅散文之须雅健，骈文亦须雅健，派别可以不论）。乾嘉间朱竹君（筠）《笥河文集》行于北方，其文亦雅而不健，似台阁一路。姚姬传笑之，以为笥河一生为文学宋景濂，永远是门外汉。是故雅而不健不可，健而不雅亦不可。明于"雅健"二字，或为独行之文，或为著作之文，各视其人之力以为趣舍，庶乎可以言文。

文章分类

继此复须讨论者，文章之分类是也。《文心雕龙》分为十九类，《古文辞类纂》则为十三类。今依陆士衡《文赋》为说，取其简要也。自古惟能文之士为能论文，否则皮傅之语，必无是处。士衡《文赋》，区分十类，虽有不足，然语语确切，可作准绳，其言曰："诗缘情而绮靡，赋体物而浏亮，碑披文以相质，诔缠绵而凄怆，铭博约而温润，箴顿挫而清壮，颂优游以彬蔚，论精微而朗畅，奏平彻以闲雅，说炜晔而谲诳。"十类以外，传状序记，士衡所未齿列。

今案"家传"一项，晋人所作，有《李郃传》《管辂传》，全文今不可见。就唐人所引观之，大抵散漫，无密栗之致。"行状"一项，《文选》录任彦升《竟陵文宣王行状》一篇，体裁与后世所作不类。原行状之体，本与传同，而当时所作，文多质少，语率含浑（行状上之尚书，考功司据以拟谥，李翱以为今之行状文过其质，不可为据，始变文为质，不加藻饰）。

"游记"一项，古人视同小说，不以入文苑。东汉初，马第伯作《封禅仪记》，偶然乘兴之笔。后则游记渐孳，士衡时尚无是也。"序录"一项，古人皆自著书而自为序。刘向为各家之书作序，此乃在官之作，后世为私家著述作序者，古人无是也。此四项，士衡所不论，今就士衡所赋者论之：

诗赋：士衡"缘情""体物"二语，实作诗造赋之要。赋本古诗之流，七国时始为别子之祖。至汉，《子虚》《上林》，篇幅扩大，而《古诗十九首》仍为短章。盖"体物"者，铺陈其事，不厌周祥，故曰"浏亮"。"缘情"者，咏歌依违，不可直言，故曰"绮靡"。然赋亦有缘情之作，如班孟坚之《幽通》、张平子之《思玄》、王仲宣之《登楼》，皆偶一为之，非赋之正体也。

碑诔：古人刻石，不以碑名。秦皇刻石，峄山、泰山、琅琊、芝罘、碣石、会稽诸处，皆真称"刻石"，不称"碑"。庙之有碑，本以丽牲。墓之有碑，本以下棺。作碑文者，东汉始盛。今汉碑存者百余通，皆属文言。往往世系之下，缀以考语，所治何学，又加考语，每历一官，辄加考语，无直叙其事者。故曰"披文以相质也"。不若是，将与行状、家传无别。魏晋不许立碑，北朝碑文，体制近于汉碑，中唐以前之碑，体制亦未变也。独孤及、梁肃始为散文，然犹不直叙也。韩昌黎作《南海神庙碑》，纯依汉碑之体，作《曹成王碑》，用字瑰奇，以此作碑则可，作传即不可。桐城诸贤不知此，以昌黎之碑为独创，不知本袭旧例也（昌黎犹知文体，宋以后渐不然）。宋人作碑，一如家传，惟首尾异耳。此实非碑之正体。观夫蔡中郎为人作碑，一人作二三篇，以其本是文言，故属辞可以变化，若为质言，岂有一人之事迹，可作二三篇述之耶？至汉碑有称"诔曰"者，知碑与诔本不必分，然大体亦有区别。碑虽主于文饰，仍以事实为重。诔则但须缠绵凄怆而已。后世作诔者少，潘安仁《马汧督诔》，乃是披文相质之作。碑与诔故是同类。后世祭文，则与诔同源。

铭箴：碑亦有铭。此所谓铭，则器物之铭也。崔子玉《座右铭》，多作格言，乃《太公家教》之类，取其义，不取其文耳。张孟阳《剑阁铭》云："敢告梁益。"是箴体也。所谓博约温润者，语不宜太繁，又不宜太露。然则《剑阁铭》是铭之正轨也。箴之由来已久。官箴王阙，本以刺上，后世作箴，皆依《虞箴》为法，扬子云、崔亭伯官箴、州箴，合四十余篇。所与铭异者，有顿挫之句，以直言为极，故曰"顿挫而清壮"也。张茂先《女史箴》，笔路渐异，尚能合法，至昌黎《五箴》，则失其步趋者也。

颂论：三颂而外，秦碑亦颂之类也。刻石颂德，斯之谓"颂"矣。惟古代之颂，用之祭祀。生人作颂，始于秦碑，及后人作碑亦称"颂曰"是也。柳子厚作《平淮西雅》，其实颂也。颂与雅，后世不甚分耳。要以优游炳蔚为贵。"论"者，评议臧否之作。人之思想，愈演愈深，非论不足以发表其思想，故贵乎精微朗畅也。士衡拟《过秦》作《辩亡论》，议封建作《五等论》。二者皆论政之文，故为粗枝大叶，而非论之正体。当以诸子为法，论名理不论事理，乃为精微朗畅者矣。庄、荀之论，无一不合精微朗畅之旨。韩非亦有之，但不称论耳（论事之作，不以为正体，王褒《四子讲德论》作于汉代，周秦无有也）。

《文选》录王褒《四子讲德论》，论事本非正体，当为士衡所不数。盖周秦而后，六朝清谈佛法诸论，合乎正轨。《崇有论》反对清谈，《神灭论》反对佛法，此亦非朗畅不能取胜。此种论，唐以后不能作。盖唐以后人只能论事理，不能论名理矣。刘梦得、柳子厚作《天论》，似乎精细，要未臻精微朗畅之地。宋儒有精微之理，而作文不能朗畅，故流为语录。

奏说：七国时游说，多取口说而鲜上书，上书即奏也。纵横家之作，大抵放恣，苏秦、范雎是矣，即李斯《谏逐客》亦然。自汉人乃变为平彻闲雅之作，以天下统一，纵横之风替也。平则易解，雅则可登于庙堂。此种体式，自汉至唐不变。至明人奏议，辄以痛骂为能事，故焦里堂谓"温柔敦厚之教，至明人而尽"。如杨椒山劾严嵩曰贼嵩，虽出忠愤，甚非法式。又如刘良佐、刘泽清称福王拘囚太子是"无父子"，不纳童氏是"无夫妇"。又如万历时御史献酒、色、财、气四箴。此皆乖于进言之道。自唐以来，奏议以陆宣公为最善，既平彻又闲雅，可谓正体，所不足者，微嫌繁冗耳。唐人好文，三四千言之奏，人主犹能遍览，若在后世，正恐无暇及此。曾涤笙自谓学陆宣公，今观其文，类于八股，平固有之，雅则未能。甲午战后，王湘绮尝代李少荃奏事，多引《诗》《书》，摹拟汉作，雅则有余，平则不足。于是知"平彻闲雅"之难也。

"说"者，古人多为口说，原非命笔为文，《文心雕龙》讥评士衡，谓"自非谲敌，则惟忠与信，披肝胆以献主，飞文敏以济辞，此说之本也"。不悟七国游士，纵横捭阖，肆口陈言，取决一时，确有炜晔谲诳之观，然其说必与事实相符，乃得见听。苏秦之合纵，非易事也。而六国之君听之者，固以其口辩捷给，亦为有其实学耳。《国策》言苏子去秦而归，揣摩太公阴谋之符，然后出说

348

人主。由今观之，苏子亦不徒恃阴谋，盖明于地理耳。七国时地图难得，惟涉路远者，知舆地大势。荀子游于列国，故《议兵篇》所言地理不误，自余若孟子之贤，犹不知淮泗之不入江（《孟子》：决汝汉、排淮泗而注之江。不知淮泗不入江也）。

汉兴，萧何入关，收秦图籍，故能知天下形势。否则，高祖起自草莽，何由知之？惟苏秦居洛阳，必尝见地图，故每述一国境界，悉中事情，然后言其财赋之多寡，兵力之强弱，元元本本，了然无遗。其说赵肃侯也，谓"臣请以天下之地图按之"，夫以草泽匹夫，而深知国情如此，宜乎六国之君不敢不服其说矣。后世口说渐少，惟战争时或有之。留侯之借箸、武侯之求救于孙权，皆所谓"谲证"者。

后杜牧之作《燕将录》，载谭忠为燕牧刘济使，说魏牧田季安，又元和十四年说刘济子忠，皆慷慨立谈，类于苏秦。颇疑牧之所文饰，非当时实事。昌黎作《董晋行状》，述晋对李怀光语，亦口若悬河。晋服官无闻，此亦疑昌黎所文饰也。然则苏秦而后，口说可信者，惟留侯、诸葛二事。要皆"炜晔谲诳"，不尽出于忠信，以此知士衡之说为不可易也。

综上所论，知士衡所举十条，语语谛当，可作准绳。至其所未及者。祭文准诔，传状准史（今人如欲作传，不必他求，只依《史》《汉》可矣。行状与传，大体相同，惟首尾为异。且行状所以议谥，明以来议谥不据行状，则行状无所用之，不作可也）。序记之属，古人所轻。官修书库，序录提要，盖非一人所能为。若私家著述，于古只有自序，他人作之，亦当提挈纲首，不可徒为肤泛。"记"惟游记可作，《水经注》、马第伯《封禅仪记》，皆足取法。宋人游记叙山水者，多就琐碎之处着笔，而不言大势，实无足取。余谓《文赋》十类之外，补此数条已足。姚氏《古文辞类纂》分十三类，大旨不谬。然所见甚近，以唐宋直接周秦诸子、《史》《汉》，置东汉、六朝于不论，一若文至西汉即斩焉中绝，昌黎之出，真似石破天惊者也。天下安有是事耶（桐城派所说源流不明，不知昌黎亦有师承）？余所论者，似较姚氏明白。

第十一章

白话与文言之关系

白话、文言，古人不分，《尚书》直言（见《七略》），而读应《尔雅》（见《汉书·艺文志》）。其所分者，非白话、文言之别，乃修饰与不修饰耳。《尚书》二十九篇，口说者皆诘屈聱牙，叙事则不然。《尧典》《顾命》，文理明白，《盘庚》《康诰》《酒诰》《洛诰》《召诰》之类，则艰涩难读。

古者右史记言，左史记事。叙事之篇，史官从容润饰，时间宽裕，颇加斟酌；口说之辞，记于匆卒，一言既出，驷不及舌，记录者往往急不及择，无斟酌润饰之功。且作篆之迟，迟于真草，言速记迟，难免截去语助，此异于叙事者也。商周口语，不甚修饰，至春秋战国则不然。

春秋所录辞命之文，与战国时苏秦、张仪、鲁仲连之语，甚见顺适。所谓"出辞气斯远鄙倍"者，不去语助，自然文从字顺矣。苏、张言文合一，出口成章。当时游说之士，殆无不然。

至汉，《汉书》载中山靖王入朝，闻乐涕泣，口对之辞，宛然赋体。可见言语修饰，雅擅辞令，于汉犹然。是以汉时有讥人不识字者，未闻有讥人文理不通者。赤眉之樊崇，蜀将之王平，识字无多，而文理仍通。

自晋以后，言文渐分，《世说新语》所载"阿堵""宁馨"，即当时白话，然所载尚无大异于文言，惟特殊者有异耳。隋末士人，尚能出口成章，当时谓之书语。文帝受周之禅，与旧友荣建绪商共享富贵，荣不可，去之，后入朝，帝问："悔否？"荣曰："臣位非徐广，情类杨彪。"文帝曰："我虽不解书语，亦知卿此言为不逊。"（见《隋书·荣毗传》）文帝不读书，故云"不解书语"。李密与宇文化及战时，其对化及之词，颇似一篇檄文，化及闻而默然，良久乃曰："共尔作相杀事，何须作书语耶？"（见《隋书·李密传》）可见士人口语，即为文章，隋唐尚然，其后乃渐衰耳。

《传灯录》记禅家之语，宋人学之而成语录，其语至今不甚可晓，至《水浒传》乃渐可解。由是白话、文言，不得不异其途辙。今人思以白话易文言，陈义未尝不新，然白话究能离去文言否？此疑问也。白话亦多用成语，如"水落石出""与狐谋皮"之类，不得不作括弧，何尝尽是白话哉？且如"勇士""贤人"，白话所无，如欲避免，须说"好汉""好人"。"好汉""好人"，究与"勇士""贤人"有别。

元时征求遗逸，诏谓征求有本领的好人，当时荐马端临之状曰："寻得有本领的好人马端临。"（见《文献通考·序》）今人称有本领者曰才士，或曰名士，如必改用白话，亦必曰："寻得有本领的好人某某。"试问提倡白话之人，愿意承当否耶？以此知白话意义不全，有时仍不得不用文言也。

昌黎谓："凡作文字，宜略识字。"学问如韩，只求略识字耳，识字如韩已不易，然仅曰"略识字"，盖文言只须如此也。余谓欲作白话，更宜详识字。识字之功，更宜过于昌黎。今世作白话文者，以施耐庵、曹雪芹为宗师，施、曹在当日，不过随意作小说耳，非欲于文苑中居最高地位也，亦非欲取而代之也。今人则欲取文言而代之矣！然而规模、格律，均未有定。果欲取文言而代之，则必成一统系，定一格律然后可，而识字之功，须加昌黎十倍矣。何者？以白话所用之语，不知当作何字者正多也。

今通行之白话中，鄙语固多，古语亦不少，以十分分之，常语占其五，鄙语、古语复各占其半。古书中不常用之字，反存于白话，此事边方为多，而通都大邑，亦非全无古语。夫所谓白话者，依何方之话为准乎？如曰首都，则昔在北而今在南，南京、北京，语言不同。不仅此也，叙事欲声口毕肖，须录当地方言，文言如此，白话亦然。

《史记·陈涉世家》"伙颐，涉之为王沉沉者"。伙颐、沉沉，皆当时鄙俗之语，不书，则无以形容陈客之艳羡。欲使声口毕肖，用语自不能限于首都，非广采各地方言不可。然则非深通小学，如何成得白话文哉？寻常语助之字，如"焉哉乎也"，今白话中"焉哉"不用，"乎也"尚用，如乍见熟人而相寒暄，曰"好呀"，"呀"即"乎"字，应人之称曰"是唉"，"唉"即"也"字。

"夫"字文言用在句末，如"必子之言夫"，即白话之"罢"字，轻唇转而为重唇也。"矣"转而为"哩"，《说文》吕声之字，或从里声，相或作樏，可证其例。"乎也夫矣"四字，仅声音小变而已。论理应用"乎也夫矣"，不应用"呀唉罢哩"也。

又如抑扬之词，"肆"训"甚"，《诗·崧高》"其风肆好"，即其风甚好。今江浙语称"甚冷""甚热"曰"冷得势""热得势"，其实乃"肆"字也。古语有声转之例，"肆"转而为"杀"，《夏小正》"狸子肇肆"，"肆"，杀也。今人言"杀似""杀好""忒杀"，"杀"皆"甚"意。

又今天津语谓甚好，曰"好得况"。"况"亦古音古字，《诗·出车》"仆夫况瘁"，"况"亦"甚"也。又如赞叹之词，南京人见可惊者，开口大呼曰"乖乖了不得"，"乖乖"即"傀傀"。《说文》："傀，伟也。"四川胥史录供，造张目哆口卷舌而不发声之字曰"▯"，"▯"即咄咄怪事之"咄"。如白话须成格律，有系统，非书正字不可，则此等字，安得不加意哉?

又如形容异状之词，今江浙人称行步两足不能相过曰"垫脚走"，"垫"应作"絷"。春秋卫侯之兄絷，"絷"《穀梁》作"辄"。《说文》为两足不能相过，"絷"从"执"声，故变而为垫音也。今语喉破发声不亮曰"沙"。《礼记·内则》"鸟麷色而沙鸣"。若严格言之，字应作"嘶"。《汉书·王莽传》："莽大声而嘶。""嘶"正字，"沙"假借字也。今南方呼曲背曰"呵腰"，北方曰"哈腰"，实即"亚"字。《说文》："亚"象人局背形。音变而为"哈"，又变则为"呵"矣。

又如动作加人之词，今上江称追奔曰"捻"，实当作"蹑"，声转而为"捻"矣。吊挂之"吊"，与吊丧意无关，《一切经音义》引《方言》："乀，悬也。"窗钩亦曰"了乀"，"乀"音如"吊"。吊挂之吊，正应乚作耳。

又北人语打谓"奏"，至东三省，则官厅叱责人犯亦曰"奏五百""奏一千"，此字正应作"鼜"。《说文》："鼜，引击也。"江南语以荆条或竹条击人谓之"抽"，"抽"亦"鼜"字。又北方人称"斩"曰"砍"，此字不知何以从石？唐末已有此语，书止作"坎"，宋人笔记载朱温遣人相地，久而未至，温大怒，既至，问之，曰"乾上龙尾"。温入，人谓之曰："尔若非乾上龙尾，已坎下驴头矣。"其实"坎"应作水。《说文》："戋，杀也。"其字后人亦作"戝"，"西伯戝黎"，旧正作"戋"也。唐人言"坎"，不知其语之来历，后遂妄作"砍"字。如此之类，白话不定统系格律即已，如须定统系，明格律，则非写正不可，故曰欲作白话文者，识字应过于昌黎也。

要之，白话中藏古语甚多，如小学不通，白话如何能好？且今人同一句话，而南与北殊，都与鄙异，听似一字，实非一字，此非精通小学者断不能辨。如通语言"不"，江南、浙江曰"弗"，《公羊》僖二十六年传注："弗者，不之深也。""弗""不"有异矣。有无之"无"，江南一带曰"无不"。"无"古音如"模"，变为是音，而通语则言"没"，实即《论语·阳货》"末之也已"之"末"，"无"与"末"又异矣。又，北人言"去"，如"开之去声"，实乃"揭"字，与通语曰"去"者义同而字异。又如"打"字，欧阳永叔《归田录》历举其不可解之处，"打"本音宅耕切，不知何以变为"打"字，作德下切，且"打铁""打钉"，称打则可，今制一物件曰"打"，每一动作辄曰"打"，如"打坐""打拱"，"打"于何有？欧公颇以为非。余谓宅耕切之"打"字，依音理不能变作德下切，今扬州鄙人呼此音如"鼎"，江南、浙西转如"党"，此实"打"之音变也，而通语作德下切者，乃别一字。按"挞"字，《说文》作"築"，乃舌上音，古无舌上，惟有舌头，故"挞"音变为德下切，正字当作"築"，声转则为"笪"。《说文》："笪，答也。"音当割切，又转而为"挞"，皆一语之变也。至于"打量"之"打"，字应作"㩐"。《说文》："㩐，量也。"音朵，转为长音即曰"打"矣。是故不详识字，动笔即错，其所作之白话文，乃全无格律之物。欲使白话登于文苑，则识字之功宜何如？

古人深通俗语者，皆研精小学之士。颜之推在益州，与数人同坐，初晴，见地下小光，问左右是何物，一蜀竖就视，云是豆逼耳。皆不知何谓。取来，乃小豆也。蜀土呼豆为"逼"，时莫之解。之推云：《三苍》《说文》，皆有"皂"字，训粒，《通俗文》音方力反。众皆欢悟。（见《颜氏家训·劝学》篇）其孙师古作《匡谬正俗》，人问：砺刀使利曰略刃，何故？师古曰："《尔雅》：略，利也。故砺刀曰略刃。"以颜氏祖孙小学之功如此，方能尽通鄙语，其功且过昌黎百倍。余谓须有颜氏祖孙之学，方可信笔作白话文。余自揣小学之功，尚未及颜氏祖孙，故不敢贸然为之，今有人误读"为绨为绤"作"为希为谷"，而悍然敢提倡白话文者，盖亦忘其颜之厚矣。

第十二章

论读经有利而无弊

居今而言读经，鲜不遭浅人之侮，然余敢正告国人曰："于今读经，有千利无一弊也。"兹分三段论之。

一、论经学之利

所谓经学之利者，何也？曰：儒家之学，不外修己、治人，而经籍所载，无一非修己、治人之事。《论语》："兴于诗，立于礼，成于乐。"又："不学诗，无以言；不学礼，无以立。"皆修己之道也。《周易》爻象，太半言修己之道，故孔子称："五十以学《易》，可以无大过。"夫修己之道，古今无二，经籍载之，儒家阐之，时有不同，理无二致。孔子以后，儒分为八，论其归趣，不相乖违。孟、荀二家，论性有别，而祁向攸同。厥后汉儒重行，宋人尚理，或实事求是，或旁参佛、老，要之，不能不以经为本。是故无论政体如何改易，时代如何不同，而修己之道，则亘〔亘〕古如斯；治人则稍异，古今异宜，习俗不同，不得不斟酌损益，至于尽善。吾人读二十五史（《史记》至《清史稿》），法其可法，戒其可戒，非语语尽可取也。

《尚书》《周礼》《春秋》，性质与历史为近，读之亦当如是。夫读史之效，在发扬祖德，巩固国本，不读史则不知前人创业之艰难，后人守成之不易，爱国之心，何由而起？经籍之应入史类而尤重要者，厥维《春秋》。

《春秋》三传虽异，而"内诸夏，外夷狄"则一。自有《春秋》，吾国民族之精神乃固，虽亡国者屡，而终能光复旧物，还我河山，此一点爱国心，蟠天际地，磅礴郁积，隐然为一国之主宰，汤火虽烈，赴蹈不辞，是以宋为元灭而朱明起，明为清灭而民国兴。余身预革命，深知民国肇造，革命党人之力，盖亦微矣，其最有力者，实历来潜藏人人胸中反清复明之思也。盖自明社既屋，亭林、船山诸老倡导于前，晚邨、谢山诸公发愤于后，攘夷之说，绵绵不绝，或隐或显，或明或暗，或腾为口说，或著之简册，三百年来，深入人心，民族主义之牢固，几如泰山磐石之不可易，是以辛亥之役，振臂一呼，全国响应，此非收效于"内诸夏，外夷狄"之说而何？方今天方荐瘥，载胥及溺，满洲亡而复起，日人又出其雷霆万钧之力以济之，诸夏阽危，不知胡底。设或经学不废，国性不亡，万一不幸，蹈宋明之复辙，而民心未死，终有祀夏配天之一日。

且今日读经之要，又过往昔，在昔异族文化，低于吾华，故其入主中原，渐为吾化，今则封豕长蛇之逞其毒者，乃千百倍于往日，如我学人，废经不习，忘民族之大闲，则必渝胥以尽，终为奴虏而已矣。有志之士，安得不深长思哉！要之，读经之利有二：一修己，二治人。治人之道，虽有取舍，而保持国性为最要。

二、论读经无顽固之弊

所谓读经无顽固之弊者，何也？曰：经学本无所谓顽固也。溢经学以顽固，盖出诸空疏不学辈之口。彼略识点画，苦于九经、三传之不尽解，而又忝拥皋比，深恐为学子问难所穷，故尽力抹杀，谥以顽同。少年浮躁，利其便己，从而附和，遂至一世波靡，良可愤叹。夫经史本以记朝廷之兴废，政治之得失，善者示以为法，不善者录以为戒，非事事尽可法也。

《春秋》褒贬，是非易分，而《尚书》则待人自判，古所谓《书》以道政事者，直举其事，虽元恶大憝所作，不能没也。例如《夏书·五子之歌》，序谓："太康失邦，昆弟五人，须于洛汭，作《五子之歌》。"此文已佚，而伪古文有之，载五子作歌之意，甚见忠正。段玉裁《古文尚书撰异》谓："《尚书》不当以歌名篇，盖五子者，当时之亡国大夫也。"

屈原《离骚》："启九辨与九歌兮，夏康娱以自纵；不顾难以图后兮，五子用失乎家巷。"《楚语》："士亹曰：尧有丹朱，舜有商均，启有五观，汤有太甲，文王有管、蔡，是五王者，皆元德也，而有奸子。"韦昭注："五观，启子，太康昆弟也。""观，洛汭之地。"据此，则《五子之歌》者，五子往观耳。"之"训"往"，"歌""观"声通，故讹也。太康为失国之君，五子为致乱之臣，道太康以畋游者，即此五人，史臣书之，一如《晋书》之纪惠帝与八王耳。又《胤征》，序谓："羲和湎淫，废时乱日，胤往征之，作《胤征》。"

《史记·夏本纪》谓："《胤征》，仲康时作。"伪《孔传》言："羿废太康而立其弟仲康。"孔颖达《正义》谓："仲康不能杀羿，必是羿握其权。"然则《胤征》者，羿令之征也。羲和为掌日之官，故后世有后羿射日之说，此事与曹操之灭袁绍、吕布，司马昭之灭诸葛诞无异。

《尚书》录之，一如《后汉书》《三国志》之记曹氏、司马氏之事矣。兴废大端，不得不载，岂尽可为法哉？孟子曰："吾于《武成》，取二三策而已矣，以至仁伐至不仁，何其血之流杵也。"

《武成》今佚，据《汉书·律历志》所引，文与今《逸周书·世俘解》略同。观其所言，知"武王伐纣，杀人盈亿"。语虽过甚，要之，总不能尽诬，此与后之项羽伐秦何异？秦已无道，而羽之烧宫室、坑降卒，毒螫所及，更甚于秦，此岂可以为训？而史官书之。所以然者，兴废大端，不得不载也。苟有是非之心，不至如不辨菽麦之童昏，读之无有不知抉择者，孟子言之甚明，何谓读经必致顽固哉？

若夫经国利民，自有原则，经典所论政治，关于抽象者，往往千古不磨，一涉具体，则三代法制，不可行于今者自多。即如封建之制，秦、汉而还，久已废除，亦无人议兴复者，惟三国时曹元首作《六代论》，主众建诸侯，以毗辅王室；及清，王船山、王昆绳、李刚主等，亦颇以封建为是，此皆有激而然。曹愤魏世之薄于骨肉，致政归司马；王、李辈则因明社覆亡，无强藩以延一线，故激为是论，若平世则未有主封建者矣。

余如陆机《五等论》，精彩不属，盖苟炫辞辩，而志不在焉，则不足数已。其次世卿之制，自《公羊》几议以后，后世无有以为是者。惟晋世贵族用事，盖以九品中正定人材，其弊至于"上品无寒门，下品无世族"。自然趋入世卿一途，然非有人蓄意主张之也。二千年来，从无以世卿为善而竭力主张之者，有之，惟唐之李德裕。德裕非进士出身，嫉进士入骨，以为进士起自草茅，行多浮薄，宜用仕宦子弟以代之。此则一人之私念，固未有和之者也。

又如肉刑之法，自汉文帝后，亦无人昌言复古。王符、崔寔、仲长统之流，颇主严刑，诸葛武侯治蜀，亦主严峻，然均未及肉刑也。惟魏之钟繇、陈群，尝议复之，然群制定魏律，终亦不主肉刑，足知一时之论，亦自知其不可行矣。又如井田之制，秦、汉而后，惟王莽一人行之，诏以天下田为王田，禁民间不得卖买，然卒以致乱。若宋时张子厚行之于乡，要为私人之试验，非朝廷之定制。清初，颜、李派之王昆绳、李刚主辈，亦颇有其意。

余意王、李辈本以反清为鹄，其所云云，或思借以致乱，造成驱满之机耳。以故满清一代，痛恶主张封建、井田之人。总计三千年来，主张封建、世卿、肉刑、井田者，曹元首、王船山、王昆绳、李刚主、李德裕、钟繇、陈群、王莽、张子厚九人而已。此九人者，除王莽外，或意有偏激，或别含作用，固不可尽斥为顽固。就云顽固，二千年来，亦不过九人而已。

此外尚有一事足资讨论者，则什一之税是已。按十一而税，《春秋》三传及孟子之书，无不以为善制。《公羊》言什一行而颂声作，孟子谓："轻则大貉、小貉，重则大桀、小桀"，以为什一而税，乃税则之中。然汉初什五而税一，文、景减赋，乃三十而税一，自兹以还，依以为准。即今苏、松赋税，最为繁重，然与全国轻税之地平均计算，亦无过三十税一者。（其预征田赋至民国五十年之类之非法行为，破坏国家定制，则未可以为例。）故自汉后税法观之，则什一之税，已为大桀、小桀，前代尊信孟子，不敢昌言驳议，多泛泛释之，然亦从无主张是者，有之，惟王莽一人而已，莽亦卒以致乱，后人引以为戒久矣。

举此五事，以见古今异宜，凡稍能观察时势者，盖无人不知，何得谓读经即入顽固哉？且自明至清末，五百四十年，应试之士，无不读经者。全国为县千四百有余，县有学府，州又有学，为数不下一千六百区，假定每学有生员二百名，以三十年新陈代谢，则此五百四十年中，当有五百四十万读经之人。试问其中主张封建、世卿、肉刑、井田、什一之税者有几人哉？上述九人，生明代以后者，仅三人耳。试问此三人之力，能变易天下之耳目耶？能左右政治之设施耶？况其云云，复各有作用在乎？夫无证验而必之者，非愚即诬。今谓读经为顽固，证于何有？验于何有？且读经而至于顽固，事亦非易，正如僧徒学佛，走入魔道者，固不数数见也，何为因噎废食而预为之防哉？

三、论今日一切顽固之弊，反赖读经以救

所谓今日一切顽固之弊，反赖读经以救者，何也？曰：有知识之顽固者，泥古不化之谓也；有情志之顽固者，则在别树阶级，不与齐民同群，声音颜色，拒人于千里之外也。夫知识之顽固易开，而情志之顽固难料，信如是。则今日学校毕业之士，其能免于顽固之诮者几希！吾观乡邑子弟，负笈城市，见其物质文明，远胜故乡，归则亲戚故旧，无一可以入目。又上之则入都出洋，视域既

广，气矜愈隆，总觉以前所历，无足称道，以前所亲，无足爱慕，惟少数同学，可与往还，舍此，则举国皆如鸟兽，不可同群，止其别树阶级，拒人千里，非顽固而何？

昔日士人，涵泳《诗》《书》，胸次宽博，从无此等现象，何者？"君子忧道不忧贫，士志于道，而耻恶衣恶食者，未足与议。""衣敝缊袍，与衣狐貉者立而不耻。"（均见《论语》）此等言语，濡染既久，虽慕富贵、患贫贱之心不能遽绝，而自有以维系之也。若夫盐商子弟，无过人之才，恃钱刀之力，纳赀入官，小则州县，大则道员，顾盼骄人，俨然自命为官长，此最顽固之甚者，而人之嗤之者众矣。然如此者，为数亦不甚多，非若今之学校，每年必铸造数千百人也。

非直如是，今者新奇之说，流为格言，日驱人于顽固而不返者，曰"发展个性也"，曰"打倒偶像也"。发展个性，则所趣止于声色货利，而礼义廉耻一切可以不顾。打倒偶像者，凡一切有名无形者，皆以偶像观之，若国家，若政治，若法律，若道德，无往而非偶像者，亦无往而不可打倒者。洵若是，则于禽兽奚择焉？世以是乱，国以是危，而种族亦将以是而灭矣。今学校之弊，既至于此，而国家岁费巨亿，以育人材，卒造成特殊之盐商子弟，长此以往，宁堪设想？论者不自病其顽固，而反惧经学之致顽固乎？

余以为救之之道，舍读经末由。盖即前者所举《论语》三事，已可陶熔百千万人。夫如是，则可以处社会，可以理国家，民族于以立，风气于以正。一切顽固之弊，不革而自祛，此余所以谓有千利无一弊也。质之诸君，以为然耶、否耶？

第十三章

论经史实录不应无故怀疑

经史传世，江河不废。历代材智之士，籀读有得，施之于用而见功效者，不胜偻指，然以考信自矜则寡。盖经除今文、史除杂史而外，率皆实录。实录者，当时之记载也。其所根据，一为官吏之奏报，二为史臣所目击，三为万民所共闻，事之最可信者也。其有传闻异辞而记载歧异，经后人之考定者（如司马温公《通鉴考异》之类），取舍有准，情伪自明，歧异之说，遂成定案，斯亦实录之次也。

至若帝王初兴之瑞象，语涉怪诞，于理必无，且非史臣所目击，万民所共闻，奏报之所有，自然乖于实录。其或当时史臣，阔于记载，后人据私家著录，掇拾成书，如史公作《史记》时，六国史记俱尽，苏秦、张仪、鲁仲连之语，皆据其自著之书，语虽非伪，然诸人自言其效，未免夸大，非事实所真有。以无国史，不得不据此乖于实录之言耳。

后此宋祁《唐书》，好采小说，时吴缜已纠其缪矣。舍此以外，虽有曲笔，十约八九可信，斯实录之所以可贵也。经史所载，除今文、杂史而外，大抵实录，后人无容置喙。王充之徒，于古籍加以驳正，非驳辨经史正文，乃是正汉初诸儒说经之失当，与夫讥弹当时诸子所载之不合情理耳，非今人所谓怀疑也。刘知几抱孤愤而作《史通》，据《竹书纪年》以疑《尚书》，不知《竹书》非当时之实录，乃魏安釐王时追记商周之事。事隔千年，如何可信？据之立论，真所谓以不狂为狂矣。前人疑古，惟韩非为有特见。然法家之言，过于执滞，未为通方之论。

《难》篇论舜耕历山，期年而畎亩正；渔于河滨，而渔者让坻；陶于东夷，而器不苦窳，终以"当时尧安在"五字难之，谓圣人明察在上位，将使天下无奸，令耕渔不争，陶器不窳，舜又何德而化？舜之救败也，则是尧有失也。贤舜则去尧之明察，圣尧则去舜之德化，不可两得也。

又《五蠹》篇言尧舜禅位，实无足称。其说曰："尧之王天下也，茅茨不翦，采椽不斫，粝粢之食，藜藿之羹，冬日麑裘，夏日葛衣，监门之养，不亏于此矣。以是言之，古之让天子者，是去监门之养，而离臣虏之劳也，不足多也。"余谓韩非之言，乍闻似觉有理，细察乃知可笑。何者？尧之在位，不过使人民安乐而已，非能化全国之人，俱进于德让也。如果能之，何以不能化亲近之四凶哉？韩非疑尧与舜不能两得，乃过言矣。

又帝王之尊，无论其自苦何若，要必拥生杀予夺之大权。昔人谓："夸者死权，众庶凭生。"盖平民惟计衣食，夸者乃不肯释权也。刘裕一生俭素，土制屏风，葛作灯笼，生活与尧相似，然未闻辞去帝位。梁武帝五十而断房室，豆羹粝饭，日只一餐，无鲜腴之享。侯景来逼，尚不肯去其帝位。何者？生杀予夺之权在，不肯舍也。一韩非之疑，以田舍翁之心，度豪杰士之腹，未为得矣。即如汉以后开国之君，无不从百战中来，躬擐甲胄，亲历艰苦，其能安富尊荣，享帝王之乐者，实无多日，试问战争时所著之甲，能过尧之麑袭葛衣乎？所食之食，能过尧之粝食藜羹乎？所居之营，能过尧之茅茨采椽乎？未闻以衣食居处之不适，而决然舍去其权位也。故韩非之说，乍闻似觉有理，细察乃知可笑。向来疑古者，多此类矣。

韩非疑古，虽未合理，尚不失为独抒己见，异于掩卷妄谈之士。今有人不加思索，随他人之妄见，推波助澜，沿流而不知返者，其愚更可哂也。日本开化在隋唐间，至今目睹邻近之国，开化甚早，未免自惭形秽，于是不惜造作谰言，谓尧、舜、禹为中国人伪造。非但如此而已，即秦皇、汉武之丰功伟烈，《史》《汉》所载彰明较著者，亦不愿称说。其所常言，多举唐太宗以后事。此其忌刻之心，不言可知，而国人信之，真可哂矣。

日本人疑禹治水为无其事，彼谓九州洪水，何能以一身治之？以此为口柄，真浅薄幼稚，不值一噱。夫禹之治水，合天下之力而己督率之耳。名山三百，支川三千，岂尽一己手足之力，孜孜而治之哉！自来纪载功绩，但举首领，不及其余。东汉治河，河堤使者王景独尸其功，明则河道总督潘季驯，清则河道总督靳辅，皆以治河著称。此岂三人一手一足之力哉？亦集众人之功而总其成耳。非惟治河为然，其他各事，殆无不然。即以战功言之，策动独在大将，其实斩将搴旗，皆属士卒之事。岂真为首之大将，徒手搏击而取胜哉？日人不思此理，悍然断禹为伪造，其亦不明世务，而难免于大方之笑矣。因其疑禹，遂及尧、舜，吾国妄人，不加深思，震于异说，贸然从之。呜呼！国家未亡，而历史先亡，可哀也已。要知凡后人伪造之书，只能伪造虚文，不能伪造实事。

关于天官、地理，更难伪造。夫伪造《尧典》《禹贡》者，果何人哉？远则孔子，近则伏生，舍此无可言者矣。然《禹贡》所载山川，有孔子前早已失去者。盖东周时四夷交侵，边地之沦于夷狄者多矣，如梁州蔡蒙旅平，孔颖达《正义》引《地理志》云："蒙山在蜀郡青衣县。"应劭云："顺帝改名汉嘉县。"按即今四川之雅州，孔子时蜀西尚未交通，但知蜀东有巴国而已，决不知有所谓蒙山者，何从伪造蔡蒙旅平之言哉？又兖州，九河既道，九河故渠，在孔子时已绝，郑康成谓为齐桓公所塞。孔子又何从而知之？如云非出孔子之手，而为伏生所造。伏生时蒙山虽在境内，九河亦淤废久矣。且雍州原隰底绩，至于猪野，又导弱水，至于合黎，余波入于流沙。猪野在汉属张掖，合黎在汉属酒泉，均在今甘肃西部，汉时所称河西四郡者，其地在七国时已沦于匈奴，至休屠王降汉，方入中国版图，伏生时绝不知有此地。何以猪野，合黎言之凿凿？岂孔子、伏生真如《新旧约》所云全知全能之上帝，能后知未来，前知往古者乎？此以地理言也。

又就天象考之，古人以昏中之星验天，而《尧典》所言中星，与后世所见不同。《尧典》言："春分日中星鸟，夏至日永星火，秋分宵中星虚，冬至日短星昴。"鸟者，朱鸟之中星也。火者，苍龙之中星也。虚者，玄武之中星也。昴者，白虎之中星也。此与孔子、伏生时所见，截然不同。孔子去尧约一千八百余年，伏生去尧约二千一百余年，而吕氏作《月令》时，上去孔子二百年，下去伏生百年，时皆未久，然其所云"仲春之月则昏弧中，仲夏之月则昏亢中，仲秋之月则昏牵牛中，仲冬之月则昏东壁中"，与《尧典》所云相差三十余度，如孔子、伏生伪造《尧典》，亦应据其所见，如《吕氏》所录者，以概往古，何以有如此歧异？要知相差三十余度者，后人谓之岁差。今之言天文者，无人不知此理，而古人未之知也。何承天、祖冲之始知恒星伏现，年各不同，而相差甚微，积久遂致相远（语详《宋书·历志》）。何、祖去尧约二千七百余年，观察分明，于是上推《月令》，核之《尧典》，遂明岁差之故。孔子、伏生，不知岁差，乌能伪造《尧典》之中星耶？《尧典》《禹贡》既不能证其伪造，则尧、禹之不得怀疑，无待繁言而解矣。

日人不愿居中国人后，不信尧、禹，尚无足怪。独怪神明之后，史籍昭彰，反弃置不信，自甘与开化落后之异族同侪，迷其本来，数典忘祖，信可哀已。昔戴东原少时读《尧典》，至"乃命羲和"一节，即研习天文，二三年乃通其说。读《禹贡》，研习地理，又二三年乃明其义。今《尚书释天》《禹贡锥指》等书，所在而有，不必如戴东原之勤苦，方能通晓，乃国人不肯披阅，信谬作真，随日人之后，妄谈尧、禹之伪，不亦大可哀乎？此种疑古，余以为极不学可笑者，深望国人能矫正之也。

史有事实离奇，难于确然置信者，其故盖由于实有其事，而描写过甚。此类之事，如与大体无关，则存而不论可也。《史记·留侯传》记高祖一见四皓，即憣然心服，废立之举，竟不果行。司马温公《通鉴》疑而不载，以为高祖暴亢，未必为畏惮四皓而止。又

374

隐士之事，史乘亦多离奇。如《后汉书·严光传》光以足加帝腹上，明日，太史奏客星犯帝坐甚急。《通鉴》载之甚略。余谓高祖虽暴亢，顾生于七国，礼贤下士之风，知之有素，四皓高尚其事，今乃降心于惠帝，疑惠帝真是可辅之主，今即废立，未必不贻后患，以故遂止，是亦情理之可通者。子陵之事，出于偶然，足加帝腹，恰值天文之变，史臣认为有关，遂致牵附，亦不能指为必无。以故史中诸事在疑信之间者，皆应存而不论，不应悍然生疑，以上斥疑古之非。

复次，今人以为史迹渺茫，求之于史，不如求之于器。器物有，即可证其必有，无则无从证其有无。余谓，此拾欧洲考古学者之唾余也。凡荒僻小国，素无史乘，欧洲人欲求之，不得不乞灵于古器。如史乘明白者，何必寻此迂道哉？即如西域三十六国，向无史乘，倘今人得其器物，则可资以为证耳。其次，已有史乘，而记载偶疏，有器物在，亦可补其未备。如列传中世系、籍贯、历官之类，史或疏略，碑版在，即可借以补苴。然此究系小节，无关国家大体。且史乘所载，不下万余人，岂能人人尽为之考？研求历史，须论大体，岂暇逐琐屑之末务？况器物不能离史而自明。如器有秦、汉二字，知秦、汉二字之意义者，独非史乘所诏示耶？如无史乘，亦无从知秦、汉二字为何语也。即如陕西出土之秦、汉瓦当，知陕西为秦、汉建都之地，乃史乘之力。据史乘，然后知瓦当为秦、汉之物，否则又何从知之？且离去史乘，每朝之历年即不可知，徒信器物，仅如断烂朝报，何从贯穿？以故，以史乘证器物则可，以器物疑史乘则不可。以器物作读史之辅佐品则可，以器物作订史之主要物则不可。如据之而疑信史，乃最愚之事也。

不但此也，器物之最要者，为钟鼎、货币、碑版，然钟鼎伪造者多，货币亦有私铸、伪造二者，碑版虽少，今亦有伪作者矣。《韩非子·说林》齐伐鲁，求谗鼎，鲁以其赝往。是古代已有伪造之钟鼎也。又《礼记·祭统》卫孔悝之鼎铭曰："六月丁亥，公假于太庙。"据《左氏》哀十六年传，六月，卫侯饮孔悝酒于平阳，醉而逐之，夜半而遣。孔氏《正义》谓即此六月中，先命之，后即逐之，此语最为无赖。夫铸鼎刻铭，事非易易，何能以旬日遽成？以《左传》所载为信，则孔悝之鼎赝而已矣。今人如欲以古器订古史，第一须有精到之眼光，能鉴别真伪，不爽毫厘，方足以语此。无如历代讲钟鼎者，以伪作真者多，甲以为真，乙以为伪。乙以为真，丙以为伪。彼此互相讥弹，卒无休止。

钟鼎自不能言，而真伪又无定法可求，何能得其确证哉？且钟鼎及六朝前碑版所载，多不甚著名之人，稍有名者，即无物可证。夫论史须明大体，不应琐屑以求，如云今人有四万万之多，我能知两万万人之姓名，事固非易，要亦何用？今以古器证史，则可知其人之必有者，盖无几矣。如秦半两钱在，秦诏版在，秦权、秦量在，可证始皇之必有其人矣。然汉高祖即不能证其必有，何也？铜器、货币均无有也，无从证也。王莽二十品钱（六泉十布错刀契刀货泉货布）均在，所谓新量（真假姑不论）者亦在，王莽可证其必有矣。然光武则不能证其必有。何也？铜器、货币均无有也，无从证也。史思明顺天钱，得壹钱均在，今北京法源寺，有悯忠寺宝塔颂，镌御史大夫史思明之名，是史思明可证其必有矣。然安禄山则不能证其必有，何也？货币、碑版，均无有也，无从证也。以故，以器物证史，可得者少，不可得者多，如断线之珠，无从贯穿。试问始皇有，高祖未必有；王莽有，光武未必有；史思明有，安禄山未必有，尚成其为历史耶？

以钱币论，唐以后铸钱，皆用年号。然宋仁宗改元九次，皇祐、康定之钱，传世无几，宝元以一钱须叠两宝（宝元，通宝也），未铸，铸皇宋通宝，如以无宝元钱故，即谓宝元之年号乃伪造，可乎？又明洪武时铸洪武钱，其后历朝沿用，嘉靖时补铸历朝之钱，然以永乐革除建文年号，故建文钱独不补铸，如以无建文钱故，谓建文一代之事，悉系虚造，可乎？果如今世考古之说，钱之为用，非徒可以博当时之利，且可以传万世之名，则钱之为神亦信矣。惜乎晋人作《钱神论》者，只知其一，不知其二也。

以碑版论，昔隋文帝子秦王俊死，王府僚佐请为立碑。文帝曰："欲求名，一卷史传足矣，何用碑为？"此语当时谓为通人之论，如依今人之目光言之，则此语真不达之至矣。何者？碑可恃，史不可恃也。然则碑版非徒可以诔墓，几可生死人而肉白骨矣。

且也，钱币造自政府，铜器铸由贵族，碑版之立，于汉亦须功曹、孝廉以上，而在齐民者绝少，使今有古代齐民之石臼在，亦无从知其属于何人，如此而谓周、秦、汉三代，除政府、贵族、功曹、孝廉而外，齐民无几也，非笑柄而何？

钟鼎、货币、碑版三事之外，有无文字而从古相传为某人之物者，世亦不乏。如晋之武库藏孔子履、高祖斩蛇剑、王莽头三物。孔子履，其上并无孔子字样。高祖剑，未知有铭与否？王莽头，当然头上不致刻字。此三物者，武库失火，同时被焚，以其失传。谓孔子、高祖、王莽均属渺茫，可乎？设或不焚，王莽之头亦无从知其确为王莽之头也。履也、剑也，亦无从知其属于谁何也。何也？剑与履不能自言也。

又有文字本不可知，而后人坚言其为某某字者。如《西京杂记》载夏侯婴求葬地，下有石椁，铭曰："佳城郁郁，三千年见白日，吁嗟滕公居此室。"《啸堂集古录》载之，字作墨团，汗漫如朵朵菊花，当时人妄言此为某字，彼为某字，夫铭之真伪不可知，即以为真，又何从知其甲为某字，乙为某字哉？今人信龟甲者，又其类也。

由此言之，求之于钟鼎、货币、碑版，而钟鼎、货币、碑版，本身已有不可信者。况即使可信，亦非人人俱有。在古器者皆不甚著名之士，则齐民又大率无有。有文字者如此，无文字者，更无从证明。如此，欲以器物订史，亦多见其愚而已矣。

夫欧人见亡国无史，不得已而求之器物，固不足怪。吾华明明有史，且记述详备，反言史不足信，须恃器物作证，以为书篇易伪，器物难伪。曾亦思"书者，契也"，前人契券，流传至后，后人阅之，即可知当时卖买之情状，虽间有伪造，考史如官府验契，亦可以检察真伪。如不信史而信器，譬如讼庭验契时，法官两造，并不怀疑，忽有一人出而大方言曰："契不足恃，要以当时交易之钱作证。"此非至愚而何？妄人之论，本不足辨，无如其说遍于国中，深恐淆惑听闻，抹杀历史，故不惮辞费而辟之，使人不为所愚，以上斥恃器证史之谬。

第十四章

再释读经之异议

读经之要，前既详言之矣。而世人复有不明大义，多方非难者。夫正论不彰，异议乃滋，深恐琦说态行，有误后进，不得已复为此讲。此讲约分三端。

　　今逐条剖析如左（下）。

一、驳国家开创之初无须经学，经学兴于衰世，且讲经学者多行为不端之谬

国家开创之初，固自不赖经学。盖开创恃兵，兵略自有专家，非经训所能为力。昔叔孙通背楚归汉，汉王方蒙矢石争天下，通所进者，皆群盗壮士，其徒因窃骂。通曰："诸生宁能斗乎？"（见《史记·叔孙通传》）由此可知士人苟不能执干戈，列行伍，自不能与开创之业。非徒经学鲜用，亦正不须用普通大学之讲义也。观民国开创之初，曾用大学讲义否耶？经学本非专为开创国家，其所包含，固甚远大，不应以一端限之。

如云开创不用经学，即谓经学无用，然则大学讲义，果有用否耶？草泽英雄与陆军大学生作如止脱，尚不足隆。彼身居普通大学而为此言，岂非作法自毙乎？若谓经学之兴，皆在衰世。此亦非实。汉文、景时，国势艾安，虽用黄、老，已知命晁错受经于伏生。武帝时，立"五经"博士，经学大盛，国势亦蒸蒸日上。

如云汉武阳用经术，而阴则背之，亦未见其然。汉武制礼作乐，虽属装点门面，然汉自高祖至武帝初年，宰相皆列侯任之，绝无起自民间者，武帝拔公孙弘于布衣之中，一反以前相必列侯之局。弘之为人，虽不能比伊尹、傅说，然规模实胜前相。夫废世卿，举侧陋，安得谓与经术无关？岂可云汉武所为皆伪也？至宣帝时，石渠议礼，经术大兴，而宣帝教子之言云："汉家自有制度，本以霸王道杂之。"（见《汉书·元帝纪》）王者周政，儒学之常法，霸者汉施行之权宜。宣帝不纯用儒术，然云杂之，则固用其半矣。及元帝柔仁好世以为汉衰之兆。其实元帝时膺惩戎狄，威力尚盛。陈汤斩邪支单于，即在此时。夫国之兴衰有二。一为内政之衰，其果则权臣篡窃。一为国力之衰，其果则异族侵凌。秦用法律，汉用经术，其后皆为本国人所亡，亡者独在嬴氏、刘氏，斯乃一家之索，非全国之衰也。是后唐用经术，国势亦自开张，孔颖达等定《五经正义》，在贞观全盛之时。今有意抹杀，猥谓明皇注《孝经》而唐即中衰，不思明皇注《孝经》，乃偶然之事，较之定《五经正义》，巨细宁止天渊？何以不举前事独举后事邪？且明皇之失国，自由内任权奸，外信蕃将使然，究与注《孝经》何涉？以注《孝经》卜唐之衰，是即《五行志》灾异之说，岂可用哉？

宋立学校，在仁宗时，胡安定辈即于是时显名。若宋之衰，则在神宗以后，仁宗时固未衰也。明用"五经"取士，末世虽时起党争（神宗以前，尚无党争），然东林与非东林之争，其鹄的在政治，不在学术。即不用儒术，政治上之事实具在，当时亦必引起争端。近观民国初载，国会议员之争，亦甚剧烈矣，斯岂因经学致然？然则明之亡，虽由于党争，而党争本无关于经术、儒术也。余详察全史，觉提倡经学致国势衰颓，实为子虚乌有之事，不知今之人何所见而云然。至于人之操行，本难一致，无论捌昌何种学说，其流有善士，亦必兼有凶人。评议之士，不应以一人之操行不端，抹杀诸多善良之士。

汉重经术，在位之人，固有匡衡、张禹、孔光辈之阘茸无能，然亦有魏相、师丹之守正不阿。今人乃举明末洪承畴，钱谦益事，以归咎经学，无论洪与钱皆无当儒术，即以为儒，亦岂能以一二人之短，掩数十百人之长哉？洪承畴以知兵任用，稍有历史知识者皆知之，不知何所见而称之曰负理学重望也。

钱本文人，不事经学，即以钱论，其人自身失节则信矣，而明之亡也，岂钱氏为之哉？况钱之弟子瞿式耜、郑成功等，亡国之后，志节皎然，尚能支持半壁，与胡清相抗，何以但论钱氏而遗瞿、郑乎？昔西晋之末，人人皆遗弃"六经"，务为清谈，致西晋之亡者，王衍之属也，何以又讳而不举耶？总之，经学于开创之初，关系较少，而于光复之关系则深。此意前已明言，若无《春秋》夷夏之防，宋亡则朱明不能起，明亡则民国不能兴矣。

上所云云，多就消极方面言之。至于积极方面，儒者身居上位，而功业卓著者，亦难更仆。约举之，则西汉宣帝时，魏相以明《周易》显闻，卒能废黜霍氏，致中兴之盛。哀帝时，师丹虽无大效，然守正自持，四方瞻仰。后汉袁安，始则平反楚狱，后则力抗窦氏，为世所称。其后杨震、杨秉、杨赐，三世立朝，皆称清正，震尝有"关西孔子"之目。安帝以后，外戚、宦官，更互用事，其能独立不倚，使正人犹有所恃者，非杨氏三世之力乎？三国时，魏、蜀任法，吴独任儒，顾雍德量，殊绝于人。陆逊反对先刑后礼，武功卓著而外，亦以相业见称。

此后南北纷争，无足称述。至唐，魏徵以儒家佐太宗成太平之业，观征所著书，《群书治要》而外，因《小戴礼》综汇不伦，更作《类礼》二十篇，盖纯乎其为经术之士也。尝侍宴，太宗奏破阵武德舞，征俛首不顾，至庆善舞，则谛玩无敄。又，太宗宴群臣积翠池，酣乐赋诗，征赋西汉，其卒章曰："终借叔孙礼，方知皇帝尊。"太宗曰："征言未尝不约我以礼。"（均见《唐书》本传）其以儒术致太平，厥功最伟。其后则有杨绾，以清德化俗，郭子仪在邠州行营，方大会，闻绾除平章事，即散音乐五之四，其佗闻风而靡者，不可胜纪。（见《唐书》本传）惜为相数月即卒，致有天不使朕致太平之叹。

其后陆贽亦以儒术相德宗，所传奏议，人称"唐孟子"。德宗两度蒙尘，如无陆贽为之斡旋，恐已覆于朱泚、李怀光之手矣。其次，复有一人，勋业虽不逮上列诸公，而支持残败，不为无功，则郑覃是也。覃相文宗，以经术治国（唐石经即覃所立），甘露之变，仇士良尽诛宰相，覃起继之，士良不致大为患者，覃之力也。若宋时赵普以半部《论语》治天下，语或欺人，可以不论。

而李沆为相，常读《论语》，或问之，沆曰："沆为宰相，如《论语》中节用爱人，使民以时，尚未能行，圣人之言，终身诵之可也。"（见《宋史》本传）宋初之治，李沆之力最多。沆所行与曹参为近，人或上书言事，沆多罢之，然参本黄、老，沆本《论语》，则所宗稍异矣。李沆之后，则有范文正仲淹。文正以气节开理学之先，才兼文武，尚未能终其用，其所奖拔之富弼，亦于外交有力。其后温公司马光出，本经学儒术，为时名相。惜居位日浅，不及一年而卒，未能大展其学。

至明，相之贤者，首推三杨，然皆文士，无关儒术。孝宗时，刘健与徐溥、李东阳并称贤相，而健功更高。孝宗一代之治，健之力为多。其后徐阶以王学绪余，卒覆分宜，取嘉靖四十余年之苛政，一切改从宽大，人有中兴之颂。后之论者，虽归功张居正，实则徐阶导其先路。况居正又徐阶所引进者耶？

以上列举深明经义、通达儒术之贤相十有八人，西汉则魏相、师丹，东汉则袁安、杨震、杨秉、杨赐，吴则顾雍、陆逊，唐则魏徵、杨绾、陆贽、郑覃，宋则李沆、范仲淹、富弼、司马光，明则刘健、徐阶。此十八相者，天才有高下，际遇有盛衰，在位有久暂，然每一人出，必有一人之功用。其功烈最伟尤足称道者，治致太平，则魏徵、李沆、刘健；拨乱除佞，则魏相、徐阶；支持残败，则陆贽、郑覃、司马光。岂得谓明经术者皆无用哉？此外，不在相位而立大功者，则有魏之吴起，晋之杜预，明之刘基、王守仁、唐顺之等。吴起受业曾子，又传《左氏春秋》，虽行义未醇，而政治兵事，皆为魁杰，惜所辅非一统之主，遇谗被杀，卒未大显。杜预专治《春秋》，人称"左癖"，而平吴之功，为晋代开国之基。宋之理学，永嘉、永康两派合流而成有明开国之刘基。基之功，尽人所知，无待赘论。其以理学兼战功之王守仁，与夫继承王学平定倭寇之唐顺之，亦皆赫赫在人耳目。儒家之不在相位而著功绩者如此，又乌得谓其全无用哉？

此外，复有经术通明，而仕未大遇者。汉则有贾谊、刘向、龚胜、龚舍。文帝如用贾谊之言，绝无七国跋扈忧患。成帝如用刘向之言，决无王氏代兴之变。龚胜、龚舍，不仕王莽，节概亦高。唐则刘蕡，深于《春秋》三传，虽未及第，观其对策，危言切论，深中时病。使文宗用之，必不致有甘露之变。宋则有陈傅良、叶适、魏了翁诸贤，当时果重用陈、叶，南宋犹可复兴，绝不致奄奄以尽。魏了翁位高而未亲，亦不能尽其怀抱。如能重用，亦陈、叶之亚矣。

如此，儒家之有效者，不下三十人，乌得概以无用诋之？又安得以失节相诬耶？其他不以儒学名家，而有为之士亦多。借问若辈所读何书？亦曰经史而已。以故，但举明末降清之洪、钱二人，以诋儒术，若非有意加诬，则多见其识之陋耳。以上释第一条。

二、斥胡适以经训不甚了然，谓我们今日还不配读经之鄙

胡适素未从事经学，然亦略窥高邮王氏《经传释词》《经义述闻》《读书杂志》数书。高邮解经，虽称辨察，要亦未能穷竟。胡适据王国维之言，以为《诗》有十之二三不能解，《书》有十之四五不能解。不能解如何可读？如读，非待全解不可。

于此余须问胡适者，如适之言，以为高邮王氏配读经耶？抑不配耶？在高邮诸书既出以后，经文可解者十之七，未出以前，可解者未能及十之五，然高邮当时，未尝曰我不配读经也，奋志为之，成绩遂过前贤远甚。使高邮亦曰我不配读经，则亦终不能解矣。何也？文史之学，本须读过方解，非不读即能遽解也。

初，念孙十余岁时，其父聘东原戴氏为师，授以经籍。当时

东原教此未冠小生，当然卑无高论，是以东原在日，高邮尚无所知名。及后自加研究，方能发明如此。昔人云："舜何人也，予何人也，有为者，亦若是。"士苟有志，岂可以通儒之业，独让王氏哉？王国维金石之学、目录之学，粗知梗概，其于经学，本非所长，仅能略具常识而已。其人本无意治经，其言岂可奉为准则！正使国维已言不配，若非自甘暴弃，则亦趣向有殊耳。奉以为宗，何其陋也？

要之，说经如垦田然，三年然后成熟。未及三年，一年有一年之获，二年有二年之获。已垦二年，再加工力，自然有全部之获。如未及三年而废，则前之所垦，复归芜弃矣。今袭前人之功，经文可解者已十之七，再加群力之探讨，可解之处，何难由七而至八，由八而至九至十哉？高邮创立其法，而有七成可解。今人沿用其法，更加精审，益以工力，经文必有尽解之一日。设全国有一万人说经，集百人之力，共明一条，则可解者已不少矣。假以时日，如垦田之垦熟过半，再加努力，不难有全部之收成。如已垦二年，所收不过一石，即曰我不配垦田，岂非怠惰已甚乎？《记》曰："善学者如攻坚木，先其易者，后其节目。"人之精神时日，自有限制，以高邮父子之老寿（念孙九十、引之七十余），其所著书，尚不能解释全经，则精神限之也。

然其研究之法具在。喻如开矿，高邮父子因资本不足，中途停顿，后人以资本继之，自可完全采获。如胡适所举杨树达，已有见端。余虽不及前人，自计所得，亦已不少。况全国学人之众哉？若夫运用之妙，本不待全部了解而后可，得其绪余，往往足以润身经国。如垦田然，非待三年全部收成之后，始堪炊食，得三分之二，或三分之一时，亦尽可为炊而果腹也。庄子曰："鼷鼠饮河，不过满腹。"胡适宁不知此！以上为正告有志研经之士而言。

三、释读经应遵古文乎、今文乎之疑

复有为一般人识字而说者，夫读经非止求其义，亦必审其音，所赖《经典释文》作音正确，即宋儒释经，义或粗疏，而音亦无大误，是以前代老生，略称识字者，皆赖读经之功。若散漫求之，虽标音满纸，当时识之，少逝即遗忘矣。胡适自言："我们今日还不配读经。"余以为惟其如此，故今日不得不急急读经。"我们今日还不配读经"一语之下，应补足一句，曰："以故今日不得不急急读经。"不然，他人纵不配读全经，亦尚配读《毛诗》一句，而胡适于此，恐终身有望尘弗及之叹矣！以上释第二条。

读经依古文乎，依今文乎？此一问题，不待繁言而解。如论实事求是，自当依古文为准。然今文经传之存于今者，《公》《榖》而外，仅有《孝经》。《孝经》今古文之异，不可审知。古文既亡，自然不得不取今文矣。其余杂糅古今文者，则有《论语》（今《集解》本古、齐、鲁杂）。文虽小异，而大义不至僻驰。《仪礼》亦杂古今文，更于大义无害。若《周易》则用王弼本，弼本费氏。《汉书·艺文志》谓刘向以中古文《易》校施、孟、梁丘经，或脱去无咎悔亡。惟费氏经与古文同，则王弼本亦古文之遗也。《毛诗》向称古文，其书不出壁中，而云古文者，小序述事，与《左氏》相应。传中陈述制度，又与《周礼》相应。是所谓古文说耳。

《诗》本赖讽诵上口以传，别无古文真本，但取其为古文说可也。《周礼》《春秋》《左氏》皆古文，《尚书》真古文不可见，今文亦不可见，然伪孔本文多依《三体石经》，说多依王肃，与今文全不相关，故《尚书》去其伪篇，虽非真古文，亦可谓准古文也。此外《小戴礼记》四十九篇，兼采今古，而文字依今文者多。然《仪礼》今存十七篇，天子诸侯之礼，大抵无存，而时于《戴记》见之，不能以其为今文而不采也。今问读经当依古文乎，今文乎？余则谓古文固当遵守，即古今杂糅者，亦有礼失求野之用，况分别古今，研究派别，乃大学之事，不与中学读经同时乎？以上释第三条。

第十五章

论经史儒之分合

经之所该至广，举凡修己治人，无所不具。其后修己之道，衍而为儒家之学；治人之道，则史家意有独至。于是经史遂似判然二途。夫所谓经者何指乎？大纲二字，允为达诂。《韩非·内外储》三篇，篇各有经，造大纲于篇端，一若后世艺文之有目录。《管子》有经言、外言、短语、区言、杂篇，而经言居首，盖纲之在纲，义至重要。《墨子》有《经上》、《经下》，次有《经说》上、下，一如后世之分经、传。大抵提出宗旨曰经，解说之者为说；简要者为经，详尽者曰说、曰传。后世儒家、史家，辞繁不能称，遂别称为子为史，溯其朔一而已矣。

古无史之特称。《尚书》《春秋》皆史也，《周礼》言官制，《仪礼》记仪注，皆史之旁支。礼、乐并举，乐亦可入史类。《诗》之歌咏，何一非当时史料。大小雅是史诗，后人称杜工部为诗史者，亦以其善陈时事耳。《诗》之为史，当不烦言。《易》之所包者广，关于哲学者有之，关于社会学者有之，关于出处行藏者亦有之。其关于社会进化之迹，亦可列入史类，故阳明有"六经皆史"之说。语虽太过，而史与儒家，皆经之流裔，所谓六艺附庸，蔚为大国，盖无可疑。

《周礼·大司徒》："教万民而宾兴之，六德、六行、六艺而已。"六艺者，礼、乐、射、御、书、数。《记》又有春夏教《诗》《书》，秋冬教《礼》《乐》之说，则已备有"四经"。而《易》不以教士，专为卜筮之守，其后亦得免于秦火。《春秋》为国史，民间所不得见。《尚书》则古史，非当代史，且各自为篇，无年月以比次，历代兴废，所记不全，如《夏书》已有《甘誓》《五子之歌》《胤征》诸篇，然于后羿、寒浞之篡弑，少康一旅之中兴，均缺焉不载。故《书》虽以道政事，而不得称为完具之史。惟《春秋》编次年月，体例始备，奠定史基，当弗外是。第《春秋》之作，昉于何时？杜元凯《春秋释例》谓为周公之旧典。

余观《周官》五史，未及《春秋》一语。小史掌邦国之志，殆方志类耳。以周公之思兼三王，犹未备编年一体，可见当时对于此道尚疏。余谓《春秋》之作，当起于西周之末。太史公《十二诸侯年表》始于共和元年，前此则但称世表，而弗能次其年月。

《墨子·明鬼》篇历引周、燕、宋、齐之《春秋》，至杜伯射王而止，可见周宣以前，尚无《春秋》。《春秋》既记当代之事，民间不得习睹，惟贵族或可得见，故《晋语》司马侯称羊舌肸（叔向）习于《春秋》，悼公即召傅太子。

《楚语》士亹傅太子箴，问于申叔时，叔时曰：教之《春秋》《世》《诗》《礼》《乐》《令语》《故志》《训典》。《令语》《故志》《训典》，皆《尚书》家言；《故志》即邦国之志。盖《尚书》不专记王朝，如《费誓》《秦誓》，皆邦国之志也。

《世》即《世本》，为《春秋》家言。由此知公侯子孙，乃得一读《春秋》。

其他教万民之术，止有《诗》《书》《礼》《乐》而已。管子相齐，其教颇广，故《山权》数篇，言《诗》以记物，时以记岁，《春秋》以记成败，行者道民之利害，《易》者所以守凶吉成败，卜者卜凶吉利害，民之能此者皆与之一马之田一金之衣。

所谓行者，即《周礼》小行人所掌，辨别每国之五物，亦即方志之类也。管子悬此以求士，可见当时齐国之士，能全读此者亦不数觏。孔子教人，平时亦止《诗》《书》《礼》《乐》。五十学《易》，习之已晚。《春秋》则西观周室，论次史记旧闻，作于获麟之后，非当时教人之学。故《易》与《春秋》，虽经管仲提倡，而孔子以前通之者究无多人也。自孔子定"六经"之名，然后士得通习，前此盖未有人言"六经"者。

《汉书·艺文志》本于《七略》，凡《春秋》二十三家，《国语》《国策》《楚汉春秋》《太史公》《汉著记》，均在六艺略中，未尝别立史部。迨晋荀勖《中经簿》，经史乃歧而为二。此因史籍过多，不得不离《春秋》而独立，实则史与《春秋》不能相离。太史公作《史记》，即欲上继《春秋》。

班固作《汉书》，其于十二本纪亦自称为《春秋考纪》。直至晋、宋，孙盛、习凿齿仍自名其书曰《晋阳秋》《汉晋阳秋》（晋简文宣太后讳阿春，故改"春秋"为"阳秋"），盖袭用经名者，惟史籍为可，否则扬雄撰《太玄》以拟《易》，撰《法言》以拟《论语》，论者斥为吴楚僭王，而于史家之自称《春秋》，殊无贬词，盖史本《春秋》嫡系也。

刘知几《史通》言：《尚书》记言，《春秋》记事。此亦不然。《尚书》亦有记事之文，《禹贡》即记地理，《顾命》即记丧事。盖《尚书》为史法未具之书，集合档案而成之，非专以记言也。故后人作史，法《春秋》不法《尚书》，且法传而不法经，如《两汉纪》及《资治通鉴》皆是。惟王通《元经》，乃自比《春秋经》，其书"元年春帝正月"，是也。

须知《春秋》为鲁史，有周天子在，不得不系正朔于王，南北朝各皆自主，称"帝正月"何为？又通以祖宗所在国为正统，刘宋时在南，故认宋为正统；齐初迁魏，则以正统予魏；隋代平陈，混一区夏，则称晋、宋、齐、梁、陈亡。此皆酿成笑柄者也。

其后朱晦庵法《春秋》而作《纲目》，盖以余力为之，非精心结撰者，且大都为其弟子赵师渊所作。元、明之间，颇有继作。至清渐少，实因《春秋》经文不易效法，作史者只可法传不可法经，至《尚书》更无法之者矣。

历代史籍，一以纪传为主，与《春秋》亦多异趣。惟本纪、编年，纪录大体，正似《春秋》。若表、志则《春秋》未始有之。故《隋书·经籍志》称《史》《汉》为正史，而以《两汉纪》《晋阳秋》《汉晋阳秋》隶古史。盖《史》《汉》大体，虽取法《春秋》，而亦兼涉"六经"，如《礼志》《乐志》，即取法于《周礼》《仪礼》《乐经》。后代之史，志、表或付阙如，而纪、传一准《史》《汉》。史之应入《春秋》家者，其故在此。

清儒段玉裁谓十三经应扩为二十一经，即加《大戴礼》《国语》《史记》《汉书》《通鉴》《说文》《周髀算经》《九章算术》八种，斯言颇为卓荦。《国语》本在《汉志》经部，《大戴》《小戴》，亦自古并称。《说文》宜与《尔雅》并峙。

《史》《汉》《通鉴》为史学典型，其列入经部宜也。惟《算经》《算术》《艺文》不入经部，未宜阑入。然此十九经字数浩繁，学者未易成诵，计十三经共五十余万字，《史记》五十余万，《汉书》八十余万，《通鉴》百三四十万，加以《国语》《大戴》《说文》不啻二十万，合共三百余万字，比十三经字数六倍，诵习者将日不暇给。况二十四史合计三千余卷，段亦仅举其主要者而已。惟史之宜习，吾已不惮烦言，而经史之不必分途，段氏已有独得之见，清儒中盖未能或之先焉。

儒家之入子部，《汉·艺文志》已然。儒家之言，关于修己之道独多，论及政事者亦不少。孔子言兴于《诗》，立于《礼》，成于《乐》。《诗》《礼》《乐》本以教人修己。一部《论语》，言修己之道更多。今《论语》入经部，实则《论语》为孔氏一家之书，亦儒家言耳。《论语》既入经部，则若《孟》《荀》等无一本可入经部。惟因篇帙太繁，不得不揭称儒家，以冠九流之首。后人疑《孟子》不应入经部，如论其源流，实无大背谬也。

经兼修己治人，史则详治人而略修己，自《论语》出而修己之道灿然大备，儒之可重者在此。原夫史之记载，多帝王卿相之事，罕有言及齐民。舜虽耕稼陶渔，终登帝位，史亦不能详其初事。周公制礼作乐，而礼犹不下庶人，与齐民修己鲜涉。惟孔子出身编户，自道甘苦，足使人得所效法。夫子之贤于尧、舜，亦其地位使然也。

孔子以前，为帝王而立言者实多，为平民而立言者盖寡。东家之邱，人固以细民易之。孔子亦自言吾少也贱，故多能鄙事。其后为委吏、为乘田，能会计当而牛羊壮，又《檀弓》南宫绦之妻之姑之丧，夫子诲之髽，则夫子于细民鄙事，能者实多，故能"疏食饮水，曲肱而枕，不改其乐"。以历经困厄之人，甘苦自知，言之自能亲切，而修己之道亦因之圆满。

其后孟、荀二儒，益能发挥尽致。《汉·志》入《孟》《荀》于儒家者，以分部时当然，实则渊源无异也。如此则经、史二部，亦固可合于儒。若"'六经'皆史"之说，微有语病，因经所含不止史学，即儒家之说亦在其内也。

今教人读经，要在策人记诵，而史传及儒家学说，无不当悉心研究。儒之与史，源一流分。虽儒谈政治，史亦谈政治，而儒家多有成见，渐与史有门户之分。然无儒家，则修己之道不能圆满。而治人之道，欲其运用有方，则儒家亦往往有得之者。孟、荀二公，不得其位，不论。

汉初所谓儒者，若叔孙通、娄敬、郦食其、陆贾四人，无不长于应用。叔孙制礼作乐，不失儒家面目。娄敬乃一策士，而定都关中，敬实主之；与匈奴和亲，亦敬主之。郦生虽似迂阔，然能以口舌下齐七十余城，设不为韩信所卖，当亦不至就烹。陆贾说赵佗去黄屋称制，才调与纵横家相近，名之曰儒者，以其本业为儒耳。前此孔子弟子，如子贡之存鲁乱齐、破吴霸越，亦纵横家之前驱。

后此汉文时之贾谊，才气较前数人为高，而惜不得其位以死。

观此数子，则古儒者固多有用之材矣。若专门说经之士，往往乏运用之术。孔子以来，惟吴起、杜预二人为有干略，他若公羊、穀梁与其传授之徒无有以功名显者。又如孔子传《易》于商瞿，中经数传以至汉世，亦无以功业显于当代者。

余若传《诗》之高子、孟仲子，传《礼》之高堂生，传《书》之伏生，皆无事迹可见。盖纯粹经师，往往不涉世务，故功业短于儒家。然则经典治人之道，非儒家固不能运用，有赖于儒家者以此。

承平之世，儒家固为重要，一至乱世，则史家更为有用。如《春秋》"内诸夏，外夷狄"，树立民族主义。嗣后我国虽数亡于胡，卒能光复旧物，即收效于夷夏之闲也。孔子作《春秋》，《孟子》《公羊》皆言"其事则齐桓、晋文"。试问《春秋》之异于旧史者安在？盖以前皆言帝王之道，《春秋》则言霸主之道，故三传无不推尊齐桓，而《论语》且言"微管仲，吾其被发左衽矣"。

春秋之季，戎夏交捽，若无霸主，将不独伊川之见野祭而已。又观管仲以前，以尧、舜、禹之圣明相继，传至仲康父子，已为夷羿所篡，盖保持中国太平者不过三百年耳。《商书》简略，四夷之事不详。而太王避狄去邠，可见商国之威，亦不能詟服狄人。至文王胜犹伐西戎，周公兼夷狄驱猛兽，然后王业以定，国威以立，然不及四百年，而幽王死于骊山之下。

逮管仲出，则中国不困于异族者九百余年。盖自齐桓伐山戎救邢卫，其后晋灭赤狄，至战国时，国威益振。秦初灭大荔之戎（在今陕西东部汉之左冯翊），后灭义渠之戎（在今泾阳至宁夏一带），惠王用司马错，西并巴蜀。赵武灵王北收云中九原（九原当今榆林至河套云中，在今河套一带），燕将秦开，却东胡千余里，置辽东、辽西郡，疆土远及朝鲜。楚则庄蹻兵定滇池。战国之势，制夷而不制于夷，其方略皆有所自来。

至秦始皇时，略定陆梁，置桂林、南海、象郡。赵佗更役属瓯骆，至汉时改为九郡（即今两广安南地）。而云南亦于汉武时征服。秦虽残暴，其对外之功，自不可没。汉至宣帝时，西域三十六国，尽隶都护。汉人对于藩国，务握其实权，不若后代之徒求虚名也。西汉自武帝以后，胡人不敢南下。

王莽末，中国虽乱，而匈奴始终不能蚕食边地。后汉兵威不及前汉，然班超以三十六人定西域。三国分裂，异族亦不敢内侵，魏武斩蹋顿，司马宣王灭公孙渊，兵威犹震于殊俗。至晋室平吴，骨肉相残，然后有五胡之乱。自管仲至此凡九百余年，递相祖习，使中国有金瓯之势，其泽不可谓不长矣。孔子之服管仲者以此。

吾今称此九百年为霸期，以此九百年中，政令虽有宽猛，大抵皆管仲余势所持也。前乎霸期者，商、周攘夷之功，殊不及此。后乎霸期者，则自两晋以逮隋室，戎夏交捽者几三百年。唐太宗武功极盛，但自隋文平陈至天宝十四年，历时仅一百六十余年，安史之乱，已毒遍中原。

继受吐蕃、回纥之侮，异族又骎骎驾中国上矣。其后五代扰攘，李存勖、石敬瑭、刘知远皆沙陀部落，石且以燕云十六州割让契丹。宋兴亦无如之何，河北境土，日蹙日削，勉强支持百五六十年，金人起而汴梁不守矣。南渡偏安，更不足论。及蒙古混一，中国沦于夷狄者八十九年。明之兴，始得光复旧物，其胜于唐、宋者有数端焉。洪武收复辽东，征服云南。永乐更灭安南，改设行省（惜仅二十余年即受黎利之绐许其称藩），使节远至斐州，南洋岛夷，莫不营服。

及土木之变，英宗北狩，而丧君有君，不必为肃宗之即位灵武，亦不至如徽、钦之羁死五国，卒使也先礼送英宗南还。世宗时俺答入寇，终受敕封而去，直至万历季年，群阴构祸，努尔哈赤起，明乃渐以不振。此盖天子守边，人自不得不致死于驱除异族也。（北京东邻辽东，北接热河、察哈尔。异族逼处，非安享太平之地，故明时传云天子守边。）自霸期既毕，能保持攘夷之功者，惟朱明一代而已。

霸期以前，西周保持不过三百余年；霸期以后，朱明保持二百五十余年。独此霸期中，保持至九百年，管仲之功真不在禹下矣。孔子作《春秋》，焉得不称齐桓、晋文哉？孟、荀生于中国强盛之时，故小管仲而羞桓、文；如生于东晋之后，当亦不言管仲功烈之卑也。儒家对于历史，往往太疏，不综观事之本末，而又有门户之见，故其立论不免失中。

孔子作《春秋》，确立民族主义；三传释经，虽有不同，而内诸夏外夷狄之义则一。管仲建此功，孔子立此义，以故中国屡亡，而卒能复兴。是以承平之世，虽有赖于儒家；而国亡再起，非归功于史家不可。今者外患日深，骤图富强，谈何容易！惟有立定民族主义，晓然于"非我族类，其心必异"，本之《春秋》，推至汉、唐、宋、明诸史，人人严于夷夏之防，则虽万一不幸而至下土耗教，终必有复兴之一日也。[1]

---

[1] 此处略有删节。

第十六章

略论读史之法

读史之法，一时言之不尽。今略论其大概，分三层言之。先明史之大体，次论史之优劣，三示读史之宜忌。

一、史之大体

自古相传，动则左史书之，言则右史书之。言为《尚书》，事为《春秋》。其实不然。《春秋》经文固是纪事，《尚书》则不专纪言，纪事之处亦多，特是未成之史。所谓史料者尔。《尚书》之外有《逸周书》，与《尚书》性质相同，纪事而亦纪言，要皆未经编次之史料也。

《春秋》与《左传》为表里。《左传》兼备事言，是故拘于事言之分，正未必然。后人论史，以纪传之体为正史，编年之体为古史。论其性质，则本纪仍为编年，惟与《春秋》不甚同耳。无本纪，编年不能成。史公作本纪，复作表以辅之，年经月纬，较《春秋》为详。

纪表之外，有世家，有列传。世家惟《史记》可有之，后不当有。列传变《春秋》之体，《春秋》以事为主，列传以人为主也。《史记》之八书与他史之志，职官等于《周礼》，《礼志》等于《仪礼》，《天官》《地理》，古所未有。

《禹贡》虽略载山川，而不详郡国。《乐志》详载郊祀歌，体类《诗经》。盖马、班之意，在隐括"六经"之旨而成文。故于《书》《诗》《礼》《乐》无所不该。论其大体，则主于《春秋》也。

后人以为纪传之体不主于事，而主于人，于是有繁省不明之弊。如语在《项籍传》，语在《高祖纪》。参差回互，缴绕不清。故荀悦、袁宏仍有编年之作。编年之史，在昔只有《春秋》而已。刘知几谓凡纪言之文，应别立一种。然不善编排，史籍将变为文集。章实斋以之修志，此为好奇，未可法也。

世家之体，原本封建。封建既废，即无所谓世家。载记之名，较世家为妥，始于《东观汉纪》，记光武初群雄并起之事。当时群雄皆各称帝以号召，故不应称曰世家。然陈涉之事，及身而止，亦不应称世家。如称载记，与晋十七国之事相同，即无可非议。

《史记》无载记之名，欧阳修重作《五代史》，壹以史公为法，于南唐、前后蜀、南东汉、楚、闽、吴、越均称世家，其实不合。当时仅吴越钱氏、荆南高氏服从中央，其余则否，安得皆称世家哉？欧阳之意，一则刻意摹古，再则《旧五代史》荒谬泰甚，凡服从中央者称世袭列传，不服从者称僭伪列传。五代纷争，僭与不僭，何从定之？欧阳所以悉改为世家，不知称载记即无病，称世家犹未当也。

又如《明史》有《流寇列传》。李自成转徙不常，目为流寇，名实未背。张献忠定都四川，则不得以流寇目之。

《清史稿》记郑成功、洪秀全别为一类。郑有帝号，洪称天王，不能以诸疾〔侯〕之礼待之。如曰载记，即名实相副矣。此外非史公所有，而后人有一得可采者，世纪是也。阿骨打未起以前，其祖已为酋长，统率数千人矣。托克托等修《金史》，于本纪之前别列世纪，其意与《始皇本纪》之前有《秦本纪》相同。

魏收作《魏书》，拓跋硅前二十七代均入《帝纪》，不合史法，识者所笑。若列为世纪，则无可訾矣。清之初起，世受明封，非草泽英雄可比。《清史稿》不列世纪，直以本纪发端，载清太宗事如草泽英雄，亦无当于史法也。载记《史》《汉》所无，世纪史公有其义而无其名，虽出后人，实为史中要目。

他如列传之标题，《史》《汉》尚少，后出愈多，史公列日者、龟策，已甚无谓。刺客后不常有，滑稽亦无须标目，独货殖为重要。民间营利之事，非食货志所载者，固当详为纪述，至儒林、文苑之分，出于不得已，未可厚非。

叛逆之名，《新唐书》始有之，前此唐修《晋书》，王敦、桓温并未别立叛逆之号。余谓列传标目与否，当以人数为断。多则宜标，少则宜省。儒林、循吏人非少数，固当标出。至于叛臣，人数实少，何必标也？

《奸臣传》之名亦后起。奸臣与佞臣有别，若董贤为祸之大，但入佞幸传。奸臣当谓能害人者，不能害人，不得称奸臣也。唐有《奸臣传》，清史无之，若和珅辈只可称佞臣耳。

《晋书》始有《忠义传》，其后凡一战而死者，皆入《忠义传》。然则昭忠祠血食之士，无虑千万，皆可列入耶？方望溪、全谢山迂腐之见，以《史》《汉》无《忠义传》为憾，不知其人果卓然有所表见，入列传可矣，何必标忠义之名哉？

《宋史》于儒林之外，别立《道学传》。后之论者，谓宋人重道学而轻儒林。然史公于《儒林传》列说经之士，孟、荀大儒则特立一传，附以九流，由此知后世儒林、道学之分亦非无见。惟孟、荀仅二人，故不别为标题耳。钱竹汀谓宋世表章道学，程、朱诸贤应特立传，不必列入道学传，斯言得之。

《列女传》起于《后汉书》，刘向别为《列女传》。有事即书，不别贤否，如蔡文姬节义有亏，而《后汉书》亦传之。其后变列女为烈女，稍有失德，即遭贬弃。自唐以来皆然，此失古人之意者也。

二、史之优劣

一部二十四史，人皆以太史公书第一。宋人乃以欧阳《五代史》比《史记》。其实何可比也？非徒文章不可比，即事迹亦不可比。《史》《汉》本并称，六朝、隋、唐已有《史》《汉》优劣之论，方望溪必欲推尊《史记》，压倒《汉书》，实非通论。

要知《史》《汉》各有优劣，史公《乐书》全采《乐记》，优于何有？《汉书·礼乐志》，乐不过郊庙之礼，礼是空论，至若叔孙通之《朝仪》，应入《礼书》，而二家皆不载。至今一无可考，史公、孟坚皆不能辞其咎也。

有古史如此作而后人不应如此作者，如《天文志》。古代史官，兼掌天文。《史记》有《天官书》，《汉书》亦有《天文志》。测天之法不同，应著《天官书》以明之。若仅采护陈文，指明星座，则陈陈相因，何所用之？地理本史家之要。而《史记》不志。《五行志》亦《史记》所无，而《汉书》有之。

其实董仲舒辈所言，于今观之，不值一笑。其后《符瑞志》更无谓矣。《明史·五行志》载牛生马、角生背、人有两头诸怪事，不载应验之言，似已明悟，实则《五行志》载生物之变异，可为生物学之参考，要亦无大用处。又史公重视游侠，其所描写，皆虎虎有生气。班氏反之，谓之乱世之奸雄，其言实亦有理。是故《史》《汉》之优劣，未可轻易下断语也。

《史》《汉》之后，首推《后汉书》。刘知几作《史通》，不云《后汉书》有曲笔，于《史》《汉》却有微词。实则范蔚宗之修《后汉书》，时隔数代，直笔无妨。且蔚宗于史有特识，不仅直笔可贵，如伴食宰相，仅载本纪，不特立传。在野有名之士，王符、仲长统之流，皆为立传。其他官位卑微而入传者甚多。朱文公作《纲目》，即采范书所载，如曹操自为丞相，曹操自立为魏公，加九锡，曹操进号魏王，皆采自《后汉书·献帝纪》。

华峤《后汉书》今不可见，疑峤书本善，而范书袭之，观蔚宗自序，称诸序论笔势纵放，实天下之奇作，其中合者往往不减《过秦篇》，尝共比方班氏所作，非但不愧之而已。不称叙事之善，而云议论之美，恐叙事直笔，华峤已然，故但称己之序论而已。惟华歆破壁牵伏后，华峤必不肯载。孔融临死，二子围棋，此事出吴人《曹瞒传》耳。

陈承祚《三国志》，前人讥之，谓不应以魏为正统，清人为之回护。余不谓然。桓、灵之恶，甚于桀、纣。曹操代汉，政治修明。虽其初起时，孔融之徒有不满之意，谓之正统，亦何不可？然司马温公谓刘备出于中山靖王后者，实亦如南唐之自称出于吴王恪，则未必然。刘备之自称宗室，若为诡说，曹氏应加反驳。曹氏不反驳，其为公认无疑。此盖与光武为长沙靖王之后相同。惟光武世系明晰，中山靖王至刘备则不能数耳。然必云正统，义有未安。桓、灵之当认为帝王与否？实为问题。而刘备之兴，又与光武不同。光武名号官制，必复汉家之旧，谓之正统可也。刘备何尝如此？故陈书三国鼎立，立意未尝不公。然于吴、蜀尚有分别，称蜀主死曰殂，称吴大帝之死曰薨。吴夫人立为皇后，而称之曰夫人，于蜀则称曰后。此实不合史法，使后人为之，即成笑柄矣。

四史之后，人以南北史最佳。宋、齐、梁、陈诸史繁简不当，《魏书》又有秽史之目。惟《北史》是非最为公正。唐人心理，以北朝为正统。以唐承隋，隋承周故。然南北史并立，南方帝王死，《北史》书之曰殂，北方帝王死，《南史》书之曰崩，此其病也。

唐人所修，前有《晋书》，后有《隋书》，其他尚有《梁书》《陈书》等。《隋书》以志见称，以其皆为专家所作也。《史通》云撰纪传者颜师古、孔颖达，撰志者于志宁、李淳风、韦安仁、李延寿、令狐德棻，皆一时之选也。《晋书》专记逸闻，体近小说，然后人亦有称之者。盖自《史》《汉》以下，可于列传之中看出其人性质产地者，首推《晋书》。观《史记·司马相如传》，可知其为四川人。观《屈原传》，可知其为两湖人。至于《晋书》列传各人之性质风度，无不栩栩欲活，安得以轻薄而少之？

《旧唐书》《旧五代史》体例本不甚佳，刘昫、薛居正伴食宰相耳，与雅擅文名之欧阳永叔、宋子京相较，宁止天渊？然吴缜作

《新唐书纠谬》，驳正四百余事，真所谓百孔千疮矣。案子京《新唐书》文省于前，事增于后。唐人小说悉以为载笔之资，实则小说悠谬之词，何足信赖？何如《旧唐书》之一依官书为可信哉？是以司马温公修《通鉴》采《旧唐书》多，采《新唐书》少。于《五代史》亦然。

夫历代史籍皆由官修，独《新五代史》为私家著作。私家采访，必不能普及，故至于清代，两旧史仍列入正史。《新唐书》竭力摹拟昌黎，《新五代史》竭力摹拟《史记》《春秋》。目标愈高，笔力愈不易到。论其事实，旧史实胜于新史。即以《新五代史》职方考、司天考而论，当十国错乱之际，职方固甚重要，司天亦何用哉？

其后《金史》有元遗山手稿，尚足称道。《宋史》繁琐，凡宰相必列传，官位稍高亦无不列传，甚至一人两传，何其芜杂也？《元史》仅修一年，蒙古人名氏易混，一人两传，尚不足怪。短中取长，惟《辽史》耳。

《明史》大半取诸万季野《明史稿》。今万氏原稿不可见，闻但有多传，而无表志。近朱逷先买得原稿，其为真伪不可知。惟列传多于今之《明史》。又王鸿绪《明史稿》传后无赞，今通行本每一传后有赞，事实与原本无异，恐亦如范蔚宗之书原本于华峤也。《明史稿》所以优于《明史》者，福王、唐王、桂王事为之特叙。《明史》则附于《三王宗室传》中，先后倒置，眉目不清，此其一也。《明史稿》于府县设置之沿革，备著年月，甚见清楚。重修《明史》皆删去之，此其二也。

今之清史，袁金铠、金梁等不知而妄作，更多著无关重要之事，体例至不纯粹。且清室遗老秉笔修史，是非必不公允。即如皇太后下嫁一事，证据确凿，无可讳饰，今一概抹杀，何以传信？最大之病在不列世纪。纪清太祖之初起，壹似草泽英雄，有乖实录甚矣。然则清史非重修不可。

今以《清史稿》开罪闻人，禁不发行，不知史之错误有二。小节出入，错误之微末者也，不难加以修正。大体乖违，则错误之深重者也，非更张不可。如以努尔哈赤写作草泽英雄，焉可以信今而传后哉？要之《清史》较《宋史》《元史》稍优，不致有一人两传之误，然比《明史》尚不逮。余谓今人修史，如文章欲力追秦、汉，则古今人不相及。无论《史》《汉》，即范、陈亦不易及。前人称南北史为优，其实《隋书》《明史》亦尚可观。如能与方驾，已为上乘。读史不必问文章之优劣，但须问事实之确否。至于议论，各人有其特见，正不必以人之议论为己之议论也。

三、读史之宜忌

读史之士学力不同，识见亦异。高者知社会之变迁，方略之当否，如观棋谱，知其运用，读史之效可施于政治，此其上也。其次考制度，明沿革，备行政之采择。正史所载，未必完备，典章制度，不得不参考《通典》《通考》诸书，譬如地理、职官二门。职官须明权限之异同，不得但据其名。地理应知交争之形势，道里之远近，要知历史上之地理，不与今之地质学、地文学相同。今人讲地理，建置沿革尚能通晓，惟有一说疑不能明。

《汉书》述诸夏区域东西一万三千余里，南北九千余里。历代相沿此说不变。宋土逼窄，犹作此语。汉尺短，用清营造尺比汉尺，则汉一尺得清营造尺七寸四分。汉一万里为清七千四百里。今自蒙古至琼州只六千里，焉得有九千里？明尺即今木尺，一尺等于营造尺九寸，则万里当有九千里，数亦与今不符。汉人之言，犹可诿之测量未精，故有是误。

晋裴秀为司空，作《禹贡地域图》十八篇，已知测量之法矣。六朝时遵用之，唐贾耽则有《禹迹图》《华夷图》，刘豫刻之西安，今存西安府学，观其里数亦觉过大。盖当时虽知测量，仍不知北极测地之法也。

《周礼》职方氏所云九州之内东西南北相去七千里，其外相去一万里。以汉尺七四计，尚得五千一百八十里。本部南北相去断无此远，古今人皆以为疑。近人廖季平乃谓职方氏是指全地球而言。实则自汉至明，里数总不确实，凡为测量未精不知北极测地之法故也。

职官之学有职官沿革表可供参考，然有名同而实异者，不可不加审辨。如唐之六部与《周礼》六官不同，此前人已知之。《周官》冢宰乃唐之尚书令，非唐之六部也。《周礼》天官，大宗伯在汉为九卿，至清大理、太常、太仆则虚名耳。明太仆寺尚须养马，清则无其事矣。光禄寺不知起于何时，清光禄勋本郎官，不知何以变为庖厨之职？汉之鸿胪如后之理藩院。此皆名同而实不同者。

古今职官名实相同者仅有县令，清之知县犹是汉之县令也。以知府比太守，即已不符。顾亭林谓太守如督抚，此语良然，以其有兵权也。日本人译西洋官制之名，称印度、香港之最高长官即曰太守，不知是否西洋文之本意如此？抑故意作此译名也？实则守之大小，本无规定。①

明代总兵镇守边陲，亦称曰守。以故印度总督可比太守，香港只可比巡检司而已。汉之太守与后之知府，不但名不同，实亦不同。研究职官故不应取其名，务须稽核其实。古今官制，屡改不一改矣，绝非但见其名相同即可谓是同一职掌也。

他如古今度量衡之变迁沿革，亦不易知。要之考制度以裨有政，乃读史第二等事，其效已次于职方略知运用也。

读史所最忌者，妄论古人之是非是已。宋人往往好以当时之是非衡量古人，实则古人之安危利害，不应以后人之目光判断之。后人所应纠正古人者，乃如华歆，魏晋人均赞扬之，魏之代汉，欲颜色不悦，曰我本汉臣。此之矫揉造作，而曹子建信之，何也？又如古称扬雄，几于圣人，司马温公尚然，而后人訾之。以余观之，雄不过常人而已。

复次借古事以论今事，所谓借题发挥者，亦读史所忌。王船山《读通鉴论》，于范文正贬官，欧阳修、尹师鲁、余靖与之同去，以为好名。后之朋党，即由此起。实则宋之朋党起于神宗时，范、欧四贤曷尝有此心哉？明怀宗时流寇猖獗，朝臣多议南迁，光时亨曰"国君死社稷"，以此而止。

船山于时亨不加訾议，乃力斥李纲，以金人来侵，纲力主迎

---

① 此处略有删节。

414

战，与时亨同也。不知南宋迁亦亡，不迁亦亡。其时宗泽尚在河北，所以不能成功者，以黄潜善等沮之也。

如船山之言，南迁而守东都，东都亦岂易保哉？船山史论常以宋事影射明事，后之读史者往往以此矜夸。夫作诗有寄托，发感慨，原无不可，然非所语于读史也。读史当论大体，以为判案，岂可逞臆而断也！